障害者スポーツの臨界点

車椅子バスケットボールの日常的実践から

渡 正
watari tadashi

新評論

まえがき

障害者スポーツとは何だろうか。本書は、この問いに答えるべく書いたものである。「何を今さら」、「そんなことに疑問を抱いても仕方がない」、「その問いの答えは簡単だ。障害者のスポーツのことではないか」とかのような意見が聞こえてきそうだ。ひょっとしたら、「分からなければ、障害者スポーツについて書かれた本がたくさんあるのだから、それらを読めばいい」とも言われるかもしれない。

たしかに、そのとおりである。「障害者」が行う「スポーツ」のことを「障害者スポーツ」と言う。それで問題はない。では私たちは、これまで「障害者」の「スポーツ」をどのように考えてきたのであろうか。こんな疑問を提示すると、一瞬、思考が停止する人も多いと思われる。そして再び、「今なぜ、そんな質問をするのか?」と言われてしまうかもしれない。

しかし現在、私たちをとりまく「障害者スポーツ」には、事を単純に考えるだけではうまくいかない出来事が生まれている。それを象徴した出来事が、二〇一一年八月二七日から九月四日にかけて、韓国大邱《テグ》で開催された世界陸上において起こった。

この大会の男子四〇〇メートル予選第五組に、あるランナーが登場した。多くのメディアが第8レーンで走る彼の姿に注目していた。その選手は、オスカー・ピストリウス（Oscar Pistorius）という南アフリカの選手であったが、彼の両足には義足が付けられていた。

ピストリウスは、スタートでやや遅れるものの、残り一五〇メートルあたりから伸びを見せ、三位で予選を通過して準決勝へとコマを進めた。日本でのテレビ中継では、解説をしていた朝原宣治[1]が「これまで見たことのないレース展開」と評すなど、ピストリウスの走りは驚きをもって伝えられた。

結局、ピストリウスは準決勝で敗退してしまったのだが、彼が世界陸上に出場したという事実は、近代スポーツがイギリスで誕生してから約二〇〇年の歴史においても画期的な出来事だったと言えるだろう。

そして、二〇一二年、ロンドンでオリンピック・パラリンピックが開催される。ロンドンでオリンピックが行われるのは三回目であり、これは史上初のことである。また、パラリンピックの前身の大会の一つは、一九四八年のロンドンオリンピックの開催日と同日に行われていることもあって、障害者スポーツとしても記念すべき大会となる。

歴史的にも、社会的にも、現在、障害者スポーツは曲がり角に来ている。だからこそ、改めて「障害者スポーツとは何か?」という問いを立てた。先ほど述べたとおり、「障害者スポーツ」を「障害者」の「スポーツ」とだけ考えていればよい時期は過ぎている。そのため本書は、障害者スポーツを紹介する本ではなく、障害者スポーツを「考え直す本」であると言える。

題材として、車椅子バスケットボールを選んだ。そのため、本書には何人かの車椅子バスケットボールの選手が登場してくる。しかし、その選手たちは、日本代表に選ばれているわけでもないし、テレビや新聞、雑誌などで取り上げられたような人たちでもない。

もちろん、日本全国で一〇〇〇人程度しかいないという車椅子バスケットボール界だから、知っている人が読めば、「ああ、あの人かな」と予想がついてしまうかもしれない。しかし、「障害者スポーツ」や「車椅子バスケットボール」に多少でも関心をもってくれた人たちにとっては無名の存在である。だからといってこのことは、本の内容にいささかのマイナスにもならない。

---

(1)（一九七二〜）兵庫県出身。一〇〇メートルの自己ベストは一〇秒〇二（二〇〇一年、日本歴代二位）。二〇〇八年の北京オリンピック男子四×一〇〇メートルリレーで銅メダルを獲得。二〇〇八年九月に引退し、現在は指導者・解説者として活躍中。

むしろ、本書にとっては、彼らが有名ではないことがプラスになっていると思っている。筆者がお世話になった人たちからも、「有名な人を取り上げたほうが売れるんじゃないの？」と言われたこともある。しかし、筆者はいわゆる「普通」の人々のスポーツ活動のなかから考えたかった。なぜなら、そのほうが、多くの選手の日常に近いものが描けると思ったからだ。

一人ひとりの選手の実践という非常に具体的なところを基盤として、スポーツという社会的経験が個人の身体に与える意味のいくつかを考えていく——ここから、本書において「障害者スポーツ」というものの限界を追究してみたい。

もくじ

第2章　スポーツとルールの論理

第3章 障害者スポーツの歴史 107

結章　障害者とスポーツの臨界点　307

障害者スポーツの臨界点——車椅子バスケットボールの日常的実践から

序章

障害者スポーツを語る地平

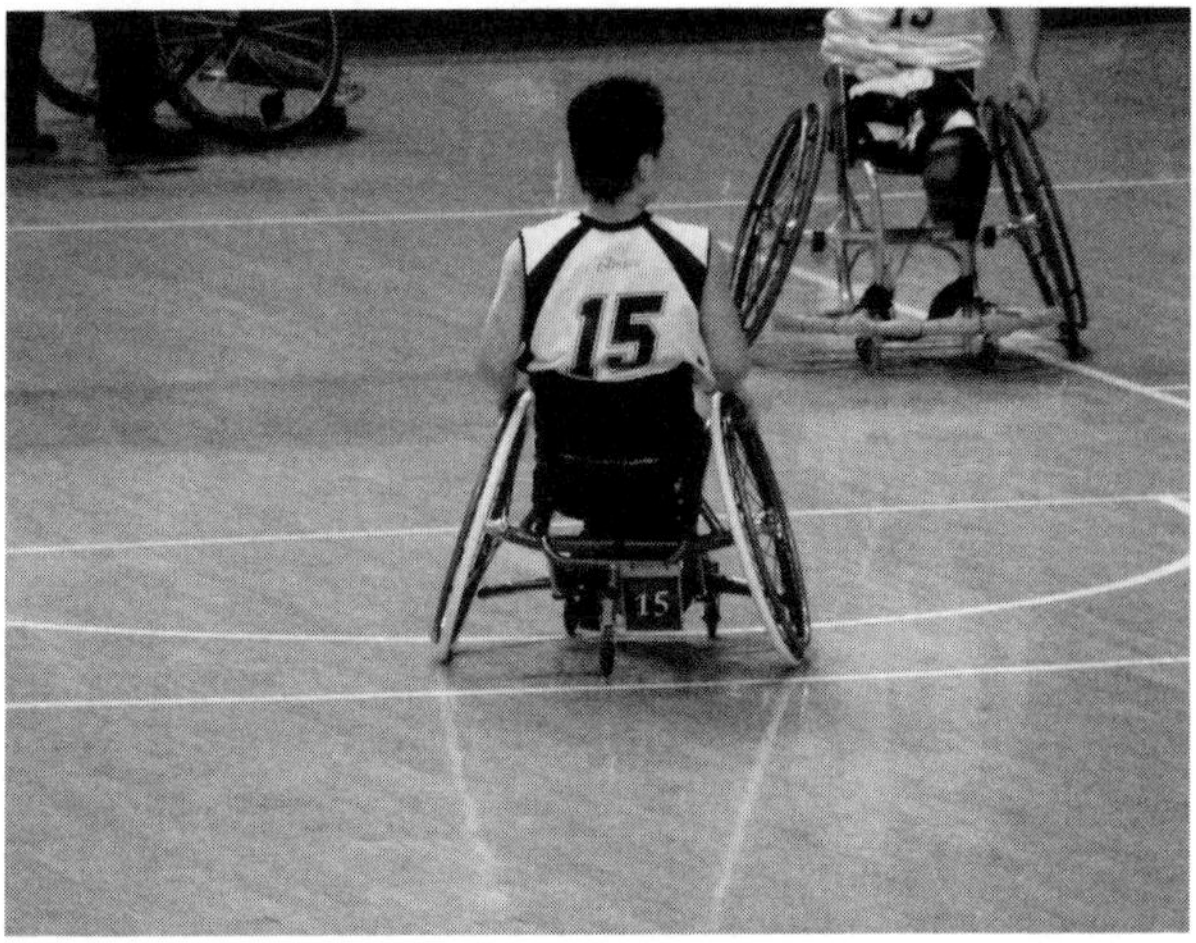

コートに立つ車椅子バスケットボール選手

「まえがき」にて紹介したピストリスが国際的なスポーツの世界で注目を浴びたのは、二〇〇七年のことだった。彼は、二〇〇四年のアテネパラリンピックの一〇〇メートルで銅メダル、二〇〇メートルで金メダルを獲得したのち、国際陸上競技連盟（ＩＡＡＦ：The International Association of Athletics Federation）規則下の大会と二〇〇八年の「北京オリンピック」への出場を希望した。ちなみに彼は、現在、両下肢切断クラス（Ｔ43。「Ｔ」はトラック競技を示し、「43」は両下腿切断およびそれと機能的に等価な状態を示す）における一〇〇・二〇〇・四〇〇メートルの世界記録保持者でもある。

　ピストリウスがオリンピックの出場を目指すうえで大きな問題となったのは、ＩＡＡＦ規則一四四の二（ｅ）に規定される、「使用者が他の競技者に対してアドバンテージを得るバネや車輪、あるいは他の要素が組み込まれたどのような技術的装置（technical device）の使用」を禁じる条項に違反しているかどうかという点であった[1]。つまり、彼の弾力性のあるカーボン繊維製の義足（スウェーデンのオズール社製）が、他の競技者（健常者）と比べて有利な状況を生む人工物の助力となっているかどうかが焦点となったわけである。

　パラリンピックではなくオリンピックへ、というピストリウスの挑戦に対して、ＩＡＡＦの回答が〈朝日新聞〉（二〇〇八年一月一五日朝刊）に紹介されている。

一　障害者の陸上で両脚に障害があるクラスで短距離三種目の世界記録を持つ、オスカー・ピストリウス（南アフリカ）が北京五輪出場を求めていた問題で、国際陸連は一四日、ピストリウスの義足は規約で禁じる「競技力向上を手助けする人工装置」にあたるとし、国際陸連のルールで開かれる一般の大会への出場を禁じると発表した。北京五輪への出場も認められない。国際陸連は昨年一一月、ドイツで本人と一般選手五人を集めてテストを実施、ピストリウスは一般選手と同じ速度で走るとき、約二五％少ないエネルギー消費で足りることなどの優位性が明らかになった。

記事のとおり、二〇〇八年一月には、ＩＡＡＦの規則下にある大会への出場が認められないという決定が下された。この時点では、北京オリンピックの出場も不可能とされたわけである。この決定を不服としたピストリウスは、スポーツ仲裁裁判所（ＣＡＳ）[2]へ提訴した。

彼は問う。

（1）ピストリウスは二〇〇五年ころからＩＡＡＦ公認の大会から招待を受けるようになっていたが、このときは学業への専念などを理由に辞退している。その後、二〇〇七年三月一六日に行われた南アフリカ選手権において四六秒五六のタイムで二位になっている。ちなみに、ＩＡＡＦが「一四四の二（ｅ）」の条項をルールブックに追加したのは、二〇〇七年三月二六日のことだった。

（2）（Court of Arbitration for Sport）国際オリンピック委員会によって一九八四年に設立された、スポーツ関連の紛争を解決するための機関。いかなるスポーツ組織からも独立した機関となっている。

「自分たちのためにパラリンピックは存在している。でも、なぜ境界線を越えてはいけないのか」

ピストリウスによるCASへの提訴に対する結果は、二〇〇八年五月一六日に発表された。その判決は、オスカー・ピストリウスに対するIAAFの決定を無効とし、IAAF公認大会への出場資格を認めるものだった（Court of Arbitration for Sport, 2008, p18）。ただし、彼がオリンピックに参加するには標準タイムをオリンピックまでに上回るか、南アフリカのリレーチームに選出されることが条件となっていた。だが彼は、リレーチームには選ばれず、北京オリンピックの出場はかなわなかった。

結局、彼は北京パラリンピックに出場し、両下肢切断クラス（T43）の一〇〇・二〇〇・四〇〇メートルで金メダルを獲得したわけである。

CASの裁定は、背後にあるさまざまな事柄を事実上無視することで成立していた。たとえば、ピストリウスとIAAFとの係争点は、個人の肉体と装具の生理学的な関係についての議論へと個人化されていた。また、「スポーツ」の文脈でのみ語られたことによって、「障害」と「スポーツ」の関係を社会的に考えるようなものとはならなかった。そして、日本の報道では、ピストリウスがオリンピックに出場する道が開けたことばかりが注目されただけで、障害をもったアスリート（athletes with disabilities）の捉え方についての議論が生まれることはなかった。

ピストリスの挑戦から四年も経った二〇一一年、世界陸上での彼の走りについてさまざまな反応が見られた。たとえば、動画共有サイトの「YouTube」のコメント欄には、非難と賞賛が数多く書き込まれていた。どちらの立場に立つにせよ、感情的なコメントをするもの、四〇〇メートル種目のフォームや技術に着目するもの、さらには生理学的な観点に着目するもの、などが散見された。ネット上ではよくあることだが、これらのコメントが議論として成立しているとは言い難い。

ネット上がゆえに、またはコメントを付けることが活発でないYouTubeだから議論が成立しなかったのだろうか。筆者は決してそうは思わない。つまり、さまざまな意見が出たことが問題ではなく、ピストリスの挑戦をめぐる事柄で示されたように、既存の枠組みが揺らいだときに議論の基準点となるべきものがこれまでに存在しなかったということが問題なのである。

本書で考えたいのはこの点である。つまり、障害者スポーツとは何なのか。それを

義足走者、五輪へ道

CAS裁定　実力的には微妙

【ロンドン＝村上研志】スポーツ仲裁裁判所（CAS）＝本部スイス＝は16日、両脚に障害をもち、カーボン製の義足の陸上男子スプリンター、オスカー・ピストリウス（南アフリカ）が北京五輪など一般の大会への出場を求めたことについて、認められるとの裁定を下した。国際陸連は義足が人工的な推進力を与えるとして認めなかったが、義足で受ける利益が科学的に十分証明できないとして、これを覆した。

国際陸連は裁定を受け入れると発表した。ピストリウスは400㍍の個人記録では参加標準タイムに達しないものの、南アが参加すればリレーチームでの出場ができる。

ピストリウスは障害者陸上で、両脚に障害があるクラスで短距離3種目の世界記録保持者。国際陸連は本人と共同で義足が競技に有利に働くかをテスト、研究者の報告をもとに義足は規約で禁じる「競技力向上を手助けする人工装置」とした。ピストリウスがCASに提訴していた。

義足を付けて練習するピストリウス＝AP

裁定を伝える朝日新聞（2008年５月17日朝刊）

私たちはどのように考えたらよいのか。「障害者のスポーツ」だと言うなら、二〇一一年の世界陸上で起きたことはいったい何なのだろうか。四〇〇メートルの予選第五組は、「健常者のスポーツ」と「障害者のスポーツ」が同じ場所で行われたということだったのか。

では、私たちは障害者スポーツをどのように語ることができるのだろうか。また、どのような点からそれを進めていけばよいだろうか。その導きの糸は、やはりピストリウスの挑戦にあろう。オスカー・ピストリウスの提起は、障害者スポーツが高度化していく過程で潜在している論点を顕在化させた。すなわち、義足や車椅子などの外部装置や他者の助力を得てスポーツをするアスリートと「スポーツをする身体」の関係、そして「障害」と「スポーツ」の関係をいかに考えるかという点である。

こう考えると、ＣＡＳの審議過程において、ＩＡＡＦ規則一四四・二（ｅ）の条文中にある「springs」という語について、ピストリウス側から次のような疑義が提出されていたことは注目に値する。

何が「バネ（springs）」を組み込んだ装置を構成するのか。厳密には、ほとんどすべての非脆性物質（non-brittle material object）は、それには弾性があるという意味で「バネ」だと言える。たしかに、チーターフレックスフット（ピストリウスが使用するオズール社製の義足の商品名——引用者注）は「バネ」である。しかし、それはバネを「組み込んだ」ものだろうか？　人間本来の脚は、それ自体が「バネ」である。（Court of Arbitration for Sport, 2008, 13p）

この点は、ＣＡＳの審議においては重要だとの認識は示されたものの、中心的な論点とはならなかった。しかしながら、現実のスポーツでは、ドーピングや高度な科学的トレーニングに象徴されるように、「自然な身体」なるものをそこに想定することは——健康や人間性（humanity）といった言葉によって隠蔽されつつも——難しい。極言すれば、完全に平等な条件による競技・競争はもはや幻想でしかない。にもかかわらず、ＩＡＡＦがピストリウスに下した裁定から明らかなように、義足の使用は人工的なテクノロジーを外部から付け足した過剰なものとされている。

テクノロジーが結集された義足は、肉体の代替であることを超え、競技結果に不正なアドバンテージを与える装置や機械なのだろうか。それとも、シューズやウェアと同様に捉えることが可能なのだろうか。

義足の使用問題は、ドーピングの是非や北京のオリンピックの競泳で注目された「レーザー・レーサー」など、現在のスポーツのあり方をめぐる倫理的・工学的な問題につながっている。北京オリンピックのオープンウォーター・スイミングに片大腿切断の選手が出場していたことを考えるならば、問題は、特定の装具・用具を用いることによる「自然な身体」を超えた「過剰な身体」（多木［一九九五］、内田［一九九九］）にあると言えそうだ。

もう少し分かりやすく考えてみよう。ピストリウスの挑戦で示されたことというのは、現代のスポーツでは「身体」の意味を再考しなければならない、ということだった。とくに、ピストリウスにとっては、ここで言う身体とは外部に付けた義足のことである。このような外部から補わなければならない身体部位のことに対して、私たちは通常、「障害」という言葉で捉えている。だから、「障害者スポーツ」を考えるためには身体を考えることが出発点となる。

こうした問題は、ピストリウスに対してＩＡＡＦが採用したように、力学的・生理学的な議論だけに縮減されてよいものではない。たとえば、走っているときの膝関節の角度とか、スタートから三〇〇メートル地点での呼気に含まれる二酸化炭素濃度とかの問題だけですむわけではないだろう。もっと広い視野に立って、考えられることがたくさんあるはずだ。

このような視点に立って考えると、ＩＡＡＦの決定の背景には、アスリートを身体の理想形と見なすような近代スポーツの規範というものの存在が見てとれる。近代スポーツは、アスリートを「自然な身体」の理想型を具体的に顕現するモデルとして提示している。このことは、ベルリンオリンピックの記録映画『オリンピア』（一九三八年、ドイツ、レニ・リーフェンシュタール監督）の冒頭シーンを見ればすぐに理解することができるだろう。「自然な身体」に対する理想は、テクノロジーや他者といった外部装置を用いない身体に価値を置いている。そのため、障害者のアスリートの身体は規範・標準からの逸脱となり、劣位にあるものとして焦点化されている。彼らが、自らの身体の「外側」にある、義足や車椅子、ガイドランナーなどを用いていることは、「自然な身体」の理想という規範＝規準からは逸脱していると見なされる。つまり、外部装置を装着した身体は、こうした観点から無力化（disablement）され劣ったものとされているのだ。[3]

「自然な身体」という規範の存在が、スポーツを健常者中心にしている大きな要因なのである。障害がスポーツに参加する際の困難として捉えられることは、ここに起因している。つまり、スポーツは、こうした規範の再生産と強化に関与し、アスリートの身体に対して「障害（impairment／disability）」という意味を与えてきたと言うことができる。たとえば、ピストリウスに対するＣＡＳの裁定文には次のような一節がある。

――（生後一一か月から義足を用いているにもかかわらず――引用者注）スポーツは彼の生活の中心にあった。彼は、学生の間、ラグビーやウォーターポロ、テニスやレスリング

（3）　もちろん、義足などの外部装置だけではなく、切断や麻痺などによって「自然な身体」から何かが欠けていることも同様である。また、先に紹介したYouTubeのコメント欄に、ピストリウスの義足に対して、「反則だ」、「卑怯だ」、「自分の力で走っていない」などと書き込まれていたことは、こうした自然な身体への理想が「そうあらねばならないもの」として私たちに根づいていることが見てとれる。

などのさまざまなスポーツに参加している。聴取時にピストリウスは、自分自身を「disabled（障害者）」として意識したことはない、と述べた。彼は義足ではない脚についての記憶をもっていない。（Court of Arbitration for Sport, 2088：6）

　私たちの立場から、この文章をどのように解釈することができるだろうか。おそらく彼は、自らの足を外部から継ぎ足した「義足」としてではなく、自身の「足」として認識していたと言える。彼は生活のなかでさまざまなスポーツに参加していたし、自らを「disabled（障害者＝何かできないことがある人）」と意識していないことから、彼にとって「足」は「障害」と捉えられていないはずだ。しかし、今回のピストリウスの挑戦は、彼の足を、まさにスポーツに参加する際の「障害（disability）」という社会的障壁として経験させた。と同時に、その経験は、彼の身体をまさに欠損という「障害（impairment）」として意味づけたということでもあった。

　このようなピストリウスの経験からすれば、ＩＡＡＦはピストリウスの挑戦を棄却することでスポーツにおける「障害者／健常者」のカテゴリーや「自然な身体」という幻想を再生産したと説明することもできる。自らオリンピックへの出場を希望したピストリウスに対して、ＩＡＡＦは科学的テストを根拠にしてそれを棄却した。ここから、ピストリウスのような事例を権力や政治性を用いて説明し、問題化することができる。たとえば、「科学」とくに生理学やバイオメカニクスなどの自然諸科学が「客観性」の名のもとに、どのようにアスリートの身体を序列化していくのかを問うことができる。

ただし、こうした言葉による説明は、対象全体を一望し、外部に立った論者からの観察が可能であることを前提としている。さらにこれには、障害者スポーツが私たちとは関係のないものであるという認識が存在していると言える。そして何より、こうした言葉による説明は、スポーツ実践の外側で、当事者の実践や経験とは乖離《かいり》した水準で障害やその身体を語ることになってしまっている。

本書では、以上のような問題関心から、「障害」と「スポーツする身体」の関係を考えるには、出来事の外部にある言葉で説明することが必要なのではない。むしろ、スポーツにおける経験の具体的な様相から明らかにすることが重要であると考える。

本書では、以上のような問題関心から、「障害」と「スポーツする身体」の関係を考えていくことにする。外部から観察するのではなく、スポーツ実践の内部から対象と正面から向き合って考えていきたい。そうすることで、私たちが当たり前に捉えてしまっている「障害(impairment／disability)」という「常識をうまく手放す」(佐藤［二〇一一］)ことを目指していく。

本書の目的は、第一に「障害」はどのようにしてスポーツの文脈や枠組みにおいて構成され、規定されているのかということである。そして第二に、実際のスポーツ場面において、

「障害者」がスポーツをするという行為は、その当事者にとってどのように経験されているのかを明らかにしていくことである。とくに、本書においては、障害者スポーツにおいてもっともポピュラーだと思われる車椅子バスケットボールの実践を事例とし、「障害」の意味を捉え直すことを目的としている。そのため、本書で行う作業は以下の二点となる。

❶車椅子バスケットボールという競技が、人々の具体的な活動のなかでどのように達成されているのか。言い換えれば、ルールの編成およびゲームの具体的な様相から見た当事者にとっての身体の位置やその意味を探ることである。

❷障害者スポーツのアスリートにとって、スポーツという社会的経験がどのように当事者の身体を意味づけていくのか。逆に、当事者のインペアメント（impairment・機能障害）はどのように社会的な経験として現れるのかを探ることである。

この点については、簡単に補足説明をしておこう。当事者たちは、車椅子バスケットボールのことを「イスバス」と呼ぶことがある[4]。この「イスバス」というのは、当事者が車椅子バスケットボールを一般のバスケットボールとはまったく異なる固有の競技であることを表現したもの、と捉えることができる。

では、どのような点に「イスバス」と一般のバスケットボールの違いがあり、そこにプレーヤーの身体はどのようにかかわっているのだろうか。本書の内容にとってもっとも重要なのが、この「イスバス」の構成を捉えることである。

基本的な視点は、「障害者スポーツ」をその外部にある何らかの目的、つまり福祉や社会環境の整備といったもののためではなく、「障害者スポーツ」の具体的ななされ方を議論することから始めるということである。[5] つまり、「障害者スポーツ」を手段としてではなく目的として、実践そのものを議論することから出発するということである。

こうした作業の必要性は、「障害」の意味自体が社会運動のレベルでも学問的なレベルでも問題となっていることにある。詳しくは第1章で述べるが、一九七〇年代以降の障害者の運動やそれを理論化した障害学では、社会モデルとして障害の捉え方が刷新された。しかし、障害を「社会化」したあとに残された経験としての障害の問題、つまり障害と身体の関係をどう位置づけるかが課題として残されている。

（4）車椅子バスケットボールを「イスバス」と誰が呼び始めたのかは定かではないが、車椅子バスケットボール選手の安直樹（一九七七〜、NoExcuse 所属）が名づけたと言われている（http://www9.ocn.ne.jp/~skip/yasu-naoki/change.html 参照）。雑誌などのインタビューや紹介記事で使われているのを目にするものの、当事者は車椅子バスケットボールのことを単に「バスケット」と呼ぶことが多い。しかし、本書では、車椅子バスケットボールが固有の競技種目であることを強調する目的で「イスバス」という用語を用いる。

（5）当然のことながら、障害者スポーツが福祉やノーマライゼーションなどの社会的課題の解決に貢献できるような科学的研究が求められていることも確かであり、この点を否定するつもりはまったくない。

また、これまでの「障害者スポーツ」の議論は、「障害」そのものの概念について非常に固定的なパースペクティブしかもち得ていなかった。「障害」の意味自体は医学モデルを基底とし、「障害」はスポーツに参加する際の障壁・困難としてしか捉えられていないのである。いわば、私たちのこれまでの当たり前の常識のうえに「障害者スポーツ」が語られていたと言える。

車椅子バスケットボールにおいては、個人の「障害（impairment）」は参加する際の単なる「困難」や「障壁」ではなく、この競技を構成するための必要不可欠な条件であるということを、車椅子バスケットボールの練習やゲームという実践から主張できないだろうか。個人の身体や障害がポジティブに捉えられるにせよ、ネガティブに捉えられるにせよ、それは実践とともにある。この点を述べることで、これまでの「障害者スポーツ」や「障害」に対する当たり前の考え方が変わっていく可能性が生まれる。

車椅子バスケットボールから障害の意味を捉え直すことは、固定的な障害者観や参加の困難さの源としての障害概念から脱却することとなりえる。本書が最終的に目指す地点はここにある。そしてそれは、「障害者スポーツ」の可能性を改めて定位すること、そして本書のタイトルでもある「障害者スポーツの臨界点」を見定めることにつながっていくことになるはずだ。

第1章

障害者とスポーツの問題系

ゲーム開始前の円陣

本章での中心的な課題は、これまで「障害者」と「スポーツ」がどのように語られてきたかを明らかにすることである。そこでまず、私たちが「障害者」と述べるときの捉え方、つまり認識論を整理しておく必要がある。

障害者スポーツの当たり前を「うまく手放す」ためには、「障害者」の当たり前も手放しておいたほうがいい。このとき、本書が参考にするのは「障害学」（第1節参照）という学問分野である。

障害学は「社会モデル」と呼ばれる考え方を提起し、障害を個人の問題だけでなく社会の問題として捉える契機となった。障害学を参考にするなかから、本書では、障害学がまだ試行錯誤中の論点をスポーツ実践によって突破しようと考えている。

次に、これまで障害者スポーツがどのように語られてきたかを確認する。これまで障害者スポーツは、その機能の面から論じられることが支配的だった。機能の面からとは、「障害者スポーツは○○にとって有用である」という形式をもって語られてきたということである。同時にそれは、「障害者のするスポーツ」として捉えられてきた、そしてこのとき、「健常者／障害者」は本質的に異なる人々であるということが前提とされていた。言い換えれば、障害者スポーツが健常者のスポーツとは異なるものとして、健常者のスポーツから見た周縁にあるものとして捉えられていたということである。

しかし、のちに見るように、障害者スポーツを異なるものとして捉えるこの視角は、私たちのスポーツを見るときの「当たり前」を自明視しすぎている。本書では、これまでの障害者スポーツについての議論を概観することから、新しい「障害者スポーツ」の語り方を考えていきたい。

1 障害者とは誰のことか?

本書は、障害者スポーツを題材として取り上げていくわけだが、ではこのとき、当事者である「障害者」とは誰のことを指しているのだろうかということが問題になる。

こうした「障害」、「障害者」についてどのように捉えるかを考えるとき、参考になるのがイギリスやアメリカ、そして日本の障害者の社会運動から発展してきた「障害学」である。そこで以下では、障害学の主張に寄り添いながら、私たちが何気なく発する障害者や障害を捉え直していきたい[1]。日本で初めて出版された障害学についての文献『障害学への招待』では、次のように述べられている。

(1)「障害学」という名称自体は、リハビリテーション医学や障害児教育学においても使われている。しかし、ここで対象としているのは人文・社会科学における知の運動としての障害学である。

障害学、ディスアビリティスタディーズとは、障害を分析の切り口として確立する学問、思想、知の運動である。それは従来の医療、社会福祉の視点から障害、障害者をとらえるものではない。個人のインペアメント（損傷）の治療を至上命題とする医療、「障害者すなわち障害者福祉の対象」という枠組みからの脱却を目指す試みである（中略）障害学にとって重要なのは、社会が障害者に対して設けている障壁、そしてこれまで否定的に受け止められることが多かった障害の経験の肯定的側面に眼を向けることである。（長瀬［一九九九］一一～一二ページ）

この障害学は、一九七〇年代からイギリスを中心に展開された障害者の社会運動のなかで発展し、障害を考える新たなモデルとして提示された。

障害学は、それまでの医学的な観点による障害イメージを批判している。障害学は、これまでの「当たり前」の障害者の捉え方であった、人々の何らかの身体的・知的・精神的な欠損によって障害者を定義するモデルを「医学モデル」と呼んだ。そして障害学は、人々を無力化し、障害者としてしまう社会（disabling society）こそ批判すべきものだとしたのである。

障害の医学モデル

障害学は、これまでの社会および学問での障害者観を医学モデルとして批判した。医学モデルは、障害者のさまざまな差別や困難の核心を、個々人の身体的欠損（インペアメント）に措定し、差別や困難の解決をそれぞれの身体を回復させることで解消しようとしている。つまり、障害者を健常者に少しでも近づけることが目標となっているわけである。社会的な問題が問われることはあったが、もっとも優先されるものは個人のインペアメントの解消だった。

医学モデルは、医学や社会福祉を背景に、個々のインペアメントをリハビリテーションなどによって機能の回復を目指すものである。また、障害者は、それを目指さなければならないという規範を含んでいると言える。

医学モデルが如実に表れているものとして、ＷＨＯが一九八〇年に策定した国際障害分類ＩＣＩＤＨ（International Classification of Impairments, Disabilities and Handicaps）がある。ここで、「Impairment」は機能障害であり、心理的・生理的・解剖的構造あるいは機能の欠損または異常を指している。「Disability」は能力障害（低下）であり、「Impairment」によってもたらされた人間として正常と考えられる活動を遂行する能力の制限あるいは欠如を指す。そして「Handicap」は、「Impairment」と「Disability」によってもたらされた年齢・性・社会的文化的条件相応の正常な役割の達成を制限し、阻害する社会的な不利を指している（ＷＨＯ［一九八〇］）。

それぞれの言葉は以上のように訳出されることが多いが、決して定訳とされているわけではない。

図１−１で分かるように、医学モデルではまず「Impairment（機能障害）」があり、それに起因して「Disability（能力障害）」があり、さらにこの二つを、障害者が被る「Handicap（社会的不利）」の原因と見なしている。このモデルは、社会的な障害が、個人の身体的な障害から帰結すると捉えている点で生物学的な決定論に陥っている、と批判されている（石川［二〇〇〇］、［二〇〇二］、星加［二〇〇七］、杉野［二〇〇七］）。

医学モデルの見地では、ある人が障害者であるのは個人の欠損や能力障害に起因する。言い換えれば、ある個人のなんらかの身体的・精神的な欠陥として「障害」および「障害者」であることが決定されているわけである。したがって、障害の問題は個人のものであり、個人の身体的・精神的な欠陥の治療が主な課題として設定される。

障害の社会モデル

障害学はこの医学モデルを批判し、障害の社会的な構築性を指摘してきた。それはこう考えるものだ。

図１−１　ICIDH の概念図

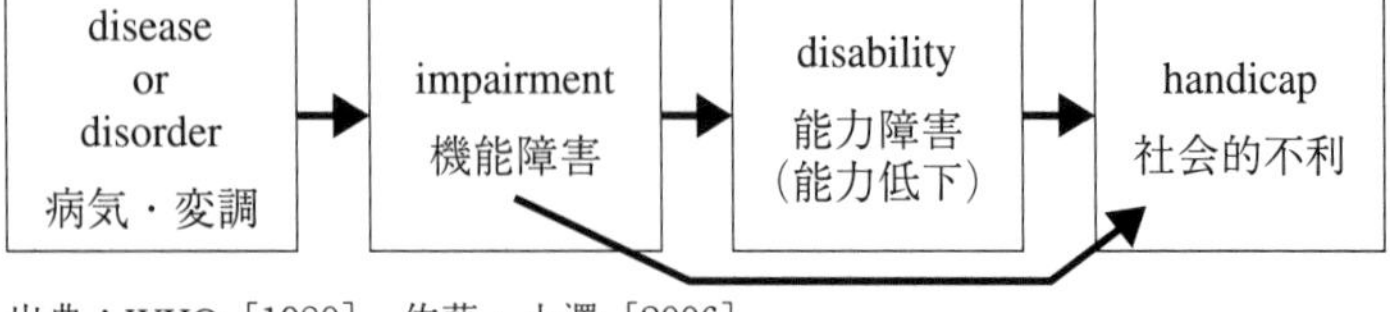

出典：WHO［1980］、佐藤・小澤［2006］。

障害者が「障害者」としてさまざまな困難を受けてしまう原因は、個人にではなく社会的障壁・社会的剥奪にある。障害の「社会モデル」と呼ばれるのはこのためだ。つまり、障害による困難・差別的状況を、個人の問題としてではなく社会の問題として提起したのである。この転換は、健常者の社会に変革を要求することを可能にした点できわめて大きな意義をもっていた。

この転換を星加良司[2]は、「『障害』を社会が障害者に与える不利益として把握することで、『障害』を社会的な問題へと転化させ、（中略）『障害』に関する社会学的なアプローチを要請する変化」（星加［二〇〇七］一〇七ページ）であったと指摘している。障害者が現在の社会において何らかの不利益を被ったり、弱者という位置に置かれたりしているのは、障害者の身体的なことが要因ではなく、社会のデザインのされ方に要因があると考えているわけである[3]。

社会モデルは、「障害者問題」を社会の側に移行することで社会の側に変革を求めた。この社会モデルは、イギリスにおける障害者の運動のなかでつくりあげられたものだった。だから、この転換とモデルの提示は実践的には大きなインパクトをもったのである。

（2）（一九七五〜）博士（社会学）。東京大学先端科学技術研究センター特任講師。著書に、『障害とは何か——ディスアビリティの社会理論に向けて』（生活書院、二〇〇七年）がある。

医学モデルにおいては、障害者は実体として措定《そてい》可能である。なぜなら、障害者とは「障害＝impairment」(4)があるから「障害者」となるからだ。一方、社会モデルにおける障害者について、倉本智明は以下のように説明している。

障害者とは、身体上の差異に関わって他の人びとから分かたれ「障害者」と名づけられるとともに、「障害者」としてふるまうことを期待される人びとのことである。(倉本［二〇〇〇］九七ページ)

「健常者」「障害者」というカテゴリー自体、特定の時代、特定の社会が生み出したものであり、誰がどのようにしてそれらのカテゴリーで語られるかもその時代、その社会によってちがってくる。(前掲書、九八ページ)

それを決める仕組みもいろいろで歴史や文化を超えて障害を客観的に定義する基準などどこにもない。(前掲書、九九ページ)

社会モデルでは、「ハンディキャップという、とくに英国などでスティグマを帯びている用語は消去され、ディスアビリティは能力障害ではなく、社会的障壁、社会的差別と定義されなおされる。そしてインペアメントはディスアビリティの規定因ではない」(石川［二〇〇〇］一五八ページ)とされるのである。

障害学からの批判もあり、ＷＨＯは一九九〇年から国際障害分類（ＩＣＩＤＨ）の改訂作業を行った。[5]そして、二〇〇一年五月の第五四回ＷＨＯ総会でＩＣＩＤＨの改定版として、国際生活機能分類（ＩＣＦ：International Classification of Functioning, Disability and Health）が採択された（ＷＨＯ［二〇〇二］、杉野［二〇〇七］）。

ＩＣＦでは、ＩＣＩＤＨとは異なり、個人の健康状態に関して明確に「身体」、「個人」、「社会」という三つの視点に立って分類されている。ＩＣＩＤＨでの impairment のレベルは、

（3）　星加はこの点に潜む別種の問題を指摘している。「社会モデル」の言説は個々の特定の「障害」についてディスアビリティを解消するための知見を提供しているが、ディスアビリティの解消という戦略において問われるのは、既存のディスアビリティを生み出している社会と、別様のディスアビリティを生み出す社会とを規範的に選択することである。それは「特定のディスアビリティの解消を目指すことが、ある意味でディスアビリティを生み出す線引きを書き換え、ある人にとってのディスアビリティの否定的な意味を増幅させるという現象を帰結する」（星加［二〇〇三］六一ページ）ものであり、それを星加は「ディスアビリティの更新」と呼ぶ。従来の社会モデル的議論のなかでは、そうした問題を生む構造について自覚的に検討されていないとして、考えるべきは「どのような種類のディスアビリティの解消を目指し、どのような種類のディスアビリティを許容するか」（前掲書、六四ページ）という問いであると提起している。

（4）　（一九六三～）東京大学大学院経済学研究科特任講師。著書に、『だれか、ふつうを教えてくれ』（理論社、二〇〇六年）などがある。

（5）　この点については、杉野［二〇〇七］の四七、七五ページに詳しい。ＷＨＯによるＩＣＦは、内容がいまだ不十分として障害学からの批判もなされたが、社会モデルに対しても理論的な見直しを迫ることとなった。

ＩＣＦでは心身機能・身体構造（body functions & body structure）、disability のレベルは活動（activity）、handicap のレベルは参加（participation）と置き換えられた。

また、それぞれのレベルにおいて、心身機能または身体構造上の問題が「機能障害（impairment）」として、個人が活動を行うときに生じる難しさが「活動制限（activity limitations）」として、個人が何らかの生活・人生場面にかかわるときに経験する難しさが「参加制約（participation restrictions）」として定義された。つまり、「障害（disability）」という言葉は、機能障害（構造障害を含む）、活動制限、参加制約のすべてを含む包括語として用いられるようになったわけである。

新たに、背景因子（contextual factors）が要素として加えられている。これは個人の人生と

図１－２　ICF の概念図

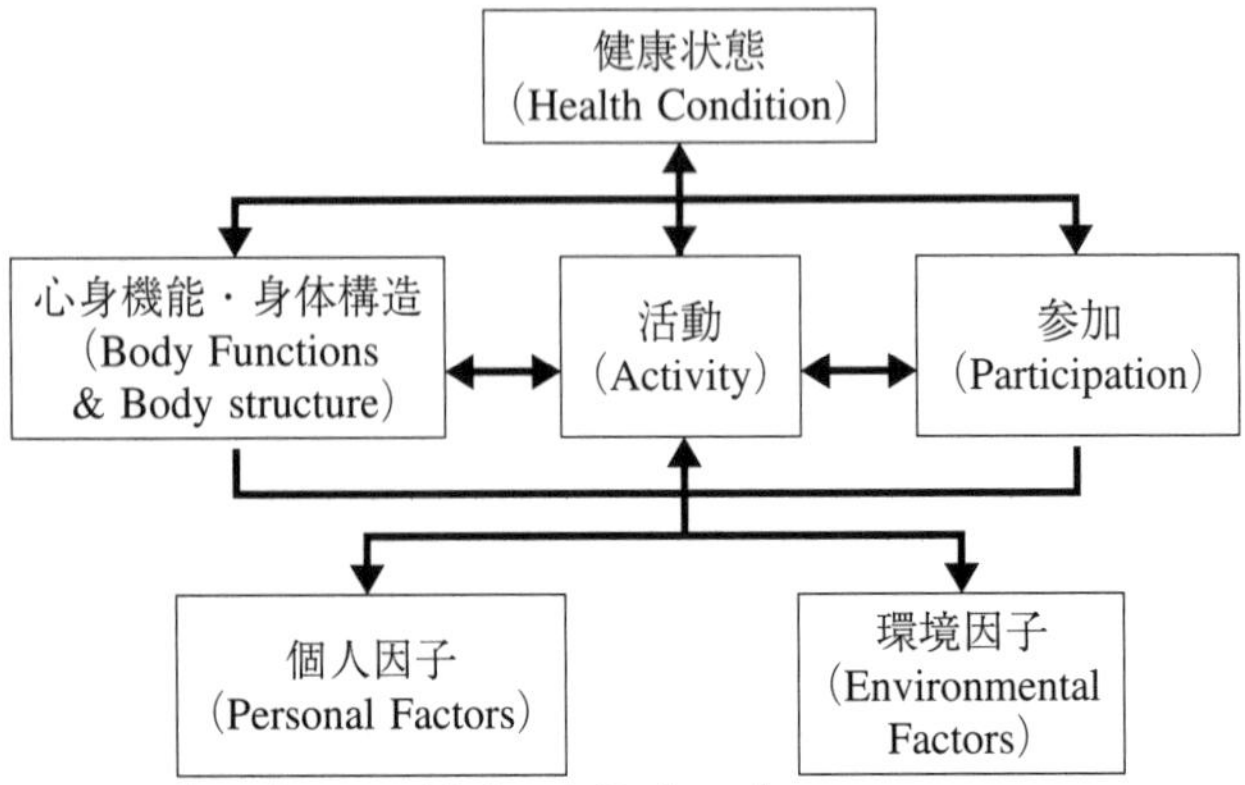

出典：WHO［2001］および佐藤・小澤［2006］。

生活に関する背景全体を指し、環境因子と個人因子の二つから捉えられた。環境因子は、人々が生活するうえでの物的な環境や社会的環境、そして人々の社会的な態度などが想定されている。また、ICIDHの概念図が一方向であったのに対して、ICFでは各要素の相互作用が双方向的なものとして捉えられるようになった（WHO［二〇〇一＝二〇〇二］訳書三〜一八ページ）[6]。

これらを踏まえて本書では、これ以降、単に「障害」と記した場合は個人の身体的なレベルと社会的なレベルを一括して表すことにする。しかし、日本語ではどの次元も「障害」と表記されることが多い――このこと自体、医学モデル的な枠組みが基本にあることを示していると捉えられる――ため、とくに限定して用いる場合には、個人の身体にかかわるものを「障害（インペアメント）」と表記し、一方の社会的次元は「障害（ディスアビリティ）」と表記することにする。

ところで、近年では、ポリティカル・コレクトネス（Political Correctness：PC・偏見や差

（6）ここで見たように、ICFは障害学の知見を取り入れた概念モデルをつくりあげたし、認識論上の進展も見られるものの、いくつかの点で不十分である。本書はこの点を追究するものではないので、詳しくは、星加良司『障害とは何か――ディスアビリティの社会理論に向けて』（生活書院、二〇〇七年）を参照。

別を含まない中立的な発言）の観点から、「害」の字が差別的な用語だとして「障がい者」や「障碍者」が用いられることもある。だが、障害学の知見にならって言えば、障害者とは「社会的障害物によって能力を発揮する機会を奪われた人々」（杉野［二〇〇七］六ページ）である。このことの反映として英語表記では、「障害者」は「disabled people」（イギリス）、「people（persons）with disabilities」（アメリカ）となっている。社会のdisabilityによって「障害者」[7]として構成されているという意味が一般的に浸透しているため、「disability」や「disabled」の用語の変更は意図されていないという（前掲書、一二ページ）。

言い換えれば、「障害（インペアメント）のある人」ではなく、「社会的障害物によってできなくさせられている人」という意味で「障害者」を用いているわけである。つまり、障害が指示しているのは「人」ではなく「社会」ということである。これをそのまま日本の文脈に敷衍《ふえん》することは難しいかもしれないが、社会モデルの立場に立てば、障害者の表記を変更することは必ずしも必要ではないと考える。つまり、「害」があるのは人ではなく社会なのである。

もう一度、本書での用語表記を整理しよう。「インペアメント」は個人の身体機能・構造上の障害である。「ディスアビリティ」は社会制度に起因する「活動制限」、「参加制約」などについての障害である。インペアメントは個人の身体的な欠損や機能の損傷を指すと言えるのに対して、ディスアビリティは制度や施設などの社会的な環境によって「できなくさせられている」ことを指す。日本語における障害者は「インペアメントをもつ人」として捉えられることが多いが、本書で「障害者」と単に述べている場合は、社会によって「できなくさせられている人々」ということになる。(8)

以上が、本書における「障害」および「障害者」の語を用いるときの基本的な立場である。

（7）アメリカ表記は「人」であることを強調しているため「people with disability」が採用されている。一方、イギリスの場合は、社会的な障壁・抑圧が強調されているため「disabled people」と表記されている。このとき、その社会的次元を考慮して「disability」を「無力化」、「disabled people」は「無力化された人々」と訳されている。

（8）本書では、「非障害者」という用語を使用する場合もあるので、この点について補足しておく。一般的に「障害者」の対概念として捉えられている「健常者」は、「障害者／健常者」の二項間での価値的序列が付与されている。それに対して非障害者は、英語での「non-disabled people」の訳語であり、「障害者」以外の人を指している。社会モデルの観点における「障害者」は社会からそのように意味づけられた人であり、そうでない人を表す語は「健常者」ではなく「非障害者」となる。ちなみに、障害者の対義語は「障害者として意味づけされない人」となる。それゆえ、「健常者」がその意味になんらかの価値や規範を含むのに対し、「非障害者」の語を用いるときは価値的には中立である。

2 障害者＋スポーツとは何か？

以上のことを確認したうえで本節では、「障害者スポーツ」をどのように捉えるのかについての現時点での見解を示しておこう。「現時点での」と言ったのは、本書は「障害者スポーツ」そのものの新たな捉え方を目指すものでもあるからだ。まずは、次の文章を読んでいただきたい。

「身体が不自由だからスポーツをする人」ではなく、「身体が不自由でもスポーツをする人」でもない。リハビリテーションの段階を過ぎた後でも、地域社会の中でスポーツを続ける理由は、「楽しいからスポーツをする」のであり、「得るものがあるからスポーツをする」はずである。（斉藤［一九九八］一一三ページ）

この文章は、本書での障害者スポーツの捉え方の出発点となるものだ。では、「障害者スポーツ」とはそもそもどのような種類の活動を指し示しているのかを押さえておこう。現在、「障害者スポーツ」と言われてまず思い浮かべるのがパラリンピックである。その競技種目として認定されているものは、夏季ならば陸上競技、自転車競技、卓球、車椅子テニス、シッティングバレーボール、車椅子バスケットボールなどであり、冬季ならばアルペンスキー、アイススレッジホッケーなどである。また、パラリンピック種目としては認定されていなくとも、日本国内では身体障害者野球や車椅子ツインバスケットボールなどがある。

しかし、これらのリストを増やしていっても障害者スポーツが何を指すのかには辿り着くことができない。第3章で述べるように、スポーツとはなんらかの経験的な実在ではなく、ある種の概念を指し示すものだからである。

では、障害者スポーツについての一般的な説明はどのようになされているのだろうか。公益財団法人日本障害者スポーツ協会[9]のウェブサイトでは、「障害者スポーツとは？」として以下のように説明している。

> 障害者のために特別に考案されたスポーツだけを指すものではなく、原則として健常者が行っているスポーツを「障害があるためにできないことがある」「障害があるためにスポーツによる事故の心配がある」「障害を悪化させるおそれがある」「競技規則が複

---

(9)（Japan Sports Association for the Disabled：JSAD）日本の障害者スポーツの普及・振興を図る組織として一九六五年に設立された。ジャパン・パラリンピック競技大会や全国障害者スポーツ大会などを主催。住所：東京都中央区日本橋人形町2－14－9　三星ビル5階。http://www.jsad.or.jp/index.htm

雑なため理解しにくい」などの理由でルールを一部変更して行なっているものを指しています。(http://wwwjsad.or.jp/q_a/qa_1.htm)

また、障害者スポーツは、「障害のためにできにくいことがあるだけだという理念のもとに(中略)『何ができるか』に視点を向けて、用具やルールを工夫しながら行われているもの」(高橋[二〇〇四]三ページ)とも言われている。これらのことをまとめて言い換えるならば、次のようになる。

障害者スポーツとは、第一に「障害者がするから」という意味をもつ。これを仮に、障害者スポーツの「概念化1」としよう。第二には、障害者用にルールが変えられているスポーツという意味も含意している。これを障害者スポーツの「概念化2」としよう。協会の説明には、「障害者のために特別に考案されたスポーツだけを指すものではなく」とある。この説明のうちには、「障害者のために特別に考案されたスポーツ」も障害者スポーツであることが含まれていることが確認できる。しかしながら、第一の「障害者がするから」という概念化には次のような難点がある。

ある障害者がそのスポーツをするからこそ「○○(障害者)スポーツである」とする帰結は、障害に固執しすぎており、スポーツの内容と関係ないところで名前がきまっているのである。それは、ある特定の部位における限定された障害に結びついた形で「障害者」を位置づけ、一方で、考えられ得るすべての「障害者の行為」を障害と結びつけて考える、という枠組みにとらわれている。（樫田編［二〇〇〇］一五ページ）

もう少し噛み砕いてみよう。なぜ、障害者がするから障害者スポーツという考え方が問題なのか。それは「障害者の行為」を障害と結び付けている点である。スポーツ以外のもので考えてみよう。たとえば、障害者が歯磨きをする場合、それを「障害者歯磨き」と言うだろうか。睡眠をとることを「障害者睡眠」と言うだろうか。こうしてみれば、この考え方におかしな点があることが分かるだろう。

なぜ、スポーツにかぎって「障害者スポーツ」と呼ばなければならないのか。あるいは、ピストリウスのことを思い出そう。この考え方では、ピストリウスはあの日、障害者スポーツをやっていたことになる。彼は、一人だけ障害者四〇〇メートル走をしていたというのだろうか。やはり、「障害者がするから」という捉え方には問題があると言わざるを得ない。

そもそも第1節で見た障害学にならえば、当人の置かれた社会的状況を考慮せずに障害者だと言うことはできない。こうした考えは、障害＝インペアメントを「障害者であること」の基底としている点でも問題含みと言える。

同時に、「障害者がしているから」というのは、障害者スポーツに非障害者が参加することを初めから排除してしまっている。今後の普及や進展を考えるならば、むしろ、健常者も含めた多くの人を包摂《ほうせつ》できるような考え方のほうが望ましいのではないだろうか。

二番目の「障害者用にルールが変えられているスポーツ」という意味ではどうだろうか。やはり、ここにも難点が存在する。ルールを変えるという発想は、パターナリズム⑽の考え方を包含している。どういうことだろうか。

まず前提となっているのは、「障害者がするスポーツ」という考え方である。そのうえでルールを変える。この二つをもって障害者スポーツとするのは、「その発展性を著しく阻害した考え方になり得る」だろう。障害者用にルールを易しくするという発想は、障害者スポーツの競技性を初めから否定してしまう。なぜなら、この考えの根底には「障害者でもできるように」という障害者保護的発想が存在しているからだ（前掲書、一六ページ）。

このように「概念化1」と「概念化2」の意味を批判したうえで、第三の意味が提起される。それが、「障害を無意味化するようなルールが作られているという意味で障害者スポーツである」（前掲書、一五ページ）というものだ。これを、障害者スポーツの「概念化3」とする。

この点をもう少し説明しよう。たとえば、サウンドテーブルテニスでは、プレーヤーにアイマスクの着用を義務づけている。これによって、全盲であれ、弱視であれ、健常者であれ、視覚能力の違いは無意味化され、「無意味化された後に残るのはひとりのプレーヤー」（前掲書、一六ページ）となる。

「障害が無意味化」されるということは、サウンドテーブルテニスにおいては、全盲であるとか晴眼者であるということはその競技には無関連であり、個人は一人の競技者として捉えられているということだ。そのため、サウンドテーブルテニスのルールは、「障害者のために工夫したルール」ではなく「盲人卓球（サウンドテーブルテニスの旧表記――引用者注）をする者の為のルール」へと変わる。ちなみに、樫田美雄[11]らは、障害を無意味化するようルールがつくられているという点が強調されたスポーツを「非障害者スポーツとしての障害者スポーツ」（前掲書、一九ページ）と位置づけている。

障害者スポーツについては、以上三つの視点が提起されている。次節以降では、この三つの障害者スポーツの概念化に沿って検討を行っていく。まず、「障害者がするスポーツ」を基調として捉えられているものを検討する。続いて第二の視点、すなわち「ルールを変えたもの」を、そして最後に「非障害者スポーツとしての障害者スポーツ」という観点から捉えられているものを検討していくことにする。

---

(10)「父親的温情主義」とも訳される。意思決定が、その当人の意向にかかわりなく、ほかの誰かによって干渉されて行われてしまうこと。単純に言えば、親が子に代わって意思決定をしてしまうことが挙げられる。

(11)（一九六一〜）徳島大学総合科学部准教授。専門は社会学、エスノメソドロジー。近年は、ビデオ・エスノグラフィーという手法を用いて、教育場面での具体的な相互行為を分析している。

3 障害者のスポーツという語られ方

役に立つ障害者スポーツ

　障害者スポーツという営みは、論者によってさまざまに語られてきた。たとえば、スポーツとノーマライゼーション[12]やクオリティ・オブ・ライフ（QOL）[13]の関係に焦点化した議論があったり、障害者スポーツの振興が社会のバリアフリー化、健常者の障害者に対する理解の促進や障害者自身のQOLの向上につながるとするものである。このような構成をとる議論を、ここでは「障害者スポーツの機能的な議論」と呼ぶことにする。それは、障害者スポーツがその外部に与える影響から評価する。

「理解の促進」であれ、「生きがい」であれ、「オルタナティブ」であれ、スポーツは常にかかわる者に対してポジティブな影響を与えるものとして想定されているので、その機能をどれだけ高めるかに主たる関心が置かれている。それゆえ、障害者のスポーツ振興政策やスポーツ施設に関するバリアフリー化の検討が中心課題となった。

　障害者スポーツの機能的な言説とは、端的に言えば、医学的な見地に基づいたリハビリテーションにおけるスポーツの有用性の主張である。このような構成は、スポーツの個人に対する有用性だけではなく社会に対しても主張される。障害者スポーツの振興が、社会のバリアフリー化やノーマライゼーションの進展、健常者の障害者に対する理解の促進につながるとされる。

たとえば、スポーツのバリアフリー化やノーマライゼーションに必要な点として、既存のスポーツ施設が障害のある人にとって使い勝手のよい状態に改善されることや、障害者の利用を前提としたデザインが要請されるというような指摘である（武隈［二〇〇〇］）。あるいは、スポーツを見ることで、障害への関心が増したり、理解が導かれたりするという主張がある。近年、障害者のスポーツが「テレビや新聞等を通じて多くの人の目にふれるようになってきたことは、障害者への理解、ノーマライゼーション社会の実現に向けての前進」（高橋［二〇〇四］一八七～一八八ページ）であるという指摘は、まさスポーツの機能的評価と言える。

個人のQOL向上と同様に目指されたのが、組織、設備、環境、財政、心理的バリア（偏見の解消）、指導員の不足などの問題の解消である。障害者のスポーツ振興のため、その活

---

(12)　知的障害者の領域からはじまる。この理念は、一般的には障害者を含む社会的支援の必要なすべての人達に、普通の市民の通常の生活状態を提供（ノーマライズ）することを目的に掲げている。『福祉社会事典』（弘文堂、一九九九年）より。

(13)　（Quality of Life）「生活の質」とも書かれる。QOLは、物理的・物質的な豊かさやサービスの量、経済的自立だけでなく、精神面を含めたその人の生活全体の豊かさ捉えようとする概念のこと。

けである。

動を制約している施設、環境などのハードと人的資源などのソフト面の改善が議論されたわ

ここには、スポーツに参加する障害者やそれを見る人々の増加という量的な変化が、社会的諸環境の整備の促進や個人のQOLの向上と直接につながるはず、という期待や前提が保持されている。つまり、既存の障害者スポーツ論は、スポーツの環境整備によって障害者のスポーツ参加の機会を増加させるという量的側面の強化や改善が、人権の尊重やQOLの向上などの質的側面の強化につながっていくという、量と質の間の正の相関関係が素朴に想定されている（八十川［二〇〇二］）。

しかし、必ずしも両者の関係は正の相関ではなく、負の相関となっている場合もあるだろう。負の相関になる場合とは、「重度者」の参加が増加したとき、対応できる人的・物的環境の未整備によって、スポーツに対する満足が充分に得られないことである（前掲書）。ただし、負の相関となる場合もあるという疑問は依然として障害者スポーツの量的側面と人権の尊重やQOLの質的側面との相関を想定している。むしろ、より根本的には、その相関自体が成り立たないのではないかと想定して議論を行うことも必要だろう。

このように考えることは、障害者にとってスポーツを行うことのリハビリテーション効果や個人の心理的な有用性を否定しているわけではない。現在、理学療法の一環としてスポーツあるいは身体活動が取り入れられていることからも、その効用を認めることができる。ま

た、リハビリテーション自体を目的化したスポーツ活動はあってしかるべきである。

障害者スポーツが個人的な、もしくは社会的な事柄の問題解決を果たす何らかの機能を確実に有しているという語り方には、障害者スポーツの肯定的／積極的な側面にばかり注意を向けてしまっている難点がある。つまり、ある目的や価値の達成とスポーツが短絡的に接続されてしまっているということである。

障害者スポーツの近代スポーツ化

障害者スポーツの普及・進展という量的側面と、個人のＱＯＬの向上、ノーマライゼーション社会の実現という質的側面の正の相関を前提とした議論は、障害者スポーツの進展を阻害する要因に着目していったわけだが、その多くは、障害者スポーツがスポーツとして社会的に認知されるようになったとされる一九九〇年代後半から行われるようになった。なぜなら、一九九八年の長野パラリンピック以降、日本においても障害者スポーツの「高度化」がいっきに進展したと考えられ、そのことによってさまざまな問題が発生してきたからである。それらは、次のような問題である。

スポーツの競争は身体的な優劣を競うことであるため、障害者スポーツが競技スポーツとして発展すればするほど、より重い身体的な障害をもつ人が疎外されてしまうということが起こってしまっている（井出［一九九四］、高橋ら［一九九八］、矢吹［二〇〇三］）。

こうした指摘はなぜ登場したのだろうか。藤田紀昭[14]によれば、障害者スポーツは一九九六年のアトランタパラリンピック以降「スポーツへの目覚めの時代」の流れにあるとされ、「障害者スポーツはスポーツとして認知され、スポーツのメインストリームに合流しつつある」（藤田［二〇〇四］二八ページ）と現在の状況を捉えている。

現在は、リハビリテーション・レクリエーションの手段という範疇を超え、パラリンピックに代表されるように、近代スポーツ化・競技の高度化の過程に障害者スポーツは置かれている。その過程で、スポーツの高度化と重度者の排除という問題が登場してきた。そのため、藤田によれば、現状の障害者スポーツは大きく四つの問題点にまとめることができるという。

❶障害者スポーツの近代スポーツ化に伴う過剰な勝利主義と商業主義（前掲書、二八二ページ）。二〇〇〇年のシドニー・パラリンピックでは、それを象徴するようにパワーリフティングで一〇名の選手がドーピングによって追放処分を受けたり、知的障害クラスのバスケットボールに障害のない選手が多数出場したりする出来事があった。

❷競技における平等性を確保することの困難。多くの障害者スポーツでは、障害の内容・程度が同じとされる人たちがクラスとなって競技が行われる。だが、身体条件を完全に平等にしようとするとクラス数は参加選手数にかぎりなく近づき、競技が成り立たなくなる。そのため、競技が実施可能な程度まで身体条件の違いを捨象し、一つの競技に参加する選手数を確保する必要に迫られている。その結果、同一の種目に参加するアスリートの間に

は、無視できないほどの身体条件の差異が生まれてしまう可能性が生じている。[15]
❸競技の高度化とパフォーマンス向上の推進の結果、障害の程度が重いほど競技を進めるなかでの不利が増大してしまう点。競技の高度化を志向するほど、結果的に「重度障害者」をスポーツ参加の場から遠ざけてしまうことになる。
❹近代スポーツ化は、結果として「健常者」と「障害者」との差異化を助長してきたと言えること（藤田［一九九九］・［二〇〇四］。たとえば、陸上競技で好成績を収めたとしても、結局は「義足にしては速いという言説」によって固定化されてしまうことすらある。彼／彼女たちは、どれほどの記録を出しても「あくまでも障害者」というポジションに置かれてしまうと指摘されている[16]（海老原［二〇〇三］）。

（14）（一九六二〜）同志社大学スポーツ健康科学部教授。公益財団法人日本障害者スポーツ協会技術委員会副委員長。専門は障害者スポーツ論。主な著書に『障害者スポーツの世界——アダプテッド・スポーツとは何か』（角川学芸出版、二〇〇八年）などがある。
（15）障害者スポーツにおけるクラス分けについては第5章を参照。
（16）その具体例として、パラリンピック男子一〇〇メートルで一一秒〇九という当時の世界記録を樹立したマーロン・シャーリーが挙げられている（海老原［二〇〇三］七〇ページ）。さらに、「パラリンピックにこめられるメタ的メッセージを検討すると、南北問題を隠蔽し、新たな階層化を自明視させないという点で、オリンピックと同様に、いやむしろより鮮明にあらわれてくる」（前掲書、六九ページ）という指摘もある。

現状の問題点と高度化していく障害者スポーツの問題点は、表裏一体の関係にあると想定されている。つまり、現在の障害者スポーツは商業主義や勝利至上主義を追い求めすぎるため重度者がスポーツに参加できなくなってしまい、「生涯スポーツ」や「スポーツフォーオール」とはかけ離れてしまっているため、身近なスポーツ施設のバリアフリーや指導員が不足するようになっている。

このような施設や指導者不足、そして障害者スポーツの競技スポーツ化などの問題点の把握は、「障害者がするスポーツ」として「障害者スポーツ」を捉えた議論の到達点ではあるが、同時に限界点でもある。なぜなら、障害者はインペアメントをもつ人々と規定されているし、重度者の疎外という指摘も、その理由は彼/彼女らの障害=インペアメントが重いためであるからだ。そこに、スポーツという社会的現象・経験そのものが変革されるべき、という論点はない。

そのため、次に見るようにアダプテッド・スポーツの構想、あるいは近代スポーツのオルタナティブとしての障害者スポーツの議論へと向かうようになる。以下では、アダプテッド・スポーツの構想について概観する。これらは、障害者スポーツを「ルールを変えたもの」と捉える視角をもつものとまとめることができるだろう。

4 ルールを変えたスポーツという語られ方

アダプテッド・スポーツの構想

近年注目されているのが、「アダプティッド・フィジカル・アクティビティ（adapted physical activity）」あるいは「アダプテッド・スポーツ（adapted sport）」の構想である。このもっとも包括的な定義は、以下のようなものである。

アダプテッドフィジカルアクティヴィティは以下の内容を中心とした学際的な知識の集まりである。（a）生涯を通じた精神運動性の諸問題の検証と解決。（b）健康的で活動的なライフスタイルと余暇、高品質の体育指導、スポーツ・ダンス・水中運動（aquatics）への生涯を通じたかかわりのための平等なアクセスの支援。（c）インテグレーション（統合）とインクルージョン（包含）を支援する学校―地域サービスの提供。この定義は、adapted physical activity がもっぱら歴史的に「障害者（disabled）」や「特殊な人々（special）」としてラベリングされてきた人々だけに関心を向けているのではないことをはっきり示している。（DePauw and Sherrill［1994］p7）

この概念は学際的な知識体系を表すだけでなく、障害のある人々(individuals with disability)に身体活動を提供するための調査や学習計画、そしてアドボカシー戦略にとっての理論的な準拠枠を表すものとして理解する必要がある。そのためにかかわる分野・領域は**図1－3**のように示されている。

ここで重点が置かれているのは、体育・スポーツやレジャー、リハビリテーションなども含めたすべての人の身体活動へのアクセスを実現するためのものである、ということだ。この点に関しては、日本におけるそれとは若干の相違がある。この概念の日本における受容について以下で

図1－3　adapted physical activity の関連分野および専門領域

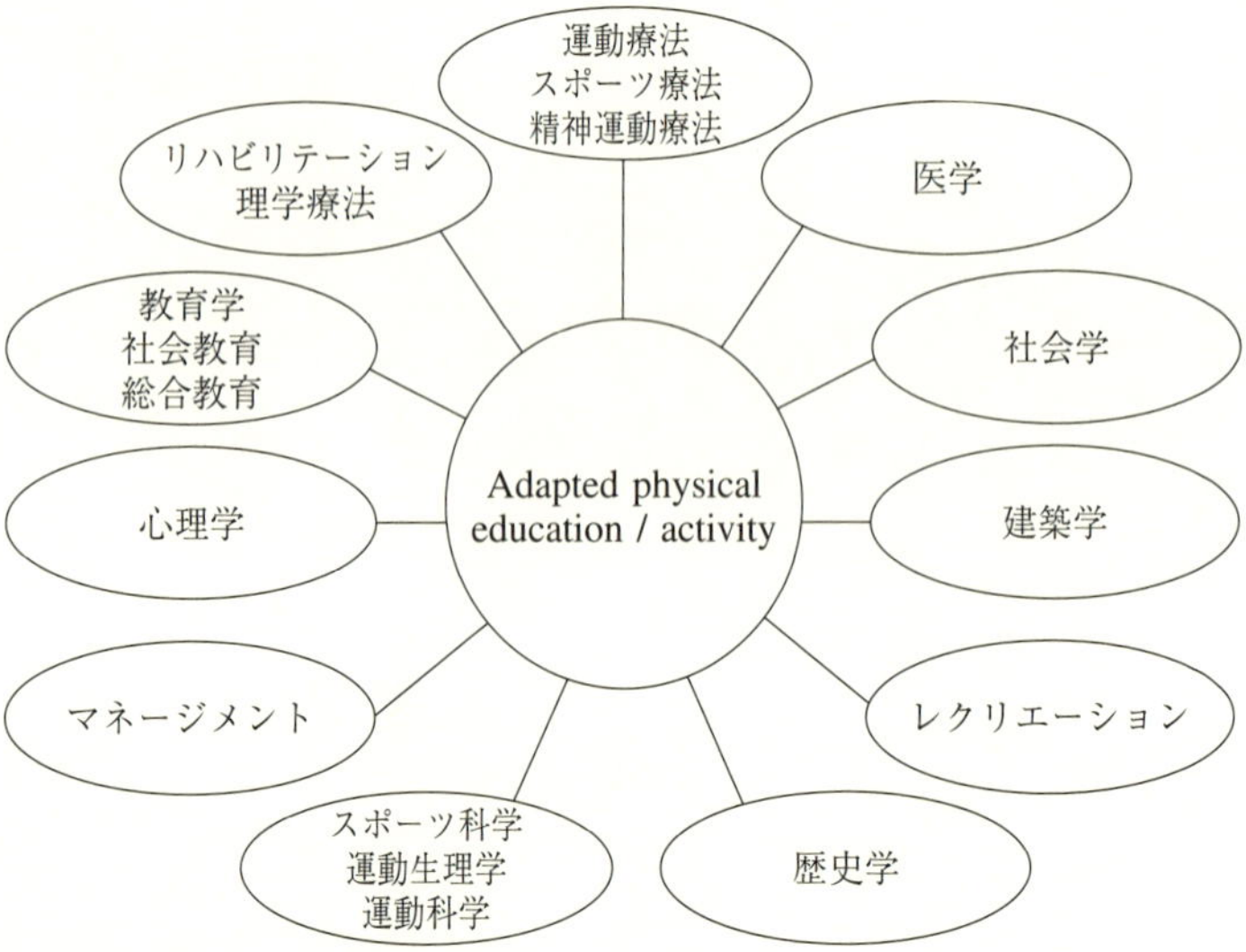

出典：Doll-Tepper and DePauw［1996］p2。

見ていこう。

国内で刊行された書籍で初めてタイトルに「アダプテッド・スポーツ」の語を用いたのが、『アダプテッド・スポーツの科学』である。著者らは、アダプテッド・スポーツは「障害のある人がスポーツを楽しむためには、その人自身と、その人を取り巻く人々や環境をインクルージョンしたシステム作りこそが大切であるという考え方に基づく」（矢部ら［二〇〇四］四ページ）ものと主張している。対象が「障害のある人」とここでは限定されてはいるものの相違は見られない。この実践の具体例として、以下のように提示されている。

どのような障害があっても僅かな工夫をこらすことによって、誰でもスポーツに参加（Sport for Everyone）できるようになる（中略）スポーツのルールや用具を障害の種類や程度に適合（adapt）させることによって、障害のある人は勿論のこと、幼児から高齢者、体力の低い人であっても誰でもスポーツに参加できる。（前掲書、三ページ）

そして、英語圏での「adapted physical activity」に代わって「アダプテッド・スポーツ」とカタカナ書きを用いた理由は、この言葉の「意訳は『その人に合ったスポーツ』になる。そこで、障害のある人や高齢者のスポーツを総称として『アダプテッド・スポーツ、adapted sport, AdS』という既成の概念にとらわれない造語を提唱する」（前掲書、三〜四ページ）というものだった。

ここで注意しておきたいのは、当初の定義が理念的に行われているのに対して、『アダプテッド・スポーツの科学』では、アダプテッド・スポーツの定義は経験的な側面から行われ、その具体的ななされ方が提示されている点である。前者は対象をかぎらず、人々すべてのスポーツを含めた身体活動への平等なアクセスを支援するための理念とプログラム提供のための学際的知識体系とされている。一方、後者は、対象が「障害のある人や高齢者のスポーツ」活動の総称として用語が使用されているという違いがある。(17)

いずれにせよ、日本においては「adapted（physical）activity / adapted sport」が、平等なアクセスを支援する理念／プログラムとしてよりも具体的なスポーツのあり方を示すことに強調が置かれて導入された。たとえば、日本体育学会が監修した『最新スポーツ科学事典』の「アダプテッド・スポーツ」の項では、次のように説明されている。

身体に障害がある人などの特徴にあわせてルールや用具を改変、あるいは新たに考案して行うスポーツ活動を指す。身体に障害のある人だけではなく、高齢者や妊婦等、健常者と同じルールや用具の下にスポーツを行うことが困難な人々がその対象となる。Adapted physical activity（APA）はその上位概念であり、スポーツに限らず、リハビリテーションや治療目的の運動なども含め種種の目的で行われる身体活動全般を意味する。

—（社団法人日本体育学会監修［二〇〇六］一七ページ）

ここには、重要な変化が生じていることが分かるだろうか。この説明には矢部らによって意識されていた点がなく、身体活動全般のみを指す名称として提示されている。アダプテッド・スポーツは、当初の概念から離れ、「障害のある人などの特徴にあわせてルールや用具を改変して行うスポーツ」、つまり「障害者スポーツ（概念化2）」として捉えられたのである。ただし、日本の「アダプテッド・スポーツ」の概念は、これまでスポーツに参加することから排除されていた人々をその視野に含め、捉えることを可能にした点で意義あるものとなった。

アダプテッド・スポーツの転回

日本においてアダプテッド・スポーツは、理念的にではなく経験的なものとして受容された。重要なのは、このように捉えられたことによるさらなる意味づけの変化である。藤田がアダプテッド・スポーツを紹介している文章に、それが典型的に現れている。少し長いが引

(17) ただ、『アダプテッド・スポーツの科学』では、「取り巻く人々や環境をインクルージョンしたシステムづくりこそが大切である」という点が多少なりとも意識されている。

用しておこう。ちなみに、引用文中の「アダプティッド・フィジカル・アクティビティ」はアダプテッド・スポーツとほぼ同義である。

アダプティッド・フィジカル・アクティビティは、あくまでスポーツをする本人を尺度として、スポーツや身体活動に参与する。他者との対峙は想定されず、価値も個人の中に追求される。スポーツする個人は、この意味で絶対的な存在ということができる。近代スポーツの重要な構成要素である競争、勝敗、普遍的ルール、平等性は、アダプティッド・フィジカル・アクティビティにおいては個人の絶対的存在の前にその地位を低下させざるをえない。それゆえ、近代スポーツのオルタナティブを提供する可能性を見出すことができたのである（藤田［一九九九］二八六ページ）

この文章には二つの主張がある。一つは「アダプテッド・スポーツ」の事実的な説明であり、もう一つはその規範的な説明である。これまでは、このスポーツがどのようなものであるかの事実が説明されていたが、藤田はそこに「行き詰まりを呈している近代スポーツを相対化し、新たな地平を切り拓く視座」（前掲書、二八六ページ）を見いだしている。「新たな地平を切り拓く視座」とは、端的には「オルタナティブとしての障害者スポーツ」である。藤田は「障害者スポーツは、スポーツ界全体の中で、異質な領域のスポーツであり、

マージナルな存在であった。が、それゆえに（中略）近代スポーツを相対化する契機を内包し、オルタナティブを提供する可能性」（前掲書、二八四ページ）をもつと述べている。この視点は、『アダプテッド・スポーツの科学』による説明には含まれていない。

藤田の主張はたしかに典型例であるが、「adapted physical activity」から「アダプテッド・スポーツ」への変化の過程で、近代スポーツのオルタナティブという意味づけが加えられたすべてを彼に帰するのは公平な立場とは言えない。というのも、藤田以外にも障害者スポーツの現状から近代スポーツの枠組みの限界を見てとり、近代スポーツに代わる身体活動を模索する論者がいるからである。

身体障害者のスポーツから私たちが学ぶべきものは（中略）業績主義と能力主義を絶対視するスポーツを追及するのではなく、「できる」ことに価値を置くことを前提としない身体運動文化を構築することである。今のスポーツに求められているのは、この価値の転換なのかも知れない。価値の序列が入り込まずに、そして「弱さを誇る」ことさえ許されるようなスポーツを求めることはできないだろうか。差異を優劣に還元してしまわないスポーツを求めることはできないだろうか。（高橋［一九九九］四六ページ）

ここで見てとれるのは、障害者のスポーツから、近代スポーツとは異なる別の「スポーツ

／身体活動」を構想するべきだという強い主張である。[18] 障害者スポーツやアダプテッド・スポーツは、その理念的／政策的概念から、近代スポーツのオルタナティブを構想する規範的な概念へと読み替えられている。

以上の議論において目指されていることは、近代スポーツとは異なる価値／規範に基づきながらも近代スポーツに比肩しうる身体活動の体系である。「アダプテッド・スポーツ」あるいは「アダプテッド・フィジカル・アクティヴィティ」の語は、当初の意味から離れ、近代スポーツのオルタナティブの構想を表す語として用いられるようになっている。彼らの議論の論理は次のようなものだ。

現在の障害者スポーツは、商業主義や勝利至上主義に巻き込まれ、それらを追い求めすぎている。そのため、本章で見たように、さまざまな問題が噴出してきている。とくに、重度者が参加できなくなってしまっていることは、「生涯スポーツ」やスポーツを通した「ノーマライゼーション社会の実現」とはかけ離れてしまっている。その根本にあるのが、障害者スポーツの近代スポーツ化である。

「序章」で確認したように、近代スポーツは「自然な身体」の想定や参加するものの「平等」を擬制し、ある人々を障害者として無力化（disablement）してしまっている。これを仮に「近代スポーツのイデオロギー」と呼ぶのであれば、その一方で、近代スポーツのオルタナティブを構想する議論は次のような想定を前提にしていることになる。

彼らは、障害者のスポーツ活動は近代スポーツによって疎外されていると考える。それゆえ、近代スポーツのイデオロギーは批判すべきであり、乗り越えられるべきものとされる。本来ならば、人間にとって、とくにスポーツから排除されていた障害者にとってスポーツに参加することは素晴らしい可能性――個人のＱＯＬの向上やノーマライゼーション社会の実現――を秘めているはずである。しかし、パラリンピックのオリンピック化（競技の高度化の推進、近代スポーツ化）によって本来とは異なる姿になってしまった。そのため、スポーツのあるべき姿を取り戻すとともに、近代スポーツという枠組みを変革する必要がある。その一つのソリューションが「ルールを変える」という点に求められているのである。

こうした観点は、本章での語彙を使うならば次のようになるだろう。まず、障害者スポーツの有用性を評価する機能主義的立場において、障害者スポーツとは取りも直さず「障害者がするスポーツ」だった。一方、競技の高度化が進行するなかで誕生した重度者の排除の問題などに対応してアダプテッド・スポーツが紹介されている。それは、「障害者用にルールが変えられているスポーツ」だった。

（18）高橋の主張は、たしかにもっともなものである。しかしながら、次項で述べるように、そうした価値の転換がスポーツを含むすべての「身体運動文化」に対して必要だと主張されるとき、ピストリウスのような人々を切り捨ててしまう可能性を考慮する必要がある。

こうした捉え方をすることによって、重度者が排除されないより開かれたスポーツが構想されたのだ。ただし、障害者スポーツの高度化だけでなく、オリンピックをはじめとする商業化というスポーツ界の現実を前にしてアダプテッド・スポーツは、近代スポーツのオルタナティブとしての価値を帯びるようになる。しかし、このとき、障害者スポーツがオルタナティブ足りえるその理由として挙げられるのが「障害者と健常者の異なり」である。これは、本章の第1節で確認した医学モデルの障害観を前提にしたものである。

これまで、障害者スポーツ研究を概観してきた。これまでの議論には、ある共通の前提が存在する。障害者スポーツの機能主義的な言説にしても、アダプテッド・スポーツの構想にしても、「障害者／健常者」のカテゴリーを前提としたうえで、障害者スポーツを「障害者がするスポーツ」として想定していることである。さらに、アダプテッド・スポーツの構想は、「障害者がするスポーツ」を前提としたうえで「障害者用にルールが変えられているスポーツ」から近代スポーツのオルタナティブを模索するものだった。

それらが共有する障害者スポーツの現状認識を受け入れたとしても、ここには大きな難点が存在する。すなわち、近代スポーツの枠組みのなかでスポーツ活動をしている人々がいるという現実である。そのことを踏まえると、彼らの議論はそのような人々を視野に収めることができていない。

重要なのは、オスカー・ピストリウスの「自分たちのためにパラリンピックは存在している。でも、なぜ境界線を越えてはいけないのか」という問いが、彼がオリンピックへ出場しようとする（つまり、近代スポーツの枠組みに参加しようとする）際に発せられたという事実である。ルールを変えるという発想のみでは、ピストリウスのような人々を議論の射程から逃してしまうことになる。近代スポーツの価値を承認して障害者がスポーツを行うことは、それが即、健常者中心の社会や文化に追従していることを示しているわけではない。むしろ、アダプテッド・スポーツの考え方はピストリウスの問いかけを無効化してしまうことになる。

それゆえ、求められているべきは、アダプテッド・スポーツを発展・拡張して、高度化したスポーツや健常者のスポーツをも視野に含むことのできる構想を展開することである。そのためには、障害者スポーツを実践している当事者たちが、その実践をどのように意味づけているのかを捉え直す必要がある。

5　障害を非障害化したスポーツという語られ方

本節では、これまで述べてきたことから、障害者スポーツを実践している当事者のスポーツ実践に注目していきたい。とくにここでは、障害者スポーツの実践を取り上げた二本の論文に注目して本書の議論の土台としたい。

その二本とは、熊本大学准教授の後藤貴浩による「障害者スポーツのカテゴリー化に関する研究――車椅子バスケットボールチームにおける実践を通して」と、石川県立看護大学准教授の阿部智恵子らによる「資源としての障害パースペクティブの可能性―障害者スポーツ（水泳）選手へのインタビュー調査から」である。この二本の論文から、当事者たちが、身体や「障害」をスポーツの活動を通してどのように意味づけているかを検討していこう。

スポーツの実践と「障害」

まず、後藤の論文を見ていこう。彼は、障害者スポーツの実践のなかから、当事者にとっての「障害」や「障害者／健常者」というカテゴリーについて考察した。本論文は、具体的なスポーツ場面に焦点を当て、「スポーツ／障害者スポーツ」や「健常者／障害者」というカテゴリーがどのようにして立ち現れてくるかを議論した。とくに、焦点をあてられているのは、具体的な実践において「障害者というカテゴリー化がどのように形成されているか」（後藤［二〇〇二］一七五～一七六ページ）であった。

後藤は、既存の障害者スポーツに関する研究を「カテゴリー化された障害者スポーツを前提として語られている」（前掲書、一七六ページ）として退けている。つまり、本書と同じように、これまでの障害者スポーツが固定的な障害者像を想定して議論してきたと考えている。そのうえで、車椅子バスケットボールチームの練習や試合を参与観察するとともに、メンバーおよび学生から聞き取りを行い、カテゴリーがどのように形成されていくかを明らかにした。

まず、「前提としてのカテゴリー」があるという。それは私たちが、実際のスポーツに触れる前に想定していた「障害者スポーツは障害者のためのスポーツであるという認識」である。しかし、調査中に対象チームと練習を重ねるうちに、このようなことはお互いに意識することがなくなってくる。なぜか。それは、「一つのスポーツとして、互いにプレーを楽しむ空間が生まれた。一つのスポーツとして、障害者の世界と健常者の世界が融合した瞬間」（前掲書、一九〇ページ）があるからだと述べられている。それはまた、技術の教授だけでなく、調査者がチームの練習でのリズムを身につけたことで生まれたのだという。

このとき、障害者と健常者が車椅子バスケットボールという同一の地平に立ち、一定期間を経ることでカテゴリーを意識しなくなったことが確認できる。だが実は、それは一時的なものでしかない。なぜなら、「スポーツの専門化・高度化が進むと、そこでは、再び身体的差異が明らかになり、障害者スポーツというカテゴリーが現れてくる」（前掲書、一九一ページ）からである。

後藤の説明によれば、「身体的差異とスポーツの平等性が、障害者のスポーツ実践にとって大きな障壁になる」という。一旦はカテゴリーが消滅するものの、競技レベルが高くなると、結局のところ障害の状態による差異が重点を占めるようになり、「健常者／障害者」という違いが再現化するのである。この論文は次のように締めくくられている。

スポーツの多くは（中略）ルール上、平等性（対等なスタートラインに立てること）が保証されている。障害という身体的特徴を持つ彼らは、そのことが如何に幻想的であるかを体験し、実感している。今回のフィールドワークでは、彼らがそのようなスポーツの世界で揺らぎつつも、スポーツの魅力に惹かれ自分たちなりの方法でスポーツを楽しむ姿を観察することができた。（前掲書、一九二ページ）

この事例での実践者は、身体的な差異によって平等性の幻想を実感しながらも、競技性・競争性から撤退することでスポーツを楽しんでいるということであろうか。たしかに、本論文において、カテゴリーの「消滅―再現」という説明は納得のいくものであるように思える。しかし、カテゴリーが再出現することは認めるとしても、本論文では結果として競技性への志向を留保してしまっている。

そうした人々がいることは理解できる。こうしたことは車椅子バスケットボールの世界に身を置く者なら誰もが一度は経験することだろう。ただ、このように結論づけてしまうと、競技性への志向を止めない人々がいること、そのような人々が差異を目の前にして、どのようにそれを乗り越えようとしているのかが説明できない[19]。

本論文は、それまで注目されていなかった、当事者の具体的な活動に焦点をあて、彼らがどのようにスポーツを実践しているのかを、自ら参加し、インタビューを行うことで明らかにした。そこで見えてきたのは、「健常者／障害者」というカテゴリーはスポーツのなかで形成されていくものだということである。ただし、残念ながら、その形成されたカテゴリーが改めてスポーツに参加している人々にとってどのように捉えられているのかという点については論じていない。この点を考えるうえで参考になるのが、「資源としての障害」という議論である。

資源としての「障害」

「資源としての障害」という視点は、それまでの「医療モデル[20]」ではすくいとられてこなか

(19)　後藤は、「障害者スポーツというカテゴリーが存在することを明らかに」（［二〇〇二］一九二ページ）できたという。つまり、「カテゴリーが形成されていく」ものではなく、実体として存在していることを認めている。少なくとも、文章からはそのように読むことができる。それがスポーツのある場面では背景として後退していただけであり、「消滅―再現」というように形成されたのではない。そして、このことは、カテゴリーがもともと存在していることを前提に議論してきた既存の障害者スポーツ論をかなりの程度肯定してしまうことにつながるという結果になる。

った障害者の選択的な生き方を記述し、同時に障害が相互行為においてもつ多様な意味を考察するためのキーワードとなる。障害を考える新たなモデルとして「資源としての障害パースペクティブ」が提示される。この観点を提出する意義は次の点に求められる。

いわゆる「障害者」もまた、つねにかわらず「障害者」であり続けているわけではない（中略）場面ごとに「障害者」であったり、なかったりする様子もまた、人々が生きている現代的「生」だとするなら、それをとらえる研究視角もあっていい。（阿部ら［二〇〇二］一八ページ）

「資源としての障害」という観点は、障害を本質的に個人を規定するものとは捉えない。障害は、当事者が、その時々にそれぞれの場面で自らを語ろうとするときに活用することができる資源として捉えられる。そして、「一体どのように『障害』が『障害者』一人一人の生活の場で、障害者自身や障害者の関係者によって選択的に利用されているかを、そしてそれがどのように有効かつ戦略的な手段となっているか」（前掲書、二六ページ）について、障害者水泳に参加している二人へのインタビューから考察した。

その結果、当事者は「障害を自らの属性としてではなく、他者が反応する刺激として活用」（前掲書、四七ページ）することで、状況に応じて障害を利用している様子が明らかとなった。つまり、「資源としての障害パースペクティブ」は、障害自体が個人の生活にとって利用されるものとして捉えているのである。

このように、当事者が自らの「障害＝インペアメント」を資源として捉えていることにかかわっているのがクラス分けというルールである。クラス分けについては第5章で検討するが、単純には、選手の障害の程度や運動機能によってスポーツ参加のグループ分けをするものである。

このクラス分けは、ある効果をもつ。たとえば、障害者水泳のクラス分けは「障害」を「障害でないもの」とするメカニズムを含むとともに、クラス分けの存在が身体障害者水泳の競技性を担保しているという。これについて、彼女たちは次のように説明している。「障害の多様さにもかかわらず、おなじクラスであることが認定されさえすれば、それはつまり、潜在的泳力が等しいということを認定されたことになる」（前掲書、一二三ページ）そのためクラス分けは、「各人が担っている個別の障害は、『××ができないこと』というマイナスの意味から、その競技に参加する参加資格としてのニュートラルなものに意味づけされ直される」（前掲書、一二四ページ）という意味で、「障害」を「障害でないもの」、つま

(20)　ここで彼女たちが使用している「医療モデル」とは、本章第1節で述べた障害の医学モデルとほぼ同義語である。「医学モデル」は障害を個人的なものとして措定するが、その判断は医療による判定を必要とする。

り参加資格という意味づけを与えたことになる。

その一方で、クラス分けによって平等化を推し進めてクラスを増やしていけば、異なる複数の個人を比較することの無根拠さが露呈し、「そのアスリートは個人である以上に意味・位置づけをもっているのか、優秀なのか優秀でないのか逆にわからなくなる、というジレンマが存在する」（前掲書、一二五ページ）。つまり、クラス分けを細分化すればするほど、「障害」は競技に不平等さをもち込む、無視できない差異として再発見されるのである。

クラス分けとは障害者のスポーツにおいて平等性を確保するための装置であるが、平等性を厳密に追求すると競争が成立しなくなる。一方、競技レベルを高めるためには、多くの参加者内で競う必要がある。だが、そうしたスポーツの卓越性を目指そうとすれば、結局、参加者が平等であるということの基準を曖昧化せざるをえない（藤田［一九九五］二九六ページ）。

障害者スポーツのクラス分けにはこうした競争と平等の矛盾がある。この問題点への対応として、本書ではすでに二つの解決策を見た。一つはアダプテッド・スポーツという新たなスポーツを想像する議論であり、もう一つは、結局、「障害者・健常者」という違いがスポーツには存在するため、当事者は競技性を留保しつつスポーツを楽しんでいるのだというものだ。しかし、阿部らはこのような結論を回避している。

「障害者スポーツ」の競技化にとっては、その進展を阻害するひとつの困難ではあるが、だからといって競技の実施が無意味になるほどの矛盾ではない。なぜなら、個々の障害者スポーツのアスリートたちは、このような困難さを抱えた基本構造のもとで、「競技」のそういう状況に不満をのべつつも（中略）その特徴を受け入れ、戦略的にふるまっているからである。（阿部ら［二〇〇二］一二五ページ）

「資源としての障害」という観点は、クラス分けによる平等化と細分化によっても競技は可能であり、当事者たちはそれでも十分楽しめる（楽しまれている）という事実を重要視している。本書も「資源としての障害」モデルのように、当事者たちは困難さを抱えたスポーツの基本構造を受け入れつつ、「障害」を資源として戦略的に振る舞っていると考えている。「戦略的に」とは、たとえば、その場の状況に応じて、自らの「障害」をポジティブにもネガティブにも評価しコミュニケーションをとっているということだ。「障害を非障害化したスポーツ」という捉え方は、このような障害自体の評価をあらかじめ行わず、その場の状況に応じて当事者にとっての意味が変わることができるものとして考えることである。この具体的な様子は、第４章以降で記述されるだろう。

しかし、「資源としての障害」は、ある障害者がスポーツを資源として活用していることは確認できるが、どうしてスポーツや障害が資源として活用されるようになるのかという視点が欠けている。資源は、初めから「資源」として目の前に落ちているわけではない。また、スポーツを始めることで、即スポーツや障害が資源として活用されるようになるわけでもない[21]。

スポーツや障害が資源となるのは、おそらくそれぞれの競技が「障害」を資源として意味づけることができるように構成されているからではないだろうか。言い換えれば、「障害」が資源としてあることは、相互行為として実践のなかで達成されているということである。「障害者スポーツ」を実践する人々は、そこでのクラス分けをはじめとしたルールや物理的環境・人的交流などのスポーツの実践を通して、そのローカルな場に存在する資源を獲得していく。あるいは、実践の活動を通して障害自体も資源となっていく。そこには、自らの「障害」ですらも資源として活用することが可能となるほど、スポーツの実践が当事者にとって大きな影響を与えているのではないかという推測が立てられるだろう。

あるいは、その競技やスポーツが障害をある種の資源と意味づけるように構成されているのかもしれない。それは、身体的な差異を目の前にしながらも、資源を利用することによってその差異を乗り越えているというよりも、「障害」がまさしく障壁として経験されたり、逆に資源として（あるいは、価値あるものとして）意味づけられたり、経験されたりするということなのではないだろうか。

6 障害者スポーツを語る地平

これまで見てきたように、多くの障害者スポーツ論に共通するものは、「健常者／障害者」というカテゴリーを前提として、「障害者がするスポーツ」として障害者スポーツを捉えていることだった。固定された「障害者」として措定《そてい》されているため、彼／彼女らは、議論のなかでは常に障害者であり、これからも障害者であり続けることになってしまう。「障害者がするスポーツ」という観点での議論の到達点と限界は、次の指摘によく表れている。

見方を変えると、障害者スポーツの進展は、機能と能力によって人を分類し、人の価値に等級をつけ、障害者というカテゴリーを構築し障害者を排除してきた「近代」のイデオロギーを強化するものとなっているのではないだろうか。障害者スポーツの進展は、既存の近代スポーツの拡大の過程であり、障害という差異に意味を与え返すことによっ

(21)「資源としての障害」観は、対象者が障害やスポーツを生活のなかでどのような資源として用い、自らの生を戦略的に生きているかという点に焦点が当てられている。そのため、対象者自身が「障害」や「水泳」そのものについてどのように捉えていたか、あるいは「障害者水泳」そのものがどのように構成されているかについては深く掘り下げていないという点に議論上の弱点があると言える。

て「障害の文化」を豊かにすることにはつながっていないのである。(高橋［一九九九］四六ページ)

この指摘にあるように、障害者スポーツについて語ることそれ自体が健常者／障害者の実体的な差異の再生産となり、二項対立的な枠組みを強化してしまってきた。このような問題に対応してでてきたのが、「ルールを変えるスポーツ」という捉え方であり、典型的なのがアダプテッド・スポーツという構想である。この構想が打ち破ろうとしたのは、こんな状況だった。

スポーツの世界に支配的な価値、身体に対する価値基準が多様化されない限り、それを満たそうと努力できる人以外のスポーツ参加は阻害される。また、それが可能な人も努力すればするだけ障害のない人との差異が明確化され、障害のない身体よりも「価値の劣る障害のある身体」を認めざるを得なくなる。(藤田［二〇〇二］一二一ページ)

ルールを変えることで、身体に対する価値観の多様性をつくりだそうとする構想がアダプテッド・スポーツだと言える。しかしながら、身体の差異が明確化することは、即その身体が「価値が劣る」とはならない。また、単純に「スポーツの世界に支配的な価値」や「身体に対する価値基準」を多様化することは問題の解決とはならない。なぜなら、価値観の多様化戦略は、障害者の身体を劣ったものとする価値観が残っていても、それを問題視できないからである。

すべては相対的なものなので、さまざまな価値観が同等のものとされ存在する。いわば、スポーツに関するリベラルな解釈は、差異の尊重という意味で重要ではあるが、こうした提案は差異に関して形式的な関心を示すものになりかねない（そうした例として第3章を読むことができる）。そうなると、本書が目指さなければならないのは、価値を多様化する戦略のその先ということになるだろう。また、「ルールを変える」モデルの問題点はもう一つある。それは車椅子バスケットボールを実践する当事者たちにとっては、このスポーツは一般のバスケットボールを改変し、障害者にも楽しめるように工夫したものなどではないということだ。

先にも述べたように、実践の当事者たちは自らの営みを「イスバス」と語ることがある。これについてはのちに詳しく見ていくが、車椅子バスケットボールを一般のバスケットボールとは異なる一つのスポーツとして語ることである。

だからといって、障害者スポーツを「スポーツ」として語ればそれでよいというわけではない。具体的な記述を欠いたまま障害者スポーツ全体を語ってしまうことは、むしろその背景にある問題への無関心を喚起してしまう。

必要なのは、車椅子バスケットボールの当事者が車椅子バスケットボールを「イスバス」と語るように、私たちは障害者スポーツを一つの固有な競技として語り、記述することで、障害者スポーツを「固有のスポーツ（競技）」と捉える可能性を探っていくことではないだろうか。言い換えれば、その差異を尊重するとともに、その差異の内実を記述することである。

そのためには、当事者の実践を具体的に記述することから始めなければならない。そうした点を意識したのが「資源としての障害」モデルだった。スポーツの具体的な実践から当事者の経験を記述する努力がなされてきたのである。

本書はその先に進むために、イスバスがどのように達成され、組織化されているのかを考える。そして、「障害」が資源となるのはいかにして可能なのかを問う。続く第2章では、こうした問いに答えるための枠組みについて検討を行い、第3章では、障害者スポーツの歴史と車椅子バスケットボールについてその基本的な点を確認したあと、本書の主題でもある車椅子バスケットボールの実践へと分け入っていくことにする。

第2章

スポーツとルールの論理[(1)]

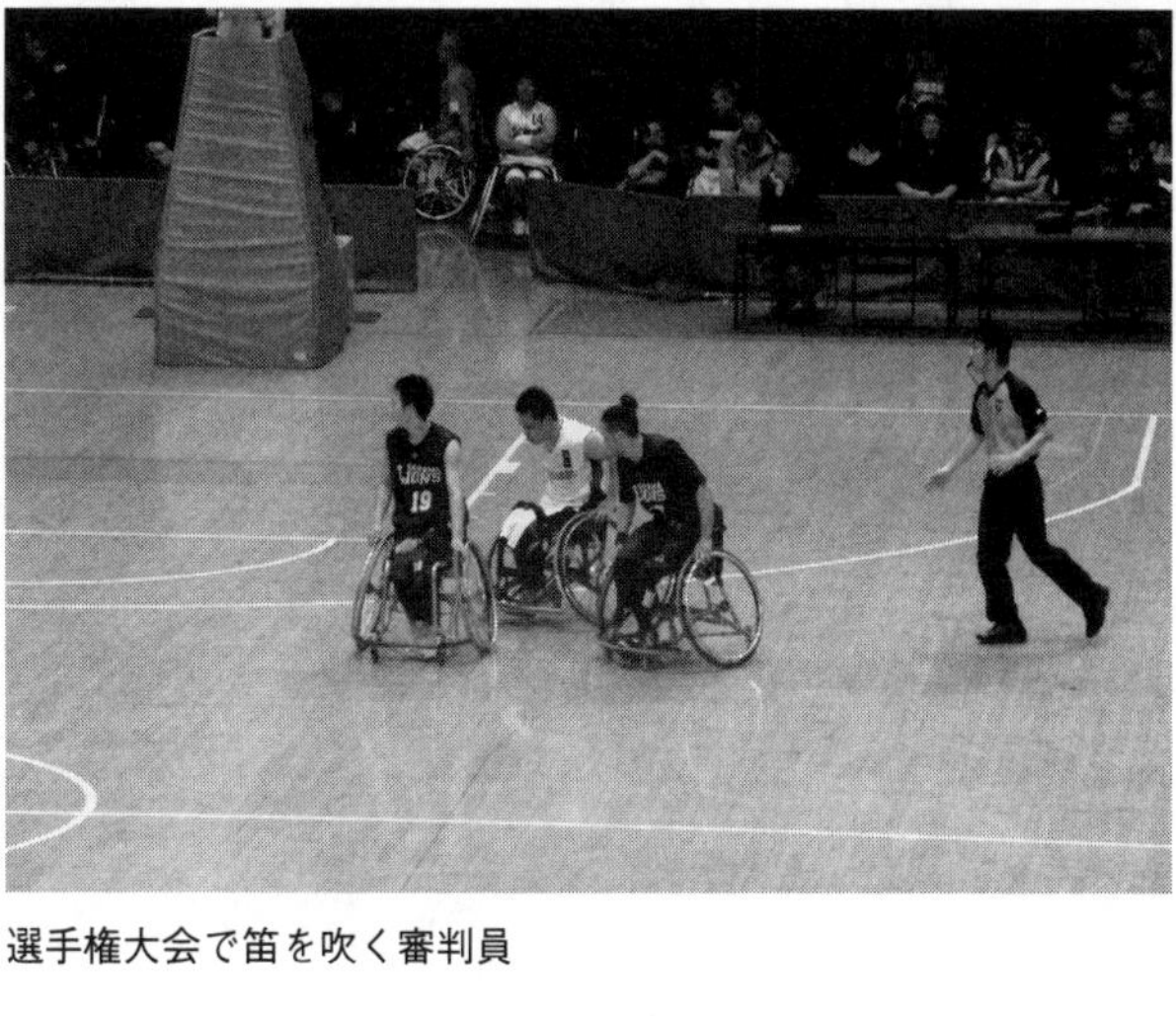

選手権大会で笛を吹く審判員

スポーツにおいて、「身体」や「障害」といったものにある意味づけが与えられているとしたら、それは何よりも先に、ルールの構成のなかに含まれている。ルールのなかで「身体」や「障害」がどのように意味づけられているかを考察するための枠組みを、本章では記述していく。

とある行為がスポーツにおける行為として成立するには、まずルールが存在する必要がある。もちろん、ゲームの検討は必要である。それでもルールを先に検討する必要性は、ルールがゲームの内容そのものによっては構成されていないためである（盛山［一九九五］二四三ページ）。個々の行為（ゲームの内容）を観察することで競技のルールは推測できる。しかし、ルールはゲームとは独立して存在している。また、のちに見るように、ある行為がスポーツの行為として私たちが理解できるのは、ルールがある行為をスポーツとして意味づけているからにほかならない。

たしかに、スポーツが私たちの前に現実化するのは相互行為（プレイ）としてである。だが、それだけではルールがどのようなものなのか、ルールがゲームにどのような影響を与えているかは分からない。それゆえ、ゲームの具体的な内容や実践者の眼差しを検討する前に、ルールの構成やルールとはいかなるものなのかを検討することが必要となる。

ところで、第1章ですでに見たように、車椅子バスケットボールを実践する当事者たちにとってこのスポーツは、一般のバスケットボールを改変し、障害者にも楽しめるように工夫した障害者用のスポーツではない。実践の当事者たちは自らの営みを「イスバス」と語ることで、一般のバスケットボールとは異なるスポーツとして表現している。

それに対して、健常者のバスケットボールを「立ったバスケット」や「ランニングバスケット」などと表現することがある。このことは、「座ったバスケット」や「イスバス」が、単に「ルールを変えた」というよりも、それらから独立した一種目だと捉えられていることを示唆している。たとえば、陸上競技の一〇〇メートル走と一五〇〇メートル走のように、バスケットボール競技に含まれる二つの種目と捉えることができるだろう。

もし、車椅子バスケットボールが競技として一つの「固有な」スポーツであるとするならば、それはどのように達成されているのだろうか。言い換えれば、彼らは主観的には車椅子バスケットボールを、一般的なバスケットボールのルールを工夫したものというよりはバスケットボールと同等のスポーツとして捉えている。

ではそれは、どのように構成されているのだろうか。それを考えていくことが、車椅子バスケットボールにおいて、「身体」や「障害」などがどのように意味をもつのかを明らかにすることにもつながる。注意したいのは、このとき、車椅子バスケットボールが「実際に」どのようなものなのかはあまり問題ではないということである。[2]

（1）この節の議論は渡［二〇一〇］で述べたことと重複しているので、詳しくは拙稿を参照のこと。

本書では、以上のような当事者の観察による車椅子バスケットボール、すなわちイスバスがどのようなルールによって編成されているかを中心に考察していくわけだが、その前に、スポーツをどのように捉えたらいいのか、またスポーツにおけるルールとはいかなるものなのかを検討していくことにする。

1 スポーツのルール

スポーツのルールとは何だろうか。スポーツのルールの役割は、「法的安定性の確保」、「正義の実現」、「面白さの保障」の三点であると言われている。

「法的安定性の確保」とは、当該スポーツ種目に参加する人々の合意を宣言し、その種目における秩序を確保するという機能である。簡単に言えば、ある競技に参加している以上、その競技の規則に従うことを参加者は了解することとなる。また、「正義の実現」は平均的正義と配分的正義を指している。

平均的正義とは、いわゆるファウルのことで、相手に損害を与える違法行為に対する罰則である。一方、配分的正義とは、スポーツのルールにおいては、バスケットボールのトラベリングやダブルドリブルのような、直接の被害者がいないルール違反の処理を指している。

そして、「面白さの保障」はスポーツのルールの最終的な機能とされる（守能［二〇〇七］）[3]。以上の見方は、スポーツのルールを捉える際の基本的な視点となるだろう。単純化して言えば、これらで示されているのは、スポーツのルールはある種のサンクションを伴う命令であり、それによってスポーツの面白さが実現されるということである。

ルールの二つの概念

では、スポーツのルールをどのように考えればよいだろうか。この点で示唆的なのが、正義論で有名なジョン・ロールズ[4]の議論である。ロールズはルールについて、「ルール＝要約的な見方（summary view）」と「ルール＝実践的な見方（practical view）」の二つの見方があ

（2）つまり、実際には一般のバスケットのルールを工夫したものかもしれないし、そうではないかもしれないということ。ルールの形式論理的な観点から両者が異なることを証明するということは、本章での議論にとっては大きなものではない。

（3）ほかにもスポーツのルールに注目する研究者は多い。本書との差異で考えると、本書はルールの起源を考察するものではない。たとえば、「ルール研究は（中略）ルールの生成や変化の考察を通して歴史のなかに生きた人間と社会の実像」（中村［二〇〇八］三二一ページ）を描き出す必要があると言われる。ここに明確なように、この提起は、基本的に起源と変容の問いであったと言える。この問いの必要性は今さら言うまでもない。しかし、本書はこのようなルールの「WHY」を問題にしているわけではない。本章は、ルールがどのようにあるものを意味づけているのかといった「HOW」の問いである。

ることを指摘している（Rawls［1955］）。

「ルール＝要約的な見方」は、「各人は、個々の事例において何をなすべきかを功利主義的原理の適用によって決定していると想定する。（中略）もし、ある事例が十分に頻繁に発生するとすれば、その種類の事例をカバーするあるルールが定式化されると想定する」（前掲書、一九ページ）ものだ。

たとえば、要約的な見方においては、「約束を守る」というルールを経験則と捉えている。それは、これまで各種の約束を履行した場合すべてにおいて有利な帰結がもたらされたために約束の遵守がルールに格上げされたと捉え、個々の事例の意思決定がルールに論理的に先行するという見方である。しかし、ロールズはこの要約的な見方には限界があるとしている。それは、類似した事例が繰り返し起こらない場合、過去の諸決定を報告したルールも役に立たないということである。

なぜか。それには三点の理由がある。それは、このルールが言及する行為は、このルールをその一部として含む実践という枠組みがなくとも遂行されうる。また、ルールを格率や経験則として解釈していることになり、要約的な見方の適用されるすべてのものがルールと呼ばれる必要はなくなってしまう。そして、要約的な見方には、特別の場合にはルールを疑わしいものとする特別の例外という考えが付随していること、が挙げられる（前掲書、二二一〜二二四ページ）。

「要約的な見方」は、約束を守るということを特定の行動パターンとして把握するが、ほとんどのルールは特定の行動パターンとして現れることは少ない。特定のルールが特定の行動パターンだけを指すのであれば、「ルール」という語を用いる必要はない。まず、先に複数回行われた同じ行為が存在し、それに対応するルールがつくられるとする。たとえば、二つの集団間で交易が発生する際の説明がこれにあたる。ロールズが「個々の行為がルールよりも論理的に先行する」というのは、この意味においてである。(5)

一方、「実践的な見方」では、ルールは実践を明確にするものである。ここでの実践とは、諸ルールの体系によって定められるどのような形式の活動をも意味している。つまり、「要約的な見方」とは対照的に、実践のルールは個々の事例よりも論理的に先行しているということである。実践が存在しなければ、実践のルールに該当する具体的行為の事例も存在できないからである(前掲書、二五ページ)。実践のルールが個々の事例より論理的に先行していることを、ロールズは野球の例で示している。

(4) (John Rawls, 1921~2002) 元ハーバード大学教授。主著に、川本隆史ほか訳『正義論』(紀伊國屋書店、二〇一〇年改訂版)がある。

(5) ここでルールが行為に先行するというのが、論理的な先行であることに注意が必要である。ロールズは、ルールの起源を問題にしているわけではない。このルール観は行為功利主義とルール功利主義の論争のなかで登場したものだが、スポーツのルールを考えるうえで非常に示唆に富む。

野球のゲームにおいてなされる行為の多くは、ゲームの有無に関係なく一人ないし他の人々とすることができるものである。たとえば、ボールを投げたり、走ったり、独特な形をした木の棒を振ることはできる。しかし、盗塁をしたり、三振をとったり、四球で出塁したり、エラーやボークになったりすることはできない。ベースにスライディングするとかゴロをトンネルするなど、これらの行為に似ている何かをすることはできるが、バッターを三振にとるとか、盗塁をするとか、ボークなどは、すべてゲームにおいてのみなされうる行為である。たとえある人が何をしようと、彼が野球をしていると記述できないかぎりは、彼の行ったことは、盗塁とか、三振とか、四球での出塁として記述されることはないだろう。つまり、彼が野球をしているということは、ゲームを構成するルールとしての実践を前提にしているのである。（Rawls［1955］p25、田中成明ほか訳［一九七九］三一四～三一五ページ。訳文は一部変更した）

ボールを投げる、走る、バットを振るといったことは野球と関係なく行うことができるが、バッターを三振にとることや盗塁、ヒットを打つことは野球のゲームにおいてのみ可能な行為である。つまり、ある人が野球をしているということは、ゲームを構成するルールを前提にしているということである。逆に言えば、野球のルールがなければ、その行為を野球の行為とは言えないということである。

ここで描かれているのは、それが最善であるかとか、それが野球をする者たちを満足させるもっとも効率的なものであるかどうかという行為功利主義的な観点からはかけ離れたところで成立しうるルールである。要するに、人々の行為の積み重ねからは成立しえないルールである。ロールズは次のように言っている。

野球のゲームの最中に、もしバッターが「ストライクを四つとられるまで打てますか」と尋ねたら、彼はルールがどのようなものなのかについて尋ねようとしていると想定されるだろう。そして、そのルールの内容を教えられたとき、このとき彼が述べた意味が、ストライクを三つよりも四つとられるまで打つことが認められる方が全体的に見て最善ではないか、ということだったとする。だが、これは最も好意的にとっても冗談だと思われるだろう。（前掲書、三二五〜三二六ページ。訳文は一部変更した）

ここで言う実践とは「ルールに従って野球をすること」であり、個々の事例は「走ったり、投げたり、バットを振る」ことである。ルールの存在が、ボールを投げる行為をピッチングという「野球の実践」として措定《そてい》可能にしているという意味で、ルールが個々の行為よりも論理的に先行している。つまり、スポーツの場合、そこでの行為（たとえば、三振する、盗塁する）は常に制度的な行為であると言えるだろう。

構成的ルールと規制的ルール

以上の区別は、ジョン・サール[6]の議論を参照するとより分かりやすくなるかもしれない。サールは、ルールに規制的な規則と構成的な規則の二つの側面があることを指摘した。[7]規制的規則とは、「既存の活動、すなわち、その規則と論理的に独立に成立している活動を統制する」（サール［一九八六］五八ページ）ものである。たとえば、食事のマナーでは、ナイフやフォークの動かし方とマナーとは独立に存在している。マナーは、食事をとるときに可能な行為群から独立し、特定の行為をマナーとして規定する。それは「Cという文脈においては、Xをせよ」という形で、命令文の形式をとるか、あるいは命令文として言い換えられることを特徴としている（前掲書、五九ページ）。

これに対して構成的な規則とは、その「成立の如何そのものがその規則に論理的に依存する活動を構成（し、また統制）する」（前掲書、五八ページ）ものである。たとえば、サールが好んで用いるチェスのたとえで言えば、キングやビショップの動きはチェスのルールに完全に依存しているし、チェックメイトとは何であるかはルールによって決定されている。サールは次のように述べている。

――ルールは単に規制するだけなく、ある活動の可能性を創造する。チェスのルールはすでに存在している活動を規制するのではない。多くの人々がボードの上で木のかけらを動かして、それらがいつもぶつかりあって渋滞を生じさせているのを防ぐため、そうした行為を規制しなければならなかったのではない。むしろルールが、私たちがチェスで遊ぶという可能性をつくりだしたのだ。（Searle［1995］p27～28）

そのため、「フットボールやチェスの規則は、フットボールやチェスの競技を統制するのみではなく、いわば、そのようなゲームを行なう可能性そのものを創造する」（サール［一九八六］五八ページ）のである。サールの言う構成的な規則とは、「［文脈Cにおいて］Xを

（6）（John Rogers Searle, 1932～）カルフォルニア大学バークレー校教授。言語哲学を専門とする。言葉を発する際の遂行的な効果についての研究や、人工知能批判における「中国語の部屋」という思考実験の提案で知られる。

（7）サールは、オースティンが提唱した言語行為論を体系化するなかでこの規制的規則と構成的規則について論じている。オースティンの言語行為論において、発話行為は事実確認的（コンスタティブ）な発話と行為遂行的（パフォーマティブ）な発話とに分類された。パフォーマティブな発話とは、「この船をエリザベス女王号と名付ける」のような、名付けそれ自体がこの発話によって初めて遂行されるような発話である。行為遂行的発話、特に発語内行為が成立する条件として、発話の慣習的手続き、資格、正当性、意図の存在などが挙げられている。このなかでもとくに、慣習的手続きが行為遂行的発話の成立条件として重要だが、オースティンはこの点に関して具体的な説明を行っていない（オースティン［一九八〇］）。サールが構成的規則・規制的規則としたのは、オースティンが放置した発話の慣習的手続きという点である。

Yと見なす」という形式をもち、次のような機能がある。「ゲームに関する規則のような構成的規則は、ルールが存在しないときには与えることが不可能な行動の特定化の基礎を提供する」（前掲書、六二ページ）のである。サールによれば、規制的規則も構成的規則として変換可能であり、「構成的規則は体系全体であり、体系内部の個々の規則ではない」（前掲書、六三ページ）。

だが本書は、言語行為論に基づくサールの議論を厳密に適用することが目的ではない。スポーツのルールは、その体系全体としてある競技を成立させる構成的な規則であるとしつつも、個々の規則にも構成的／統制的側面を含むと理解する。それによって、クラス分けや得点の認定に関する規則を構成的規則とし、ファウルなどの体系からの逸脱へのサンクションを科す規則を規制的な規則として考えることができる。

以上のように、スポーツにおけるルールの最大の機能は、ロールズやサールが言うように実践を成り立たせることにある。

では、ルールの機能として挙げられていた「面白さの保障」についてはどのように捉えることができるだろうか。第1章で検討した近代スポーツのオルタナティブを目指す議論も、競争とは別の「面白さ」を発見しようとしている。そこで、スポーツのルールと「面白さ」を以下で検討してみたい。この「面白さ」を検討することは、イスバスを当事者がどのように構成しているのかに関する議論の糸口を与えてくれることになろう。

2　ルールとスポーツの面白さ

アダプテッド・スポーツが近代スポーツを乗り越えるための契機として重要視したのは、「スポーツに内在的な面白さ」、「成長」、「スポーツの創造」（藤田［二〇〇四］二八七～二八八ページ）だった。義足ランナーのいつ転ぶか分からないようなバランスとリズムでの走りや、個人がスポーツを体験する際に得られる個人的な感覚に注目することから、記録や勝敗とは違ったスポーツの面白さの多様性を見いだすことが提案されている。

だが、スポーツにおける勝ち／負けや競争といった要素は、単純に否定してしまえる特徴ではない。たしかに、さまざまな矛盾や困難の要因が、この点から生じているとする議論は、障害者スポーツを考察するうえで重要な指摘である。(8) だが、勝ち／負けというコード、あるいは競争をすることは、それ自体に内在する面白さがあるはずである。また、「スポーツに

（8）競争によって勝敗が示され、そのとき一人の勝者と多数の敗者が生まれることそれ自体に問題があるのではない。問題は、産出された勝ち／負けを階層秩序的な二項対立として価値づけてしまうような社会的機制にこそある。つまり、競争それ自体の価値と、その結果与えられてしまう人の価値は切り離して考えるべきであり、この場合、問題にすべきは後者である。両者を混同したまま短絡的に競争を否定する議論は批判されるべきである。

内在的な面白さ」は、近代スポーツのイデオロギーや支配的な価値・規範から解放されてのみ感得されるものではないはずだ。この推定が間違っていないことは、パラリンピックというイベントが選手と観客を大きく惹きつけているという現象それ自体が裏付けている[9]。「障害者スポーツが非障害者にも楽しめるどうかではない。非障害者がどう感じるかとは別次元で、そのスポーツを障害者自身が面白いと思って夢中になるものであるならば、そこには面白さを構成する要素があるはず」（金澤ら［二〇〇三］四五二ページ）という指摘がある。そして、「障害者スポーツは面白い。このことは、非障害者との比較で語られるべきものでも、関係性で語られるべきものでもない」（前掲書、四五八ページ）という。

ここでの「面白さ」とは、障害者スポーツを実践するプレーヤーにとっての「面白さ」である。観客の立場からの面白さについては、違う視点が必要となるだろう。さらに言えば、プレーヤーにとっての面白さと述べたからといって、それが何らかの心理的なものを示しているわけではない。

本書においても想定しているのは、主観的な面白さではないし、本質的で先験的に物事に内在するような面白さではない。面白さ自体が、その参加者によって「面白い」ものとして協同的に達成されていると考えるのである。面白い何らかの理由がどこかにあり、それを探すのではなく、面白さがどのように共同的につくりあげられているのか、スポーツのどのような要素が実践者を夢中にさせる条件となっているのかを検討することが求められるのである。そもそもスポーツは面白いものであり、それは参加者によって協同的につくりあげられるものとして想定されている。それゆえ、「障害者でもスポーツができる」という言説は、「そもそも障害者をスポーツの対象として見なしていないことの表れ」とも言える。この指摘は、「障害者用にルールを変える」という障害者スポーツの概念化に対する批判でもあるだろう。

一方、「障害者／健常者」の「相同性」の強調の背後には、「障害者は何らかの配慮をすることで初めて『同じ』スポーツを楽しむことができる（『同じ』に近づく）存在として」（前掲書、四五〇ページ）想定されている。いわば、スポーツ／障害者スポーツ、健常者／障害者を階層秩序的な二項として把握することを前提としている。

障害者スポーツの営みは、本来、面白いスポーツを障害者向けに応用したものではなく、それ自体「面白い」ものとして編成されているはずだ。スポーツそれ自体が何らかの条件が課せられることで成立し、その条件を戦略的に克服していく過程それ自体に面白さがある。

（9）　パラリンピックの孕む規範的な問題や政治性に関してはここでは立ち入らない。この点を議論している論考は少ないが、この問題について触れているものとして海老原［二〇〇三］がある。また、競争による差異の産出と、それを外在的に価値づけること、この二つは分けて考える必要がある。無論、このように述べているからといって、パラリンピックが政治的・規範的に中立であるなどと言いたいわけではない。競争それ自体の評価と、それを外在的に規範づけてしまうこと、この二つは分けて考えなければならない。

障害者スポーツにおける「障害」は、条件を構成する要素の一つであり、それはスポーツを楽しむ際の困難ではなく、スポーツの面白さを構成する要素である。そして、その構成には、障害者スポーツ独自の面白さを見いだすことができるのである（前掲書）。

それは、「個々のスポーツの『なされ方』を観察し、その構成のされ方を明らかにしていくことで、当人にとっての『面白さ』の達成が明らかになる」（前掲書、四五八ページ）。この意味で、個々の主観的経験や身体に注目することは、障害者スポーツ独自の「面白さ」、「固有性」を探求する際には重要な視点となる。

スポーツの面白さの一端が課せられた条件を戦略的に克服していく過程にあるならば、その「条件を課す」ものがルールである。サッカーにおけるオフサイドはサッカーを得点の入りにくいゲームにしているが、それについて大澤真幸[10]は、「終わり＝ゴール（得点）の瞬間の爆発的な興奮こそは、サッカーの醍醐味である。これを十分に満喫するためには、過程を引き延ばし、そこでの鬱屈感を強化しておく必要がある。オフサイドの反則とは、そのためにこそある」（大澤［二〇〇四］二六二ページ）とまで述べている。

ルールはゲームを創造する。また、スポーツにおける個々の行為は、ルールによってその範囲が定められている。しかし、ルールは行動のパターンを定めたものではない。ルールはある行為をアウトと見なすが、その具体的ななされ方はルールによって決定されていない。そこから、「どのように」アウトをとるかという部分に選手の創造性が生まれる。それに、私たちは興奮するのだと言いうる。

たとえば、先にサッカーにおけるオフサイドの例を出したが、サッカーはオフサイドをはじめとして得点が入りにくいゲームである。その得点の入りにくさをつくり出しているのがルールであるわけだが、得点が入りにくいからこそ、単に放り込むだけだったコーナーキックをショートコーナーとするような工夫が加えられるようになった。

「障害」が条件を構成する要素であるとするとき、このように言えるのは、「障害」がルールによってスポーツの構成要素として組み込まれている場合である。当該スポーツにおいて、ルールが何らかの条件を課すものとして捉えられるのであれば、ルールがさまざまな事柄を、車椅子バスケットボールとしてどのように編成し、位置づけているかを考えることで、実践の当事者にとっての車椅子バスケットボールの面白さが見えてくる。そして、その面白さからは、健常者のバスケットボールとは異なる車椅子バスケットボールの固有性、つまり「イスバスであること」も見えてくるだろう。だからと言って、クラス分けがあるという、そのルールのみによって面白さが生み出されていると主張しているわけではない。

スポーツにおけるルールは、行為における創造性を生み出す。個々の競技におけるルール

---

(10)（一九五八〜）長野県生まれ。元京都大学教授。社会学博士。専門は数理社会学、理論社会学。主な著書に、『ナショナリズムの由来』（講談社、二〇〇七年）などがある。雑誌『THINKING「O」』主宰。

がどのような創造性を生むのか、また実際のゲームでは、ルールをもとにどのようなプレーがなされるのかについては第5章で述べることにする。

サールの構成的規則とロールズのルール＝実践観を参考にすると、車椅子バスケットボールを固有のスポーツとして考えうる基礎を提供するには、個々の行為のなされ方に注目する以前に車椅子バスケットボールのルールを検討する必要がある。だが、それについても第5章で行うこととする。

以下では、まずスポーツとはいかなるものなのか、というやや抽象的な話を行う。唐突に思えるかもしれないが、スポーツをいかなるものとして捉えるかによって、同じ車椅子バスケットボールを検討したとしても、その議論の流れがまったく変わることになる。それゆえに、スポーツそのものの捉え方を明らかにしておきたい。

3 理念的実在としてのスポーツ

前節の終わりで述べたように、本節ではスポーツとはいかなる現象なのかについて本書なりの考えを整理することにする。なぜなら、本書の目的は、当事者の経験のレベルにおいて「車椅子バスケットボール」がどのように構成されているのかを探求することであるからだ。

これまで、ルールに焦点化して論じてきた。しかし、スポーツは当然ルールからのみ成り立っているわけではない。そこで、本書後半の議論の見通しをよくしておくため、そして同時に、スポーツ実践の具体性から身体への意味づけを捉えるためにスポーツと実践の関係を検討しておきたい。この際の視角が、スポーツを一つの「制度」として捉えることである。

スポーツを捉える視角として制度論を用いることは、本書の独創的な視点というわけではない。スポーツ社会学においては、かつてスポーツを社会制度の一つとして定式化する見方があった。いわゆる「制度としてのスポーツ」論である。スポーツを一種の社会制度として見なすことにより、他の経済や政治、教育といった制度との関連を押さえることができる。また、社会構造のなかでスポーツがどのような位置を占めるのかといった点を論じることが可能になるという利点があった（井上［一九九三］、多々納［一九九七］）。

この制度としてのスポーツ論の検討は、機能主義的社会学の凋落《ちょうらく》によって、現在では顧みられることがほとんどないと言ってもよい状態となっている。制度としてのスポーツ論においてスポーツは、「身体的技量の競争を組織している制度」（菊［一九九三］二八ページ）であるとされる。そして、スポーツの内的な諸構成要素が連関する体系がスポーツ制度であるという（日下［一九九六］、菊［一九九三］）。

基本的に「制度としてのスポーツ論」は、スポーツを他の社会制度と同等の社会的位置にある現象として捉えるために、またそうすることによって教育や経済、政治などとの制度間の関連を把握するために理論的に導入されたものであった。制度としてのスポーツ論が機能主義的な視点を含意していたことを考えれば、スポーツと他の制度との関連を検討することで社会におけるスポーツの機能を説明しようとしていたことはむしろ当然となる。

本研究はマクロな社会構造における（制度としての）スポーツの位置を把握しようとする試みではないため、厳密な意味では制度としてのスポーツ論の流れを汲んでいるわけではない。しかしながら、次のような問題関心は共有している。

スポーツと社会的現実を別個の存在とみなすのではなく（中略）スポーツ自体を日常的世界の所謂「多元的現実」の一つとして理論構成し、その視点から、個人の主体性と社会の拘束性（中略）を相即的に把握することが不可欠である。換言すれば、個人を支点とするスポーツ論と社会を支点とするスポーツ論を統合し、個人の主体的営みとしてのスポーツが社会制度としていかに構造結節化しているかを明らかにする必要がある。（多々納［一九九七］一〇一～一〇二ページ）

スポーツが多元的現実の一つとして捉えられるかどうかの是非はともかく、ここで述べられていることは、スポーツを「制度として」捉えるということではない。むしろ、すでに「制度である」スポーツが社会のなかで多元的現実としてあるのならば、その現実はいかにして当事者によって構成・維持され、当事者に影響を与えるかということの探究となる。ただし、先の文章には、社会の拘束性を無条件に前提としてしまっている点に難点がある。それでも「制度としてのスポーツ論」は、各制度間の関連の探究、もしくはスポーツを制度たらしめている「内的な構成要素」の体系を明らかにすることではなく、スポーツ制度内における主観的世界と客観的構造の関連の探究であるのではないだろうか。本書の目的に沿って言い換えれば、当事者が車椅子バスケットボールを「イスバス」と呼ぶとき、どのようにしてそれが可能となっているのかを探求することとなる。

この探究の遂行のために、本書では社会学的な制度論を参照する。なぜなら、制度論は、ある制度や現象がどのように客観的／主観的なものとして捉えることができるかを教えてくれるからである。そこで参考になるのが、社会学的な制度論の一つの到達点を示した盛山和夫[11]による制度論の『制度論の構図』（創文社、一九九五年）である。

盛山の制度論の特徴は、「意味づけのシステム」として制度を概念化した点に求められる。より端的に言えば、「理念的実在」としての制度である。盛山は、「行動パターンが類型化されたもの」としての制度を否定して、次のように述べている。

---

(11)（一九四八〜）鳥取県生まれ。関西学院大学教授。元東京大学教授。博士（社会学）。専門は数理社会学（理論社会学）。主な著書に、『社会学とは何か』（ミネルヴァ書房、二〇一一年）などがある。

現代ではそれら（「神」や「精霊」といった究極的実在として想定されてきた観念——著者注）に代わって「正義」「公共の福祉」「人民」等々の観念がやはり諸制度を基礎づけている。しかも、それらのどれ一つとして決して「人びとの行動様式」とみなすことはできないのである。（盛山［一九九五］四ページ）

盛山は、「確立された行動様式」としての制度の概念には二重の誤りが存在するという。第一に、制度は「行動」のように経験的で顕在的（overt）な実在ではなく「理念的」な存在であること。第二に、制度は人々やその行動やさまざまなモノが意味的に関係づけられた秩序として存在していること、である（前掲書、五ページ）。

ただし、注意したいのは、ここで盛山が批判しているのは制度を「行動のパターン」としてのみ捉えるような視点であるということである。この点は、先に見たロールズやサールの説明とも整合する（本章第1節）。行動様式説を批判したうえで、盛山は制度を次のように説明している。

制度とは理念的実在であって、人びとの主観的な意味世界（これを盛山は一次理論と呼ぶ——著者注）によって根拠づけられており、この主観的な意味世界（の内容ではなく）それ自体は経験的で客観的な存在である。そして、社会的世界は人々の行為によって構成されているのではなく、人々が世界に対して賦与している意味によって構成されている。人々が賦与している意味はあくまでも諸個人の主観的なものであって、何らかの超越的な根拠によって間主観化されているわけではない。しかし、諸個人が世界の中に見出している意味はその本性上超個人的で普遍なものと映じており、そのことによって制度は客観的なものとして立ち現れることになる。（前掲書、iv〜vページ）

このように、制度は理念的実在であり、「基本的には意味および意味づけの体系である」（前掲書、一二一ページ）。だが、意味の体系だけでは、制度が人々に「客観的」なものとして把握されることは困難であるとしている。そのため、盛山において制度は、①意味の体系、②行為の体系、③モノの体系、という三つのレベルの体系の総合体として考えられている（前掲書、一二二〜一二三ページ）。それぞれの体系を詳しく説明しておこう。

①**意味の体系**——これは制度の根幹をなし、一つ一つの意味そのものを構成要素とし、それなくして制度は制度たりえない。盛山はこの「意味そのもの」、つまり意味の体系を〈意味〉という用語で表現しており、〈夫〉、〈妻〉、〈会社〉〈国家〉などがそれぞれの意味を表している。〈意味〉は究極的には不確定で未決定であり、かつ個々の〈意味〉は他の〈意味〉と一緒に相互連関的な体系をつくる。

②行為の体系――とくに、それが「制度を担う」かぎりにおいて「制度的行為」とされる。制度的行為は、理念的実在である制度を現実化するものである。たとえば、教員が授業をし、学生が出席しレポートが課され、レポートを提出して成績がつけられる、という一連の行為は、すべて大学という制度を実践している。

③モノの体系――行為が常に現在的であるのに対し、制度とは時間的にも空間的にも拡がりをもつ。そのような拡がりを保証するものとして、モノの体系が動員される。モノの体系は、それを媒介とすることで制度的行為を実現するとされる。制度的行為と同じく、「モノは、利用されることによって、その利用する主体としての制度を現実化する」(前掲書、二三三～二三四ページ)。

そして、これら三つの体系の関連は以下のように説明されている。

意味の体系は(一)それ自身、内的な一定の秩序ある意味連関を構成し、かつ(二)行為の体系およびモノの体系に属し経験的諸現象を意味づけ、(三)それらを統制する。行為の体系は、(一)意味の体系の諸〈意味〉を現実化し、(二)意味の体系の秩序にしたがうことによって制度的秩序を表象する。モノの体系は、(一)制度的行為の道具として利用されるとともに、(二)〈意味〉とその秩序を表象し、(三)(文書の場合)制度

―を記述する。（前掲書、二四一ページ）

どういうことだろうか。盛山は、国会議事堂を例にとって三つの体系を説明している。社会的存在、つまり一種の制度である国会議事堂が成立するには、国会議事堂という概念に関する人々の意味の体系が必要である。国会議事堂という概念や意味がなければ、人々はそれを国会議事堂としては捉えられないからだ。また、その建物が何のために存在し、内部で何が行われなければならず、そこで行われたものがどういう効果を及ぼすのか、それを決めるのが意味の体系である。

次に、その建物を国会議事堂として利用し実践する（相互行為）という行為の体系が必要になる。実際に議員が内部でさまざまな事柄を議決したり委員会で議論したりする（相互行為）ことによって、国会議事堂での行為は政治による決定として効力をもつ。そして、そもそもは、石やコンクリートをはじめとしたその建物を構成する物質的な材料によって組み立てられたある形をした建物としてのモノの体系によって、私たちに知られたあの国会議事堂として存在しているということになる。簡単に言えばこういうことになる。この三つについて過不足なく検討することで、初めてその実践を記述したことになる。

本書における制度は、言うまでもなく、当事者にとってのイスバスである。本書は、この制度としてのイスバスが、どのように人々の主観的意味のレベルで構成されているのかを問題にしているわけである。言い換えれば、意味の体系としてのルール、行為の体系としてのゲーム、モノの体系としての車椅子（およびその他の道具）の三層を記述・検討することが本書の課題である。

以上、盛山の構想する制度論を概観してきた。ここでの要諦《ようてい》は、社会などの制度は人々がそれに対して付与する意味によって成り立つ理念的な実在であるということ、そしてそのとき、制度はそれぞれの行為を意味あるものとして意味づけしていくということ、さらに制度は、意味としての理念的な存在ではあるが、それは具体的には「意味の体系」、「行為の体系」、「モノの体系」という三つの体系の総合体としてあるということである。

さて、盛山は制度をこのように説明しているが、そこでの制度とは、大きく三つの基本型があるとしている。それが、「制度体」、「ルール」、「様式（モード）」である。

制度体は、国家や軍隊、会社などの「組織」と家族や市場などの「共同社会」に分けられる。このうち組織は、制度体のなかでも、制度体としての「共同決定」をなすルールとその決定を遂行するルールとを具備している。さらに組織は、成員と非成員とのかなり明確な区別と成員補充手続きをもつという。そのようなルールと、成員から構成された超個人的で本来的に永続的な一個の「行為主体」として概念化されているものが組織である（前掲書、二四四ページ）。

また盛山は、ルールを「社会的な諸事物を、それらに名前を与えたり定義したりして創り出したり再定義し、それらの間の規範的な関係あるいはそれらが従うべき規範的な行為や状態を定めているもの」であり、「社会的現実を秩序あるものとし、秩序あるものとしてみることを可能にするような理念的実在」（前掲書、一六八〜一六九ページ）と述べている。そして、様式（モード）とは、「制度体やルールのように明確な制度化を確立してはいないけれども、公共的な意味をもって人々の諸行為を拘束し、ある秩序を一定程度現実化するような制度」（前掲書、二四五ページ）であるとしている。[12]

ここで注意したいのは、盛山が制度の基本型の一類型として挙げているルールは、スポーツにおけるルールのような狭義の意味ではなく、かなり広い意味で使われている点である。盛山の用語系にならえば、制度としてのスポーツは「様式（モード）」に近いと言えるかもしれない。

ここまで抽象的な議論を展開してきたのは、スポーツという社会現象を捉えるときに必要

---

(12)　村上直樹は盛山の制度論を批判的に検討し、「制度の多元性を考慮」し多元的な制度論の構築を目指している（村上［二〇〇四］）。そのなかで、さまざまな制度を制度体・制度的相互行為・ルール・複合的制度の四つに分類している。村上の分類に従えば、スポーツは制度的相互行為として位置づけることができる。「サッカーのゴールキーパーはサッカーの試合という制度に所属しているわけではない」し、「スポーツの試合は（中略）ルールには還元されない」（前掲書、一七〇ページ）からである。

な視角を検討するためである。そのため、盛山の議論において相互行為をどのように捉えるのかという問題について考えよう。

盛山は、制度を意味・行為・モノの体系の総合体として位置づけ、行為の体系は制度を具現化すると述べた。このとき、制度における行為の位置について、具体的にどのように捉えることができるのかを検討しよう。ここで参考になるのがエスノメソドロジー（ethnomethodology）の議論である。

エスノメソドロジーとは何か。それは端的に言って、「人々の方法（エスノメソッド）」を研究することであると言える。ここではひとまず、エスノメソッドについては次のように捉えておこう。

わたしたちが普段、現実をつくりあげているのに用いている、さまざまな方法のことだ。現実を円滑につくりあげ、意味あるものとして、そのなかで、特にめだつことのない一人の人間として適切にふるまえる実践的・処方的知識（好井［二〇〇二］九五ページ）

もし、エスノメソドロジーを一般化して語ることが許されるなら、その基本的な関心は次のようになる。

❶日常を生きる人々が、どのようにその「日常」をつくりあげているのかということ。
❷それを抽象的な言葉で切り捨てるのではなく、「今―ここ」という瞬間的な現在を視点にして考えていくこと。
❸現実をつくりあげる現在の方法を問題にし、記述していくという関心を共有すること。
❹人々の現実は、「今―ここ」という現在のつながりとして構成されているとすること。(13)

それゆえ、エスノメソドロジストは、制度のような「マクロ」な社会現象に対しても次のような態度で臨む。

いわゆる社会のマクロ・レベルにかかわることがらも、それが有意味な（レリヴァントな）かたちで現実性（リアリティ）をもったものとなるのは、そのつどの局所的な組

---

(13)　好井裕明は、これまでのエスノメソドロジー的研究の方向性を、研究の記述の目的や内容の点から二つに分類している。一つが「ある特定の地域・集団・組織・状況・施設などに視点を限定し、そこで人びとが〝自然な成員〟として当該の〝場〟を適切に認知し、そこでの現実を協働して構成するのに用いている『実践的な知識の抽出・記述』」。もう一方が、「日常、人びとがさまざまな場面で会話することをきわめて重要な社会的行為と考え、〝自然なかたちで生起する会話〟データの詳細な検討から、会話全体の構造化や発話ごとの継起的な組織化を可能にする装置を提示する『会話分析』」（好井［一九九九］四一ページ）である。

織化をとおして、あるいはそのような組織化としてにほかならない（中略）わたしはここで、なにも、そのつどの当該場面設定を「越えた」と通常いわれることがら（歴史的・社会的背景、いわゆる社会のマクロ・レベルにかかわることがら、など）の存在を、否定しようというわけではない。ただ、そのようなことがらも、「局所的」に彫琢され、「局所的」な組織化をとおして、あるいはかかる組織化として、現実的（リアル）なものとして達成されるほかかない。（西阪［一九九七］四六ページ）

この指摘は、学校や企業、国などのマクロな「社会」も局所的な相互行為による組織化によって「達成される」ということを意味する。そして、それぞれの相互行為における行為は、文脈に依存することでしか把握されえないということを示している。

コミュニケーションは、行為の接続というその継起的で事後的な秩序化によってコミュニケーションとして把握される。言い換えれば、コミュニケーションという現実は、その都度その都度の行為の共同的・協働的達成によって維持されるものである。つまり、コミュニケーションという現実が先にあるのではない。会話における「今―ここ」でのやり取りが行われているというそのやり取りが続くことそのものによって、コミュニケーションと言われるものが現実化しているのである。

たとえば、あるコミュニケーションが「異文化間」のものであることは、どのように達成されるのだろうか。当該のコミュニケーションが異文化間のものであるかどうかは、「相互行為の具体的な展開のなかで、その展開をとおして達成されるほかない」（前掲書、九五ページ）という。コミュニケーションが異文化間のものとして捉えられるかどうかは、その相互行為の展開のなかである行為にどのような応答を返すかといった具体的な会話のやり取りのなかに埋め込まれている。

このように、制度における行為の体系を捉えることは、制度を理念的実在として捉える盛山の議論から逸脱しているわけではない。盛山は「実践そのものが、制度の「意味」を経験的実在に現実化している」（盛山［一九九五］二二八ページ）と述べている。さらに、「実際には、個々の実践はそのつど制度を新しく創造しているのである」（前掲書、七八～七九ページ）と述べている。この記述は、先ほど参照したエスノメソドロジストの立論とほぼ重なっている。

さて、このようなエスノメソドロジストによる捉え方は、まさに盛山が行為の体系として示したもののある面を正確に示していると言える。つまり、行為の体系が制度を現実化するというとき、それはある相互行為において成り立つ。先に挙げた国会議事堂の例で言えば、その建物のなかで首相指名のためのやり取りなどが行われること、それが国会議事堂であることをその都度の「相互行為として」達成するのである。

4 スポーツを考えるために

さて、以上のことをスポーツに敷衍《ふえん》した場合、いったいどのようになるのだろうか。これを考えるには、多木浩二[14]がスポーツについて述べた部分が参考になる。多木はウィトゲンシュタイン[15]の行為と規則の考察を参考・引用しながら、ルールとゲームについて次のように述べている。

スポーツが現象するのはルールとしてではなく、ゲームとしてであり（中略）ゲームの創造性は、その遂行に依存している。たしかにゲームはルールを使用することだとはいいうる。しかしルールの次元とゲームの次元とではちがった原理が作用している。ルールとは抽象的な体系であり、ゲームとは現実態である。ルールでは個々のゲームの遂行を説明することはできない（中略）ゲームは偶発的要素を多分に含み、さらにゲームの遂行は、戦術的な身体活動という修辞学的レベルにある。（多木［一九九五］一一二ページ）

多木が述べていることからは、スポーツにはルールの問題からは捉え難い、ゲームの次元の意義が見てとれる。だが一方で、スポーツには、ゲームという現実態とルールという抽象的な体系という二つの局面があることを示している。言い換えれば、スポーツはゲームの遂行という視角からだけでは捉えることの難しい側面が存在することも指摘しているということである。

一回ごとのゲームはそれぞれに異なったものであり、同じルール、同じ選手、同じ環境が整えられたとしてもゲームの様態はまったく違うものになる。その意味で、ルールの次元とゲームの次元では違った原理が作用しているのである。つまり、スポーツのルールとはパターン化されたゲームの内容が記述されたものではないし、逆に、ルールから演繹的にゲームの内容を記述できるわけでもない。

ゲームの内容はそれぞれ異なるにもかかわらず、それらは同一の「競技」における異なった現れとして弁別することが可能である。要するに、スポーツの検討には、ルールとゲームのどちらの次元も過不足なく検討されなくてはならないと言える。

---

(14)（一九二八～二〇一一）思想家、評論家。元千葉大学教授。『戦争論』（岩波新書、一九九九年）や、『スポーツを考える——身体・資本・ナショナリズム』（ちくま新書、一九九五年）などがある。

(15)（Ludwig Josef Johann Wittgenstein, 1889～1951）オーストリア出身の哲学者。言語哲学や分析哲学に強い影響を与える。元ケンブリッジ大学教授。主著に『論理哲学論考』（木村洋平訳、社会評論社、二〇〇七年）や死後に出版された『哲学探究』（藤本隆志訳、大修館書店、一九七六年）などがある。

盛山の「理念的実在」として制度論は、社会や制度、規則を人々によって意味的に構成されるものとして想定されていた。また逆に、制度や規則はそこでの行為に意味を与えるものとして想定されているのであった。スポーツは、ゲームにおける行為の遂行からだけで成り立っているわけではない。スポーツにおけるルールは、それがスポーツでの行為として同定されるために、またある相互行為がスポーツとしての意味づけを得るためにも必要不可欠なものだった。

スポーツが「スポーツ」として意味あるものとして人々の主観的意味世界（一次理論）において存在するのは、行為が先に存在するからではない。理念的実在としての「スポーツ」あるいは「ルール」が、ある行為をスポーツの行為として同定することを可能にしているのだ。たとえば、車椅子バスケットボールについて考えてみよう。

車椅子を操作することや、ボールをリングに向かって投げるという動作は、たしかに車椅子バスケットボールのなかで見られる行為であろう。だが、そうはいっても、実際にそれらの行為を車椅子バスケットボールにおける行為としていかに同定すればよいのだろうか。車椅子の操作やボールをある目標に向かって投げることは、車椅子バスケットボールにかぎらず行うことができるものである。それらの行為を「車椅子バスケットボールのプレー」として同定するためには、ある行為を特定の「社会的行為」として意味づける規則や制度についての観点を導入する必要がある。

スポーツが「スポーツ」という社会的な行為として意味づけを得るためには、人々の行為の集積があるからではなく、ルールの存在があるためである。その点を踏まえつつ、スポーツを考えるための視角として本章は制度論を援用したわけである。

スポーツにおけるルールの分析は、盛山が示した制度論での意味の体系と接続する。スポーツにおいて、「身体」や「障害」といったものがある意味づけを与えられているのならば、それはまずルールの構成のなかに含まれていることになる。この意味の体系を具体的に表出するものとしてのルールと、そこでの「身体」や「障害」がどのように意味づけられているかについては第4章以降で記述する。

そして、スポーツを盛山的な意味での制度として捉えることは、ある活動が「スポーツ」として捉えられるようになることの説明にとっても有効である。制度としてスポーツを捉えるということは、スポーツをなんらかの客観的な実在とは考えないことを含意する。盛山が言うとおり、スポーツとは一つの制度であり、それはあくまで理念的にのみ存在する人々の構築物である。また、個々の競技も理念的実在であるが、それらはゲームという経験的なものによって現実化されている。

スポーツとは、もっとも広義には、その「複数の競技の集合（のようなもの）」として人々によって構成され、実在と見なされるようになった観念である。それゆえ、スポーツとは、各競技をスポーツという「家族的類似」の集まりとして捉えることが可能になるような関係性を表す理念的実在である。

たとえば、第3章で議論することになるが、障害者スポーツは、リハビリテーションやレクリエーションではなく、スポーツとして捉えられるようになってきている。その変化は何によって可能になったのだろうか。リハビリやレクリエーションとしての障害者スポーツから競技としての「障害者スポーツ」の転換において変化したものは、人々の行動ではない。それは、その技術や競技のレベルの高低はあるとしても行為の現れとして見た場合、基本的には同一の行為・活動・行動である。変化したのは、障害者スポーツを見る視線、あるいはそれに対して与える意味、つまり、ある競技に対する理念的な変化なのである。(16)

このように、スポーツのルールは意味の体系を表出する規則として捉えられる。では、行為の体系とモノの体系についてはどうだろうか。そのために、秩序が相互行為として達成されているとするエスノメソドロジーの議論を参照した。そこでの議論を転用すれば、車椅子バスケットボールのゲームを、プレーヤーによってその都度その都度「達成される」ものとして記述することができるだろう。

理念的なものとしてのスポーツやそこでのさまざまなものの「意味」は、意味の体系におけるルールによって支えられている。しかし、多木も述べているように、「現実の現象としてのスポーツ」は個々のゲームとして現実化している。

本書はスポーツを理念的なものとして捉えているわけだが、それにもかかわらず、たとえばバスケットボールは理念としてだけ存在するのではない。逆に、バスケットボールという競技は、何らかの実体として存在しているのでもない。日々、さまざまな所でプレー＝相互的な行為が行われることで、バスケットボールというスポーツが共同的・協働的に達成されているものなのだと考えるべきなのである。

ルールに支えられているさまざまな制度は、現実のゲームにおける相互行為として顕現する。それはつまり、スポーツを実践する当事者たちにとっての「身体」や「障害」の意味や経験、また車椅子バスケットボールに対する捉え方などは、その実践の文脈における相互行為として達成されるということなのである。その際、車椅子バスケットボールに関するさまざまなモノが資源として用いられているはずである。

なぜ、このようなものとしてスポーツを捉えなければならないのか。それは、スポーツによって、人々の「身体」や「障害」が意味づけ経験させられるそのありようを探求するためである。

単にスポーツを、客観的な実在や外部から人々の行為や意識を拘束するモノと置いてしまう

---

(16)　リハビリからスポーツという変化を競技レベルや技術の高低で判定できないことは、私たちが少年野球のような子どもが行う競技もスポーツとして捉えていることを考えれば不思議ではない。技術の高低をスポーツとして捉えることの判別基準として置くのならば、野球の場合、プロ野球を除く野球の実践はほとんどがスポーツではないことになってしまうだろう。

うことには問題がある。たとえば、重度の「障害」をもつ人々がスポーツから排除されてしまうことは、スポーツ自体に問題があることとして捉えられる。しかし、客観的な構造としてスポーツを捉えてしまうと、排除の現場を捉えることはできない。つまり、人々の行いとは別にスポーツという社会現象が排除を行っていることになるからだ。それでは、そこでの人々の振る舞いや「身体」や「障害」に対してある意味を与えることを、当事者の視点から捉えることができなくなってしまう。

スポーツを私たちの外部にあるものとして考える視点は、スポーツによる社会的排除や抑圧の問題を、スポーツの側に何らかの政治性や権力性を付与することで説明することを可能にしてしまう。そうした場合、障害者スポーツやそれを実践する人々は、スポーツによる社会的な排除の問題とは無関係だと想定されてしまうことになる。あるいは逆に、スポーツにおいて何らかの解放があるとしても、その要因がスポーツそのものの性能に求められてしまうことになる。

本書では、スポーツからある人々が排除されてしまったり、ある人々がスポーツによってポジティブな、あるいはネガティブな経験をしてしまうことの理由説明を「社会」や「スポーツ」に置かない。また、「権力」や「政治性」といった媒介項にも置かない。「スポーツ」は理念的に存在するものである。それゆえ、「スポーツ」や「政治性」は説明項ではなく、被説明項として捉えるべきである。

本書では、それらをあくまで人々の理念として存在し、また人々の相互行為として達成される結果として捉え、語るための視点を獲得するために制度論を分析枠組みとしたのである。つまり、ルールやゲームによって意味づけられ、達成される「身体」や「障害」、他のさまざまな車椅子バスケットボールをめぐる事柄を、この当事者の視点からもう一度捉え直す必要がある。車椅子バスケットボールという形式についての議論ではなく、車椅子バスケットボールという理念的実在を所与としたうえで、他のさまざまな事柄との関連を議論の視野に入れなくてはならない。

本章の最後に、「障害者スポーツ」と「車椅子バスケットボール」との間にある位相差についても注意を促しておきたい。

本書の対象である車椅子バスケットボールは、おそらく一般的に「障害者スポーツ」と呼ばれているものの一種だと考えられている。だが、本書で考察の対象となるのは、車椅子バスケットボールにまつわる種々の営みであり、障害者スポーツと総称される活動形式すべては対象としていない。そのため、障害者スポーツと呼ばれる競技の「背後に潜む共通の特性もしくは一般的性質」を求め、普遍的な障害者スポーツを語ることは難しい。つまり、車椅子バスケットボールの記述をもって、障害者スポーツすべての営みを代表できるわけではないということである。

障害者スポーツそれ自体を捉え直す必要性を認識しつつも、障害者スポーツやスポーツ全体を語ることは本研究の直接的な課題ではない。だが、障害者スポーツを再定位するための第一歩は、いつか、どこかで踏み出す必要があると考える。ならば、それが車椅子バスケットボールからであってもなんら問題はないだろう。

第3章

障害者スポーツの歴史

1964年のパラリンピック東京大会の様子（写真提供：日本車椅子バスケットボール連盟。出典（『歴史写真車椅子バスケットボール』）

日本における障害者スポーツの記述は、一九六四年のパラリンピックを起点とすることから開始されてきた。たしかに、日本の障害者スポーツは、一九六四年のパラリンピックを開催することから始まっていると言っても過言ではない。その意味で、この大会は歴史的な起点となったと言える。しかし、その記述のなされ方は驚くほど画一的なものである。それは、以下のような形になる。

パラリンピック東京大会は日本における障害者スポーツの出発点であり、またパラリンピック長野大会は、日本に「障害者スポーツ」が本格的に根付き、競技スポーツとして認知されるようになった契機だった（蘭［二〇〇二］）。そして、その間の三〇年あまりの時間で、障害者スポーツは徐々に普及し組織が発展してきた。たとえば、藤田はこのような時代変化を次のように区分して説明している。

> 東京パラリンピック以前の「黎明期」。東京パラリンピックからアトランタパラリンピックまでの「組織化の時代」。そしてそれ以降の「スポーツへの目覚めの時代」である。（藤田［二〇〇二］）

日本の障害者スポーツの歴史は、こんな単線的な図式で描かれてきたのである。とくに東京大会は、出来事の事実が記述されるだけだった。歴史的な事実としては、こんな描き方に異論はない。ただし本書では、より積極的な意味において、東京と長野で行われたパラリンピックは日本における障害者スポーツの展開を考えるうえでの大きな転換点だったと捉えている。それは、大会が行われたという事実のみの話だけではないと考えるからである。

この二つのパラリンピックの重要性は、次の点に集約することができる。「障害者」と呼ばれる人々の存在が多くの人の前に可視化されたという水準と、「障害者スポーツ」というものが、人々に意味のあるものとして登場したという水準の、二つで画期をなしていたのだった。換言すれば、一九六四年と一九九八年の大会を経ることで、日本では「障害者」と「障害者スポーツ」について語ることが可能になったと言える。

ここでは、「障害者スポーツ」と呼ばれる活動が国際的なレベルでどのように誕生してきたかについては簡単に触れるにとどめる。[1] 以下では、パラリンピックを開催することになった日本がどのような対応をしたのか、またどのように報道されたのかを追っていくことで、パラリンピック東京大会という出来事とその報道が当時の日本社会に対して与えたインパクトを考えてみたい。

(1)　この点について詳しく書いている日本語の文献はないが、英語の文献はいくつかある。たとえば、David Howe の ***the cultural politics of the Paralympic movement*** や Steve Bailey の ***Athlete First : a history of the Paralympic movement*** がパラリンピックムーブメントの歴史をまとめている。

ここで、メディア報道に焦点化するのは、私たちの日常において障害者とその身体をもっとも多く目にする機会が訪れるのがパラリンピックというイベントだからである。また、とくに東京大会の場合にその様子がうかがえたのは、会場での観戦を除けば新聞報道のみだったからである。このとき、障害者とその身体は、競技観戦によってというよりも、メディアによって私たちの前に差し出されることとなった。このことは、一九九八年の長野大会でも変わらないし、現在でも変わらない。競技会場で直接観戦する人々よりも、メディアを通して観戦する人々のほうが圧倒的に多いからである。

そうであれば、パラリンピックのようなスポーツのイベントは、障害者とその身体が可視化される場として捉えることができる。つまり、障害者スポーツのイベントは、ともすると社会の目から隠されがちな障害者を公の場へさらす大規模なイベントとして捉えることができるということである。(2)

1 障害者スポーツの発端

現在の障害者スポーツの基礎をつくりあげ、今日的な国際大会にまで育てたのはイギリスのルードヴィッヒ・グットマン卿(3)だった。

第二次世界大戦末のイギリスでは、終戦後における傷痍軍人の社会復帰が大きな問題となることが予想されていた。そのなか、グットマンはロンドン郊外にあるストーク・マンデビル病院内の脊髄損傷病棟の責任者として着任すると、脊髄損傷者を救急時から受け入れ、急性期処置からリハビリテーション訓練に至るまでの一貫した治療訓練システムをつくりあげた。

彼は当時、死亡率の高かった脊髄損傷者に対する

（2）この点に関連して、北京パラリンピックの報道のされ方について拙著（渡［二〇〇九］）で論じているので、そちらも参照してもらいたい。

（3）（**Sir Ludwig Guttman,** 1899～1980）ドイツ生まれ。第二次世界大戦中、イギリスに亡命。一九四四年、ストーク・マンデビル病院国立脊髄損傷センター所長に就任。入院患者を対象としたストーク・マンデビル競技大会を開催し、今日の障害者スポーツ・パラリンピックの原型をつくりあげた。

ルードヴィッヒ・グットマン卿（左）と中村裕博士（中央）
出典：財団法人日本身体障害者スポーツ協会編『創立20年史』1985年、21ページ。

治療や訓練として、あるいは病院での退屈な生活を紛らわすレクリエーションとして、積極的にスポーツによる訓練を取り入れたという。そのときに取り入れられたスポーツのなかには、アーチェリーや車椅子によるバスケットボールがあった。

一九四八年、ロンドンオリンピックの開会式と同日、病院内で一六名が参加し、アーチェリーの競技会が開催された。現在のパラリンピックの原型の一つで、「第一回ストーク・マンデビル競技大会」と言われているものである。一九五二年からは、このストーク・マンデビル競技大会にオランダなどの外国からも選手が参加し始めた。それ以後、競技会は「国際ストーク・マンデビル大会（国際身体障害者スポーツ大会）」として発展していくことになる。

当時は、スポーツの競技性を競うものより、あくまで障害者のリハビリテーションの一環であり、医学主導型の大会であった。また、この大会は車椅子の競技にかぎって行われていた。この間、競技大会は毎年イギリスで行われていたが、一九六〇年のローマオリンピックからイギリスを離れ、それぞれオリンピックの開催地で行われるようになった。その後、いくつかの国際的なスポーツ組織が統合される形で、一九八九年に「国際パラリンピック委員会（IPC）」[4]が設立された。IPCの設立により、一九六〇年にローマで行われた国際ストーク・マンデビル競技大会は、遡行的に「第一回パラリンピック大会」と位置づけられた。

日本への車椅子バスケットボールの導入は、ストーク・マンデビル病院でリハビリテーションを学んだ国立別府病院の中村裕(5)によって一九六〇年に紹介されたのが最初だと言われている。中村は、さまざまな場所で車椅子バスケットボールのデモンストレーションを行い、その普及に努めたという。

そして、一九六四年の東京パラリンピック以降、関係者によって普及が精力的に行われ、三年後の一九六七年、日本で初のクラブチームとして「東京スポーツ愛好クラブ(6)」が誕生した。これ以降、千葉・長野県などでクラブチームが誕生していくこととなった。そして、二〇一一年現在、日本車椅子バスケットボール連盟に登録されているチーム数は七九チーム（うち女子七チーム）となり、登録者数は七二五人に上っている。

表3－1に示すように、その登録者数は一九九八年をピークに漸減傾向にあるものの、国内における障害者スポーツ団体のなかではもっとも大きなものの一つだと言える。

---

(4)　(The International Paralympic Committee)　一九八九年に当時の国際的な障害者スポーツ組織を統合する形で設立。本部はドイツのボンに置かれている。

(5)　(一九二七～一九八四)　大分県生まれ。医師。「障害者スポーツの父」と称される。一九六〇年にストーク・マンデビル病院に留学し、グットマンに出会う。一九六五年に障害者の働く場を提供するため社会福祉法人「太陽の家」を設立し、翌年には大分中村病院を設立。大分国際車いすマラソンの開催にも尽力した。

(6)　パラリンピックの三年後、一九六七年に東京で結成され現在まで続く、日本初のクラブチーム。設立者は、日本車椅子バスケットボール連盟名誉会長の故浜本勝行（一九四〇～二〇〇八）。浜本は、その後、一九七五年の日本車椅子バスケットボール連盟結成において中心人物となる。

表3－1　車椅子バスケットボール連盟登録チーム、人数の変遷（2008年まで）

登録数推移						
年度	登録チーム数			登録人数		
	合計	男子	女子	合計	男子	女子
1983	75	73	2			
1984	79	77	2			
1985	79	77	2			
1986	83	81	2			
1987	83	81	2			
1988	85	82	3			
1989	91	87	4			
1990	89	84	5	1,090	992	98
1991	89	83	6	1,059	982	77
1992	87	81	6	1,038	935	103
1993	88	82	6	1,038	937	101
1994	88	81	7	1,046	950	96
1995	90	82	8	1,014	918	96
1996	90	82	8	1,066	973	93
1997	91	83	8	1,061	972	89
1998	92	84	8	1,099	1003	96
1999	89	82	7	1,088	990	98
2000	92	85	7	1,087	992	95
2001	83	86	7	1,073	980	93
2002	95	88	7	1,032	967	65
2003	96	90	6	917	845	72
2004	91	85	6	857	787	80
2005	91	85	6	852	775	77
2006	90	84	6	824	854	70
2007	89	82	7	816	746	70
2008	88	81	7	807	739	73

日本における車椅子バスケットボールの組織的な形態としては、全国組織として日本車椅子バスケットボール連盟があり、その下に、北海道、東北、関東、東京、甲信越、東海北陸、近畿、中国地区、四国、九州の一〇のブロックごとの連盟が組織されている。このブロックごとに定期的なリーグ戦や全国大会の予選が行われ、毎年五月に行われる日本選手権のへの出場権が与えられている。

図３－１　日本車椅子バスケットボール連盟の組織図

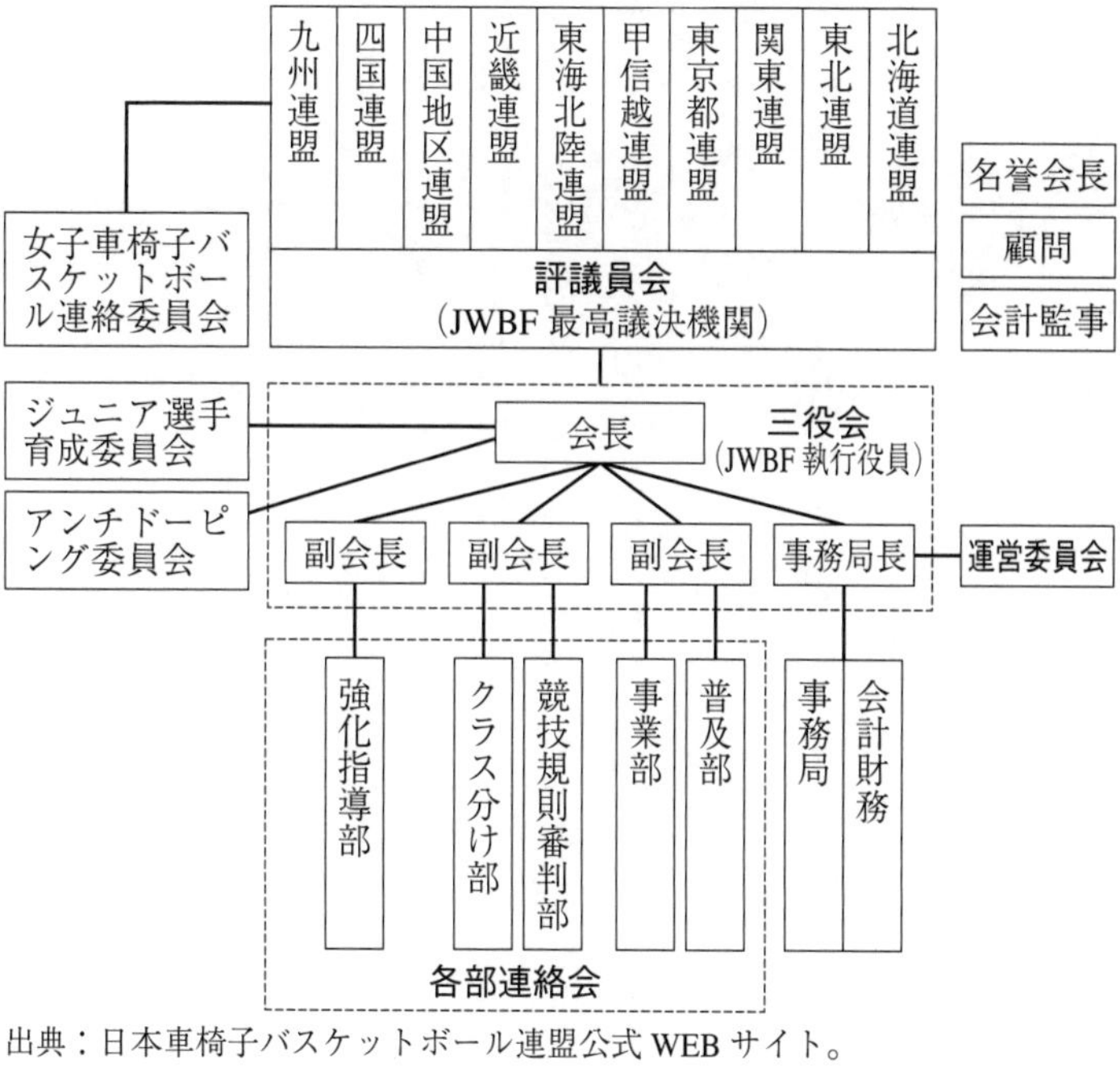

出典：日本車椅子バスケットボール連盟公式 WEB サイト。

2 起点としての一九六四年

パラリンピック東京大会は、国内的な要因によるものではなく、国際的な状況に左右された結果として開催された。先ほど述べたように、国際ストーク・マンデビル大会は、一九六〇年のローマ大会からオリンピック開催地で大会を開くことにしていた。東京でオリンピックを開催することが決定していた日本は、障害者がスポーツをする環境がほとんど整備されていなかったにもかかわらず、国際的な競技会を東京で開催することとなった。

国際ストーク・マンデビル大会は車椅子の選手のみで行われる大会だったため、パラリンピックとは、現在のような「parallel+Olympic」ではなく、「paraplegia（対麻痺）」のオリンピックを意味していた。

車椅子を使用する選手以外は参加できなかったが、東京大会では第二部の国内大会として、その他の障害のある人々の競技も行われた。つまり、国際ストーク・マンデビル車椅子競技大会――車椅子を使用する選手の大会――が第一部として一九六四年一一月八日から一二日まで開催され、その後、他の障害のある人々も含めた大会が第二部の国内大会として一一月一三・一四日に開催されたわけである。

第一部を「パラリンピック東京大会」とするのが正確な表記だが、第一部・第二部を区別しないことも多いので、本書も特別に指示しないかぎり「パラリンピック東京大会」を指す場合は第二部も含めたものとする。

パラリンピックには、第一部は二二か国三七八名の選手が参加しており、日本からは五三名が参加している。[7] そして、第二部の国内大会には、日本から五八五名と特別招待のドイツ選手七名の五九二名が参加した。第二部の選手たちの詳細な記録は残っていないものの、第一部に出場した五三名（内女子二名）のうち記録の残っている五〇名のなかで、一七名が国立箱根療養所、一四名が各都道府県の労災病院の入院者、六名が国立別府病院、同じく六名が国立重度障害センター、三名が身障者更生指導所、一名が国立身体障害センターの出身者だった。大会に出場した選手のなかで、施設の入所者でない者はわずかに三名のみだった。

車椅子バスケットボールには、関東労災病院の八名、国立別府病院・国立別府重度障害センターの五人がチームを組んで出場したようだ。一九六四年に車椅子バスケットボールチームの一員として出場した近藤秀夫氏[8]は、当時について次のように述懐している。

（7）この出場人数については、各記録によって食い違いがある。旧厚生省監修による『更生の書』（一九六六年）では、日本選手は四九名、選手総数も三七七名とされている。

（8）（一九三五〜）岡山県生まれ。一九六四年のパラリンピック東京大会に出場後、働きながら、車椅子バスケットボールの普及に努める。また一九七四年には、全国で初のケースワーカー（東京都町田市）となる。著書に『車椅子ケースワーカーの七六〇〇日』（一九九六年、自治体研究社）などがある。

> 第一回（ママ）東京パラリンピックに出場した私たちはまったくの素人でしたプログラムの中に車いすバスケットボールがあり、日本には車いすバスケットボールのチームがなかったのです、チームを組めるのは施設にいる障害者しかないと、そこから練習を始めて私たちが出場することになったのです。私たちは初めて外国の障害者とふれあい、彼らが地域で自立した生活をしていることを知り驚きました（全国自立生活センター協議会編［二〇〇二］一八八ページ）

このことは、東京大会開催時のわが国における「障害者」の置かれていた状況を如実に表していると言える。この状況については、一九九八年六月に厚生省（現在・厚生労働省）で行われた懇談会でも、次のように振り返られている。

> わが国で積極的に障害者スポーツが行われるようになったのは、昭和三九年に東京で開催された東京パラリンピック以降であった。当時の日本選手は身体障害者更生施設の入所者であり、病院の患者等であった。その後、病院、施設の中で、医学的リハビリテーション（機能回復訓練）の一環としてスポーツが取り入れられてきたのである。昭和四〇年からは、国民体育大会（秋季大会）が開催された地で身体障害者の全国スポーツ大会が開催されるようになり、次第に訓練の延長としてではなく、スポーツをスポーツ

として楽しむという意識が生まれてくるようになった。（厚生省、一九九八年六月、「障害者スポーツに関する懇談会」報告、http://www1.mhlw.go.jp/shingi/s9806/s0629-1.html）

このような当時の状況下で、パラリンピックの開催に向け、一九六二年五月一〇日、大会準備委員会が結成された。準備委員会の結成に先立つ四月二五日の会議において次のようなことが確認された。

「国内のスポーツ振興をはかり、その結果をみて、国際大会を引きうけるという線は、実際問題として困難であり、むしろ、国際大会を引き受けるという線を強く打ち出して国内態勢をつくりあげる方が早道であること」（財団法人日本身体障害者スポーツ協会編［一九八五］二三ページ）

「国際大会を引きうけるについては、肢体不自由、盲、ろうあの人たちのスポーツも同時に行なうことを条件とすること」（前掲書、二三ページ）

翌一九六三年二月一二日には、財団法人国際身体障害者スポーツ大会運営委員会が設立され、会長には元厚生省次官（事務次官）で当時社会福祉事業振興会会長だった葛西嘉資（次ページの**コラム1**を参照）が選ばれている。運営委員会の副会長には財団法人日本体育協会理事の東俊郎[9]、厚生団理事長の太宰博邦[10]、東京大学医学部整形外科教授の三木威勇治[11]が名を

コラム1　厚生官僚、葛西嘉資と障害者スポーツの関係

葛西氏

葛西嘉資は、1929年に東京帝国大学卒業後、内務省に勤務する（内務属神社局）。その後地方事務官（和歌山）、愛知県学務部社会課長、東京府学務部社会課長、内務事務官（衛生局）を経て、厚生省発足に伴い1938年に厚生事務官（衛生局）勤務となる。1946年に厚生省社会局長、1946年から1949年まで厚生次官（1948年からは厚生事務次官）だった。事務次官時に、日本の社会事業・社会保障の礎を築く。戦前における一校、東京帝大、内務省というエリートコースを辿っている。戦後は1949年に退官後、日本赤十字社の副社長・顧問などを歴任している人物である。

パラリンピックの準備委員会が発足した時、葛西は社会福祉事業振興会会長を務めていた。なぜ、葛西が委員長・会長に就任したのかを示す資料は管見ではまだ見いだせていない。元厚生事務次官で、社会保障・福祉行政のエキスパートであり、厚生省にも発言力をもつ人物を準備委員の長に据えることで、厚生省その他の関係省庁からの協力体制の強化が目論まれ、その庇護のもと運営されていったのだと考えることはできるだろう。委員会の副会長を務めた太宰邦博も葛西と同じように元厚生事務次官を務めており、パラリンピック開催に対する厚生官僚の影響を考えなければならない。

パラリンピックという「障害者」のスポーツ大会に、文部省を中心とする体育・スポーツの関係者よりも厚生省を中心とする福祉の関係者が中心となったことは、当時の状況を考えれば当然と言えば当然かもしれない。これを議論するには、パラリンピックを中心とした叙述ではなく、当時の官僚組織や社会的状況についてのより詳細な記述が求められるとともに、1964年前後だけでなく戦前からの体育・スポーツおよび健康・福祉行政のあり方をも視野に入れて議論することが必要となるだろう。

連ねている。また、運営委員会における官庁への連絡調整係は厚生省社会局更生課が担当することとなった（**表3－2**参照）。これらのことは、東京大会の開催が厚生行政との関係が強かったことをうかがわせる[12]。

パラリンピックは、国内の障害者スポーツの体制を整備・振興するための起爆剤として位置づけられており、福祉行政と密接に関連した、いわば上からの振興であった。国際的な大会に出場できるような選手は当時存在しなかったため、各施設にいる障害者が選ばれたのである。

それでも、障害者スポーツの重要性は欧米を視察した人々から指摘されてはいた。一九六

（9）（一八九七～一九八七）生理学者・内科医。一九四七年に順天堂医学部付属順天堂医院の教授・院長を務める。文部省体育局長に就任するも、一九五一年に順天堂大学に戻り、体育学部を創設。兄はオリンピック東京大会時の東京都知事で、日本体育協会会長も努めた東龍太郎。

（10）（一九一〇～一九九四）岩手県生まれ。東京帝国大学を卒業後、内務省に入省。その後児童局長、社会局長を経て、一九六三年に厚生事務次官。（財）厚生団理事長をはじめとして、社会福祉事業振興会会長や全国社会福祉協議会会長、日本障害者リハビリ協会会長などを歴任。

（11）（一九〇四～一九六六）福岡県生まれ。岩手医科大学整形外科教室初代教授ののち、東京大学整形外科学講座教授を務める。日本形成外科学会の立ち上げにかかわり、同学会の初代・第二代会長を務めた。

（12）日本における障害者スポーツは、旧厚生省を中心とした福祉行政に関係する官僚あるいは識者によって開始された。大会の運営に携わった人々は健康・福祉行政におけるエリートたちであった。

表３－２　財団法人国際身体障害者スポーツ大会運営委員会役員一覧

役職	氏名	肩書き（当時）	役職	氏名	肩書き（当時）
会長	葛西嘉資	社会福祉事業振興会会長	理事	小畑マサエ	東京都議会議員
副会長	東俊郎	財団法人日本体育協会理事	〃	加藤千太郎	学識経験者
〃	太宰博邦	厚生団理事長	〃	亀山孝一	学識経験者
〃	三木威勇治	東京大学医学部整形外科教授	〃	川西実三	厚生年金会館館長
常任理事	牛丸義留	厚生省社会局長	〃	小西秀雄	日本身体障害者団体連合会長
〃	木村忠二郎	社会福祉法人全国社会福祉協会副会長	〃	會野明	外務省情報文化局長
〃	北見幸太郎	東京都民生局長	〃	武見太郎	日本医師会会長
〃	田辺繁雄	日本赤十字社副社長	〃	出口林次郎	東京都体育協会長
〃	長尾頼隆	財団法人鉄道弘済会理事	〃	豊島房太郎	財団法人日本傷痍軍人会会長
理事	天児民和	九州大学医学部整形外科教授	〃	鳥居篤治郎	日本盲人福祉委員会理事長
〃	有末精三	世界歴戦者連盟日本理事	〃	中西実	労働福祉事業団理事長
〃	飯室進	ライオンズ国際協会302東３地区国際カウンセラー	〃	中西敏二	東京都議会議員
〃	生悦住求馬	社会福祉法人日本肢体不自由児協会会長	〃	藤田孝子	東京都議会議員
〃	板倉弘典	東京都議会議員	〃	前田充明	文部省体育局長
〃	岩原寅猪	慶應義塾大学医学部整形外科教授	〃	益田豊彦	社会福祉法人朝日新聞東京厚生文化事業団理事長
〃	上田常隆	財団法人毎日新聞東京社会事業団理事長	〃	御子柴博見	東京都副知事
〃	沖野亦男	世界歴戦者連盟国際身体障害者スポーツ中央委員	〃	水野祥太郎	大阪大学医学部整形外科教授
〃	大家善一郎	全日本ろうあ連盟長	〃	村上茂利	労働省労働基準局長
〃	尾崎嘉篤	厚生省医務局長	〃	矢野一郎	社会福祉法人ＮＨＫ厚生文化事業団理事長
〃	小沢辰男	学識経験者	〃		

出典：厚生省［1966］『更生の書』より筆者作成。

一年には、世界歴戦者連盟日本理事の沖野亦男[13]と身体障害者更生指導所所長の稗田正虎[14]が、B５判一五七ページの冊子『身体障害者スポーツ』を配布して普及に務めている。また、ローマで行われた第九回ストーク・マンデビル競技大会を観戦した唯一の日本人であった渡辺華子[15]が大会の様子を観戦記として新聞に発表したり、関係者の勉強会で報告するなどしたことにより、障害者スポーツの有用性についての認識が高まっていった。

しかし、当時障害者のスポーツ活動は、個別の施設や療養所、学校などでレクリエーションや娯楽の一環として行われているのが一般的であった（稗田［一九八〇］）。たしかに、日本における身体障害者のスポーツ大会は、東京都で一九五一年から、埼玉県で一九五二年からなど各地方自治体により開催されてはいたが、必ずしも競技としてルールを定めた大会ではなかった。つまり、それまではあくまでも娯楽や個別の治療であって、それがどのようなの

(13)　（一八九八～一九七八）元海軍大佐。一九四二年から中国勤務が長く、「海軍の長江男」の異名を取る。戦争中に捕虜となってアメリカに送られたが、帰国後、東京大学文学部を卒業し、リーダーズ・ダイジェスト社に勤務しつつ傷痍軍人会を創設した。著書に『生きる屍の記』（東方書房、一九四六年）がある。

(14)　（一九一三～一九八七）佐賀県生まれ。国立身体障害更生指導所所長、国立身体障害者センター所長を務める。日本におけるリハビリテーションや義肢装具の発展に尽くす。

(15)　（一九一六～一九九九）評論家。著書に、『福祉国家　イギリス人とわたくしたち』（日本労働協会、一九六六年）などがある。一九六一年七月八日付の〈読売新聞〉にローマパラリンピックの観戦記を発表した。

形であれ、組織化されたものではなかった（北野［一九九六］）。
それを示すように、東京パラリンピックの前年に厚生省社会局長が次のような通知を各都道府県知事と各指定都市市長に出している。

身体障害者のスポーツについては、すでに諸外国では機能回復その他心理的及び健康保持等の面から更生上の効果が極めて著るしい点に着目し、広く実施され、また国際的な競技会の開催等も行われている現状である。

しかるに、わが国においては、近年ようやく全国的に身体障害者スポーツ振興の気運が高まりつつあるが、未だ必ずしも十分な状態にあるとはいい難いので、今後国としても身体障害者スポーツの振興を身体障害者更生援護の一環として積極的に推進することとなつた。（一九六三年五月二〇日社発第三七〇号、各都道府県知事・各指定都市市長あて厚生省社会局長通知「身体障害者スポーツについて」）

ここにあるとおり、身体障害者のスポーツは身体障害者更生援護――リハビリテーション――の一環として注目されているのである。このことから、身体障害者のスポーツは、現在私たちが思い浮かべるようなスポーツとしてあったのではないことが分かる。

パラリンピック東京大会は、たしかに障害者スポーツの大会だった。しかし、それは私たちが現在思い描くパラリンピックとは違った見方をされていた。焦点は、スポーツにではなく障害者の「更生」にあったわけである。このことは、パラリンピック東京大会がどのように表象されたのかを見ていくとよく分かる。以下では、大会の新聞報道のなされ方を見ていきたい。

3　東京大会の表象

成功を収めたとされるパラリンピック東京大会だが、オリンピックとは異なり、テレビで放送されたのはNHKによる開会式の模様だけであり、この大会で障害者の身体が登場したのは新聞報道によるところが大きい。

当時、障害者は施設で生活することが「当たり前」であったことを考えれば、選手のほとんどが施設入所者もしくは入院患者であるのは当然だった。当時の人々にとって、「障害者」という存在は不可視化されていたといってもいい。別の言い方をすれば、健常者中心の社会に初めて「障害者」が登場したのがこの東京大会だったと言える。では、このときの報道はどのようなものだっただろうか。簡単に言ってしまえば、イベントの祝祭性および非日常性の強調だった。

当時の新聞報道から、その様子を以下では概観していこう。たとえば、「栄光あれ！　パラリンピック」という見出しの記事には、車椅子に乗った両下肢切断と思われる青年の写真が使用されている。「車椅子で華やかに行進」、「秋晴れ、明るい選手の顔」という見出しの記事は、車椅子で行進する女性の写真が掲載されている。さらに、閉会式の記事には「肩を組み、別れ惜しむ晴ればれと笑顔」とあり、和服姿で車椅子に乗るアルゼンチンの女性の写真が掲載されている。

一九六四年当時、東京大会に参加していた人々はそのほとんどが施設の入所者・入院者であったという点で、社会から隠蔽されていたと言える。その意味で、当時の彼ら／彼女らはまさに存在しない人々だった。それゆえ、不可視化されていた人々への注目が東京大会の報道を契機になされたということができる。それは、大いなる前進であった。

パラリンピック東京大会の表象を考えてみると、それはたしかに社会から不可視化されていた人々が、東京大会の開催によって注目を集めたと言える。というのも、それまで「障害者」が「福祉」の文脈を離れたところで新聞紙上をにぎわすようなことはほとんどなかったからである。

東京大会の開催前と開催期間中というわずかな時間であれ、障害者が公の場へ大規模に登場するような機会はこれまでになかったはずである。この意味で、この大会が報道されたことは、当時の日本社会にとっても大きなインパクトをもつものであったと言えるし、障害者スポーツにとっても、わが国に第一歩をもたらしたことは大きな転換点となったとも言える。

それにもかかわらず、一九六四年のパラリンピックは結果として、健常者の「障害の理解」を前進させたとは言えなかった。パラリンピックの報道は、祝祭的な空間における非日常という意味づけを強く与えていた。そのため、障害者が可視化されている場であるパラリンピック東京大会と、健常者中心の社会との連続性が巧妙に回避されていたのである。

パラリンピック

肩を組み、別れ惜しむ

晴ればれと笑顔 第一部閉会

パラリンピックの各選手らは手をたたき、肩を組み、会場のみんなと一つになって別れを惜しんだ。パラリンピック——国際身体障害者スポーツ大会第一部（国際大会）の閉会式は十二日午後五時から東京・代々木の国立屋内総合競技場付属体育館で行われた。

五時きっかり、会場のライトがいったん消され、ファンファーレとともに再び明るい照明。車イス列が浮び上がる。大会名誉総裁、皇太子殿下と美智子妃殿下が正面ローヤルボックスにご到着。陸上自衛隊のマーチにのって自衛隊員が持つ二十二カ国の国旗が会場両わきから入場、一斉に割れるような手拍子がわき起った。

パラリンピックをたたえる[illegible]合唱。美智子妃殿下がフロアに降りられる。競技の優秀チーム代表にトロフィーの授与。フランス、ドイツ、イスラエル、イタリア、オランダ。そして日本ただ一つの金メダル、卓球ダブルスの猪狩靖典(三七)選手=いずれも福島労災病院=両選手の健闘をたたえ、正面に並んだ医師団の手をとって言葉をかけられた。

日の丸や大会旗が降ろされ、つぎのパラリンピック開催地メキシコのルイス博士が紹介されて右手を上げた。各国の国旗が拍手のうちに退場、やがてホタルの光の吹奏。選手らはうなずき合い、腕をとり、肩を組み、そのテンポに合わせて揺れた。みんな晴ればれと笑っている。身体の不自由な選手を励ます願いがあふれていた。

第二部（国内大会）は引続き十三日朝九時から選手村織田フィールドで開会式（雨のときは同十時から国立屋内総合競技場付属体育館）があり、十三、十四の両日にわたって四十六都道府県と沖縄の選手四百八十人が出場する。

❶女子ヤリ投げ優勝のトロフィーを美智子妃（右から二人目）にもらって高々と見せるイタリアのマンナ選手

❷和服姿で閉会式に参加したアルゼンチンのオラルテ選手

パラリンピック東京大会の様子を伝える
〈朝日新聞〉1964年11月13日朝刊

要するに、このときの報道は、健常者の生きる世界とは別世界で行われた「お祭り」として報道されていたわけである。写真に映る「障害者」がほぼ外国人だったことは、当時の日本人が、「障害者」をめぐるさまざまな事柄を自分たちの問題として受け取ることを妨げてしまったということである。とくに、報道がイベントのなかでももっとも祝祭性の高い開会式と閉会式に集中していたことがそれを表していると言える。

このように考えると、たしかにパラリンピック東京大会やその後の全国障害者スポーツ大会の開催など障害者スポーツの振興は、「障害者」と呼ばれる人々が社会には存在し、生活しているのだということを多くの人々に知らしめるものだった。障害者の存在が健常者の社会から不可視化されていたことを踏まえるならば、この点は、障害者スポーツがもたらした大きな前進である。しかしながら、それは不可視化されていたという状態から「障害者のことを気にかけているふりをする」状態への転換だったと言える。(16)

この転換を、ネガティブなものではなくポジティブに捉えることもできる。障害者スポーツへの関心が儀礼的なものであっても、障害者スポーツの報道が量的に一層増大することによって、よりその具体的な内実へと接近していく契機になったと考えるのである。たとえば、Jリーグの発足によってサッカー自体への関心が増大したように。(17)

4　東京大会以降

東京大会終了後、パラリンピックの準備委員会である国際身体障害者スポーツ大会運営委員会は解散した。東京大会の剰余金二一〇四万四七三〇円を引き継ぎ、一九六五年に「日本身体障害者スポーツ協会」（現・公益財団法人日本障害者スポーツ協会）が、その後の身体障害者スポーツ振興を目的に旧厚生省の管理のもと発足した。初代会長には、運営委員会の会長でもあった葛西嘉資が就任した。協会の主な事業は、全国身体障害者スポーツ大会の開催、指導員の育成、国際大会への派遣を、厚生省からの通達をもとに行うこととされた。

これ以降、厚生省・厚生労働省および身体障害者スポーツ協会のスポーツ事業は、①リハ

(16)　パラリンピック東京大会とパラリンピック長野大会のメディア報道の与えた意味については、拙著（渡［二〇〇七b］）にて詳しく論じた。

(17)　この点をどう捉えるかは、判断の分かれるところである。つまり、メディアイベントとしての注目の増大は、それがメディア上での注目であるかぎり、関心の量的増大は一時的なものにすぎないと考えるか、一方で、量的な増大が進展することにより、どこかで量から質への転換が図られると考えるかである。過去の日本において、量から質への転換が成功したのはJリーグのみとさえ言える状況であることには注意が必要である。とくに、その「成功」の要因はメディアのみに属すものではなく、経済・社会・政治的なさまざまな状況の相互連関のなかでの成功であった。

ビリテーション（機能回復訓練）の手段として、②健康増進や社会参加意欲を助長するものとして、③障害や障害者に対する国民の理解を促進するものとして、年一回の全国身体障害者スポーツ大会の開催を中心に行われていくことになる。ここから分かるとおり、障害者のスポーツは福祉行政に過度に依存した、「更生援護」のためのものだった。そのため、当時のスポーツは、いわゆる「スポーツ」とは別の位相にあったと言える。

その全国身体障害者スポーツ大会は、次第にレクリエーションや娯楽、リハビリテーションから意味づけがスポーツへと変化した。旧厚生省が一九八八年に出した通知「全国身体障害者スポーツ大会について」では、「身体障害者のスポーツは、本大会の開催とともに、その振興が各地で推進されてきているが、今後もより重度な人々のスポーツへの参加促進など、発展に向けての取り組みが求められている」との認識が示されている。

そして、大会の目的は、「全国の身体障害者がこの大会に参加し、スポーツを通じて体力の維持、増強、残存能力の向上及び心理的・社会的更生の効果を図るとともに、国民の身体障害者に対する理解の増進と関心の高揚を図り、もつて身体障害者の自立と社会参加の促進に寄与すること」（一九八八年二月一〇日、社更第二七号、各都道府県知事・各指定都市市長あて厚生省社会局長通知）に変わっている。また大会は、国民体育大会と同じ開催地、同施設を原則として利用することに決められた。ここではまだスポーツの意義としてリハビリテーションが中心に挙げられているものの、国体と同じ開催地、同施設での開催が定められたことで「スポーツ」という意味づけが加味されていったと言える。

さらに、一九九八年のパラリンピック長野大会以降には、より競技としての意味が強くなっていく。こうした動きにあわせて、二〇〇一年、厚生労働省もこれまでの全国障害者スポーツ大会の開催規定を変更した。その理由として、次のように述べられている。

これまで、障害者スポーツは、リハビリテーションのため、健康増進や社会参加意欲を助長するため、障害や障害者に対する国民の理解を促進するためのものとして、その普及が図られ、大きな効果をあげてきたところであるが、今後は、生活の中で楽しむことができるスポーツ、さらに競技としてのスポーツとして振興を図ることが必要とされている（二〇〇一年一二月一八日、厚生労働省告示第三八五号）

また、開催地についても、改めて国体の施設を利用することが定められた。こうした流れは、リハビリテーションとしてのスポーツから生活のなかでのスポーツ、そして競技としてのスポーツへの転換だと言えるだろう。このような生涯スポーツ・競技スポーツへの方針は、長野パラリンピック冬季大会の開催を契機としている。その意味で、一九九六年・一九九八年以降は、スポーツというものに障害者スポーツ全体が向かっていったと捉えることができる。

長野大会に向けて協会は、一般競技団体や日本オリンピック委員会と強いかかわりをもち始めた。その背景には、競技レベルの向上・選手強化のために連携を必要としていたことが挙げられる。そして、日本身体障害者スポーツ協会は、一九九八年に寄付行為を改定し、名称を「日本障害者スポーツ協会」と変更して、名実ともに障害者スポーツ各団体の統括団体となった。

同時に、内部組織として「日本パラリンピック委員会」を設立し、競技の高度化を推進した。また、同年には政府の出資金三〇〇億円によって「障害者スポーツ支援基金」が創設され、厚生労働省の所管である独立行政法人福祉医療機構の運用益により、スポーツを通じて障害者の社会参加の推進を図るための事業の支援を目的に助成が行われるようになった。さらに、二〇〇三年一〇月二八日には、障害者スポーツ協会は特定公益増進法人の指定（当時、厚生労働大臣）も受けた。

先に示した二〇〇一年の厚生省告示では、リハビリテーションやノーマライゼーション実現の手段としてのスポーツから、生涯スポーツ・競技スポーツとしての振興への転換の必要性が謳われていた。つまり、障害者スポーツが、リハビリ、障害者の健康増進や社会参加意欲の助長、障害者に対する健常者の理解の促進に効果があるということ、そしてこれらのことが、一九六四年以降の展開によってある程度達成されてきたという認識がこの厚生省の告示には反映されている。

第4章

車椅子バスケットボールチームの日常

2012年度「日本車椅子バスケットボール選手権大会」のパンフレット

車椅子バスケットボール選手は、当たり前のことだが、試合だけをしているわけではない。チームでの練習があって、そのうえで試合に臨んでいる。車椅子バスケットボールの経験を考えるうえで、各人・各チームがどのように活動しているのかを描く必要がある。

ここでは、筆者が二〇〇三年六月から行っているフィールドワークから、車椅子バスケットボールチームの日常風景を再構成していく。当然のことながら、ここで描かれるチームの日常風景は、その当時におけるチームの活動を筆者の目を通して描いたものであるため、これがすべてというわけではないことをお断りしておく。

本章全体の記述を通して、車椅子バスケットボールという、多くの人々にはまだまだ縁遠いと思われるスポーツの様子を、少しだけ身近なものにしたい。また、以下で表記される「語り」とその「解釈」は、本書で行った調査の対象者に限定されるものであることにも注意していただきたい。そのため、それがすべての車椅子バスケットボールのプレーヤーに妥当することでもないし、もちろん、すべての（身体）障害者に妥当することでもないということになる。

本章以降の記述やその解釈は、必ずしも車椅子バスケットボールチームすべてに一般化できることではないことは十分承知している。それでも、車椅子バスケットボールという社会的な経験を、当事者たちがどのように捉えているかについての一端は示していると自負している。

本章のもととなっている調査では、構造化された質問紙によるフォーマルな形でのインタビューはほとんど行わなかった。では、どのように調査を行ったかについて簡単に説明をしておこう。

彼らの練習日の流れは、会場に到着すればすぐに着替えて、個人的なウォーミングアップなどを始めてすぐに練習となる。そして、終われば、着替えたらすぐに「お疲れさまー」などと言いながら自動車に車椅子を積み込んで帰宅してしまうというものである。月に何回かは、練習後にファミリーレストランなどに寄って食事をしながらその日の練習のことなどを話すこともあったが、決して多くはなかった。

そのため筆者は、彼らとともに車椅子バスケットボールの練習に参加し、雑談を交わし、ときにはお酒を飲んだり、旅行に行ったりするというような過程で見聞きし、質問し、感じたことをフィールドノートに記録することにした。もちろん、本章に掲載したインタビューの内容は録音したものとなる。会話文はテープから起こしたものを原文として引用しているため、漢字や句読点などは適宜変更したことを申し添えておく。

実際にその様子を描く前に、調査における筆者の立場について簡単に述べておこう。「序章」で書いたように、本書は車椅子バスケットボールチームやその参加者の日々の実践のなかから障害者スポーツを考えていこうとするものである。このとき、調査対象の活動や調査者とのやり取りをより詳細に調査しようとすれば、調査をする筆者自身の「関心」や「存在」それ自体も調査対象となってしまうことは避けられない（好井［一九九九］）、となる。
これまで調査者である筆者は、車椅子バスケットボールチームにおいてさまざまな活動に参与しながら調査を行ってきた。そこには、実際に車椅子に乗って彼らの練習に参加する活動も当然含まれている。

そうしたとき、筆者は、彼らにとっては練習のルーティン、日常的な練習のリズムを乱す存在でもある。つまり、すでに筆者は、対象とするチームにとって透明な存在でいられるはずがないのである。このことを考えたとき、そこでの記述は調査する筆者自身をも含めた相互行為のありようを問題にしていかなければならなくなる。

本書は、以上のような認識論に立ったうえでフィールドワークを行った。以下の記述は、参与観察によって車椅子に乗ってバスケットを実践する筆者を含めた、車椅子バスケットボールチームのメンバーが行う相互行為についての記述である。筆者自身の立場について、前述した態度で記述できているかは心許ないが、少なくともこの点については意識して調査を行った。

本書に登場する人物については、基本的には仮名である。実名での記述を了承してもらった数名については実名を記しているが、記述された氏名が仮名か実名かについてはとくに記さないことにする。ではまず、車椅子バスケットボールチームの日常的な風景から見ていくことにする。

1 チームとプレーヤーとの出会い

調査を行ったチームに筆者が参加するようになったのは、二〇〇三年六月の終わりだった。チームのウェブサイトに記されていた代表の滝川さんに連絡をとり、一緒に車椅子バスケットボールを行うなかで調査を行いたいこと、チームで見聞きしたことを論文としてまとめる、ということを伝えた。すると数日後に返事があり、「クラブとしてできる範囲で協力したいと思います」という快諾をいただいた。早速、翌日の六月二七日にチームの練習場所となっている障害者福祉センター戸山サンライズを訪れた。

メンバーの多くは仕事があるため、時間どおりに練習が始まることが滅多にないことを知らず、ウェブサイトの予定表にあった、練習開始時間の

障害者福祉センター戸山サンライズ
〒162-0052　東京都新宿区戸山1－22－1
TEL：03-3204-3611

午後五時三〇分よりもかなり早くに筆者は体育館に着いていた。ところが、三〇分ほど経っても誰も現れない。不安になった私は、滝川さんから聞いていたチームのキャプテンである青木大さんに電話をかけてみたところ、まちがいなく筆者がこの日に訪れることは伝わっていたということだけは確認できた。

さらに一時間ほど待った。自動販売機の前にあるソファに座っていたのだが、ようやく車椅子と思われるようなキャスターの転がる音が聞こえてきたので廊下のほうに出てみた。車輪が八の字になった、一般的な車椅子よりも少し大き目のものを片手で押し、もう一方の手で自分の車椅子を器用に漕ぎながらこちらにやって来る人が見えた。バスケットボールを車椅子に載せていたのでチームの関係者だろうと思っていると、向こうから挨拶をしてくれた。もしかしたらチームのメンバーかもしれないと思い、話しかけてみたところキャプテンの青木さんであった。

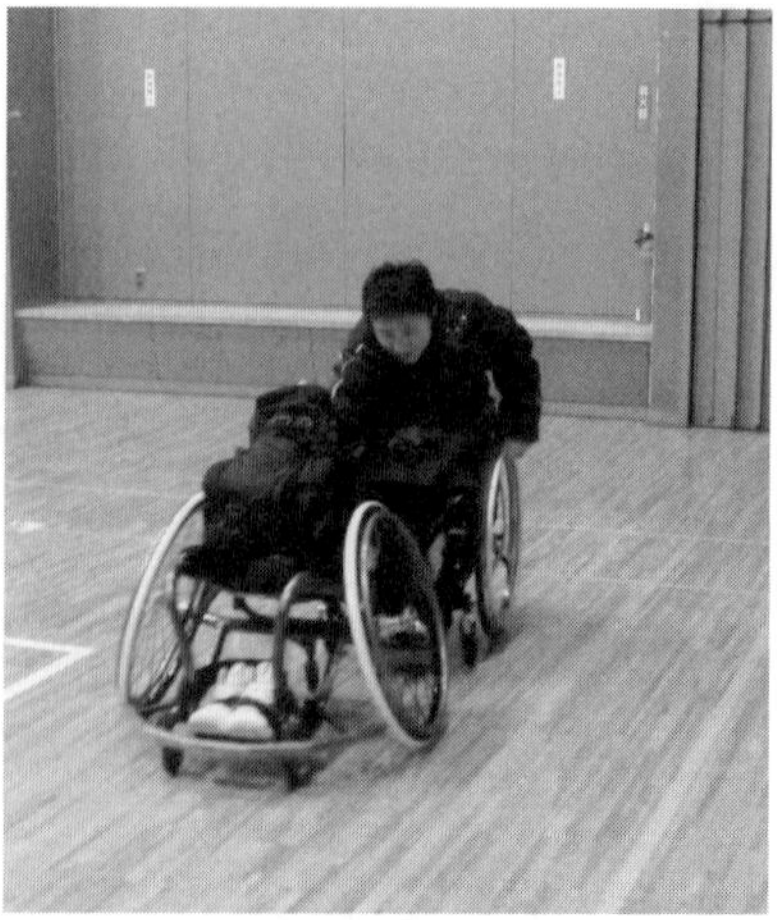

競技用の車椅子を運ぶ

筆者　すみません、チームの方ですか？
青木　そうっすよ。
筆者　今日、見学させてもらうことになってると思うんですけど。
青木　ああ、筑波大の人？　滝川さんから聞いてるよ。今日は、ちょっと車椅子を整備してる人がいたり、怪我している人がいたりして人数少ないけど、まあ見てってよ。
筆者　よろしくお願いします。
青木　じゃあ、ちょっと一服しながらそっちで話そうか。

こう言うと青木さんは、タバコを吸いながら、「調査したいって聞いたんだけど、具体的に何するの？」と話し始めた。

筆者は、アンケート調査ではないこと、車椅子バスケットボールを実際に体験しながら、長期にわたってチームに同行したいと考えていることなどを伝えた。青木さんは、「へぇー！　今まで、ちょっとアンケート取らせくれとか、話し聞かせてくれ、ってやつは多かったけどね。長いスパンで同行したいっていうのは初めてだよ」と言って、一応納得してくれたようであった。

青木さんと会話している最中にも、何人かのメンバーが青木さんと同じように競技用の車椅子を押しながら体育館に向かってきた。

「じゃあ、練習始めるから行こうか」と言いながら青木さんは体育館へ向かっていったわけだが、実はこのとき、筆者はこの場において青木さんとどのように接することが自然なのかがよく分からず、自然な形を装いながら練習を見学し、青木さんからの質問に答えていたように思う。

たとえば、青木さんと初めて会話したとき、筆者は、そのタバコを吸う姿に戸惑っていた。同時に、その姿に戸惑いを覚えた自らにも困惑してしまった。もちろん、障害があってもタバコを吸う人もいる。車椅子に乗っていようと、成人なのだからタバコを吸っていても問題ない。事実、その後の調査で出会った車椅子バスケットボール選手も喫煙者が多かったように感じられる。

しかし、当時の筆者は、そのようなこともイメージできない状態で調査をスタートさせていたのだ。調査のなかで、そうした筆者の勝手な「当たり前」は少しずつ剥がれていったように思う。

体育館に入って青木さんと会話している間に通りすぎていったメンバーが、隅のほうに荷物を置き、練習の準備をしていた。滝川さんは青木さんにのみ、筆者がこの日に訪れることを連絡していたようなので、他のメンバーは怪訝な表情で筆者を見ていた。青木さんがメンバーに私を紹介してくれると、納得した表情を見せてくれ、再び練習の準備に取りかかり始めた。青木さんも、着替えを済ませ、日常用の車椅子から競技用の車椅子に乗り移り、個人的なウォーミングアップを始めていた。

初めて見る車椅子バスケットボールチームの練習は、予想よりも激しいもので非常に興奮したのを覚えている。

筆者がチームの練習に本格的に参加することができたのは、その年の一〇月に入ってからである。それまでは、練習にやって来たメンバーの誰かが予備の車椅子を持っていたときに、それを借りて少し練習に参加したときもあったが、一〇月まではほとんどただ練習を観察するか、ボール拾いといった手伝いが中心だった。

一〇月四日、体育館に着くと、メンバーの一人が車椅子を新調していたことに気付いた。そこで、彼がこれまで使っていた車椅子を借り、自分用の車椅子とさせてもらった。ほかのメンバーからクッションやベルトをもらい、車椅子バスケットボールをするために必要となるひと通りものを手に入れること

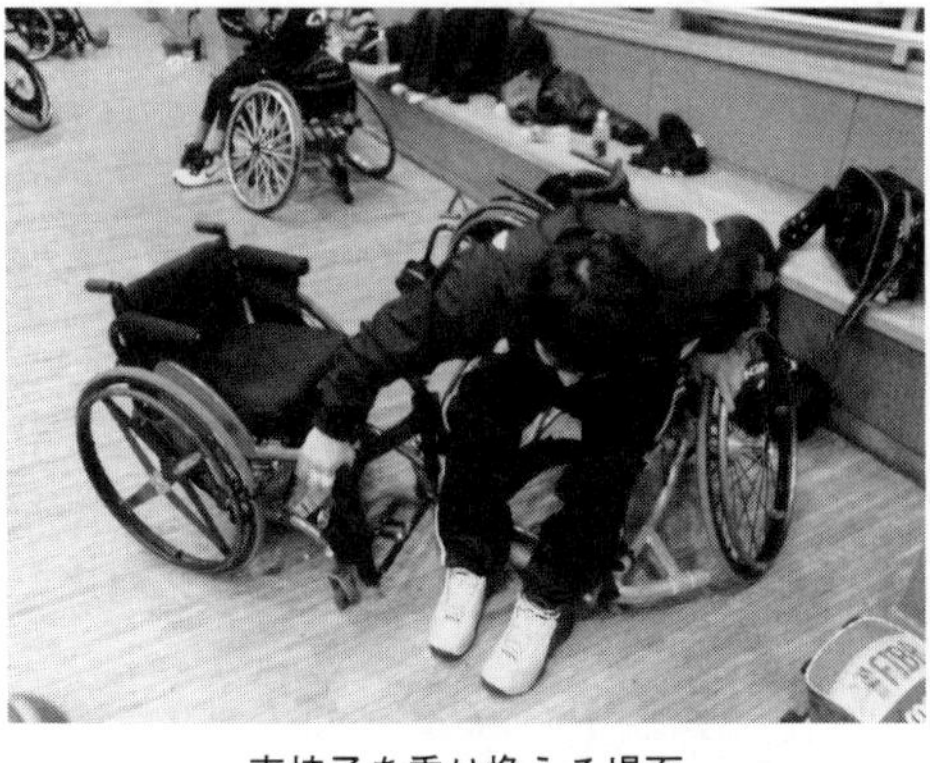

車椅子を乗り換える場面

ができた。そして、この日以降、筆者も本格的に練習に参加できることとなった。

筆者にかぎらず、初めて車椅子バスケットを始める者は、自分用の車椅子を以上のような経緯でもらうことが多い。競技用の車椅子は、車体やタイヤなどすべて合わせると四〇万円ほどかかるからである。

2 練習風景

筆者が参加していたチームが定期的に行っている練習は、毎週水曜日と金曜日であった。水曜日は東京都葛飾区にある水元体育館(1)で行われ、金曜日は東京都新宿区の戸山サンライズ内の体育館で行われていた。このほかに、土曜日や日曜日、祝祭日にも練習が行われることが多い。これらのときは水曜日と同じく水元体育館で行うか、足立区の総合スポーツセンター(2)、東京都北区にある東京都障害者総合スポーツセンター

練習風景

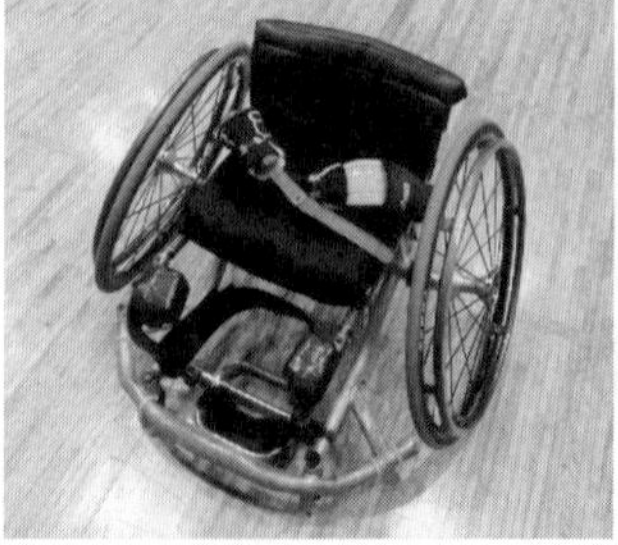

競技用の車椅子

など、さまざまな場所で行っている。

平均して一週間に二〜四回の練習を行い、そこに不定期で練習試合を組み、一年を通して東京都の連盟に加盟しているチームによるリーグ戦（所属が関東連盟の場合はそこでのリーグ戦）などが行われている。彼らは試合のため、埼玉県所沢市にある国立身体障害者リハビリテーションセンター(3)の体育館まで行ったり、国立市にある東京都多摩障害者スポーツセンター(4)まで何時間も車を運転して出掛けていっている。

前述したように、主な練習場所は都内の水元体育館だが、チームのメンバーの住んでいる所がその体育館の周辺というわけではない。もちろん、ほど近い所に住んでいるメンバーもいるが、千葉県に住んでいる者や埼玉県に住んでいる者など、さまざまな場所から練習場所に集まってチームを構成しているのである。このような状況は、関東近辺のチームでは特別なことではない。たとえば、かつて行われた東京都車椅子バスケットボール連盟の調査によれば、都内にあるチームのメンバーが住んでいる所は東京都以外のほうが多かった。

第3章第1節で述べたように、関東と東京は別のブロック（関東連盟と東京連盟）に分か

---

(1)　〒125―0032　東京都葛飾区水元1―19―1　TEL：03―3609―8182
(2)　〒114―0033　東京都北区十条台1―2―2　TEL：03―3907―5631
(3)　〒359―8555　埼玉県所沢市並木4―1　TEL：04―2995―3100
(4)　〒186―0003　東京都国立市富士見台2―1―1　TEL：042―573―3811

れている。どちらの連盟に所属するかはチームの所在地によって分けられている。それゆえ、とくに東京と関東という二つの連盟では、チームの所属が東京であっても、選手は千葉、埼玉、神奈川県から練習場所に集合することがよくあるし、その逆も然りとなる。

筆者が参加したチームは、メンバーのうち選手として活動しているのは一四人ほどで、定期的に練習に参加しているのは一〇人弱、二〇代から三〇代の選手が中心となっていた。チームのメンバーの障害は、切断者が二名、急性灰白髄炎（ポリオ）[5]が一名いるほかは全員が脊髄損傷者だった。彼らのほとんどが事故などによって障害者となり、さまざまな動機・理由をもちながら、「障害者」となってからバスケットボールを始めている。チームのメンバーは、学生を除いてほぼ全員が公務員をはじめとして何らかの仕事をもっていた。

チームの練習場所である体育館は午後五時三〇分から使用可能であるが、仕事がなかった者や早く終わった者でも、体育館に到着するのはだいたい午後六時過ぎであった。早く体育館に来たメンバーは、シュート練習など個人的な練習を行っていることが多い。多くのメンバーがそれぞれの仕事が終わってからやって来るので、毎週の練習が始まるのは水曜日、金曜日とも午後七時ごろからとなり、終了するのは午後九時となる。

その後は、そのまま帰宅することもあれば、近くのファミリーレストランなどで食事をとりながら車椅子バスケットのことや日常について話をしたりしていた。ちなみに、土曜日や日曜日の練習は、午後六時ごろから午後九時までとなっていた。

一回の練習時間の平均は二時間程度である。しかし、各人の都合があわない場合や、仕事が終わっても、練習場所までの距離の問題などによって午後七時に練習場所にやって来られる者が五人に満たない場合もあり、その日は個人練習で終わってしまうときもある。一日の練習の様子を、少し具体的に説明しておこう。

午後六時半ごろ、最初に到着したメンバーは体育館の電気を係の人につけてもらい、練習の準備をしたあと、タバコを吸ったりしながらほかのメンバーがやって来るのを待っている。やがて、別のメンバーが体育館に到着する。「うぃーっす」などと挨拶をしながら、自らが乗っている車椅子とともに片手でバスケット用の車椅子を器用に押し、ややなだらかな坂になっているロビーの入り口を入ってくる。

三〜四人集まると、体育館に移動して個人的なウォーミングアップをしたり、雑談をしながら車椅子の調整をするなりして、ほかのメンバーがある程度集まるまで時を過ごしていることが多い。

(5)　ポリオウィルスによって発症するウィスル感染症。ウィルスが原因で脊髄の灰白質が炎症を起こす。「脊髄性小児麻痺」とも呼ばれ、五歳以下の罹患率が高い。足や腕に(足が多い)ウィルスに関連した弛緩性の麻痺が現れることがある。

午後七時過ぎ、メンバーが七～八人ほど集まると、まずウォーミングアップ代わりのごとくランニングシュートを行う。そして、コーチや中心選手の合図とともにバスケットコートの外周を五周回ることから練習が始まる。遅れてきたメンバーは、各自、ひと通りのウォーミングアップを行い、準備ができた者から順次練習に参加していく。

全員がコートの外周を回り終わったところで「集合」の声がかかり、メンバーがコートの中心にあるサークルに集まる。集まったら、次にするのはストレッチである。下半身を使わず、すべての動きを上半身の力のみで行うスポーツのため、上半身のストレッチは入念に行っている。各部位を伸ばしていき、最後に肩や腕のインナーマッスルを鍛える簡単な動きを行ってストレッチは終了となる。

ストレッチが終了すると、その日の練習目標を確認してから、全員で掛け声を出して本格的な練習開

ストレッチの様子

始となる。コートのエンドラインに沿って何列かに並び、「フットワーク」を行う。フットワークとは、車椅子バスケットボールの基礎である車椅子操作（チェアスキル）の練習である。どれだけ速くダッシュができ、ターンできるかは、ボールを扱いながらの車椅子操作においてはもっとも重要となる部分であり、車椅子バスケットボールのプレーにおいては基礎となるものである。

チームによってもちろん異なるが、筆者がいたチームの場合は二往復のダッシュから始まっていた。続いて、「ワンプッシュフロントターン（車椅子を一回プッシュしてストップし、車椅子を前進させながら一回転する）」、「ツープッシュストップ（車椅子を二回プッシュし、適当なところで急ブレーキをかける）などといった車椅子操作に重点を置く練習が行われる。

ひと通りのパターンを行い、最後にもう一度二往

チェアスキル

復のダッシュをしてフットワークは終了である。この間二〇分、筆者はこのフットワークについていくだけでも精いっぱいだった。正直に言えば、リズムについていけないときもたびたびだった。

とくに難しかったのが、車椅子を後退させるときである。左右の腕の力に差があるため、後退させようとすると、右手の力によって左後方に回転してしまうのだ。前に進もうとするときも同様の傾向はあったが、普段使わない分、後退するときに顕著に腕の力の差に気付かされた。もちろん、メンバーは筆者のようにはなっていなかった。

フットワークが終わると、パスの練習を三人一組で行う。三人が三角形に立ち、二つのボールを使って、往復三〇回の両手パス（チェストパス）と片手パスを三セット行う。この練習は、筆者にとっては非常に筋力的に辛い練習だった。その後、二人一組になってコートの端と端でロングパスの交換をする。筆者が最初に行ったとき、相手のところまで届かせるのも難しかった。

やり方を観察してみると、ロングパスを出すときには、あるコツが必要だということが分かった。車椅子では、当然のことながら下半身を使うことができない。だからといって、上半身だけで投げようとするとロングパスは出せない。筋力があれば可能だろうが、とても筆者には無理だった。

出し方としては（右手で投げる場合）、少し斜めに車椅子を前進させて、左手でタイヤをストップさせる。すると車椅子が回転するので、その力を利用して投げるのである。これに気付いてからは、かなりロングパスを出すことが楽になった。ただ、このやり方は筆者にとってのコツであって、ほかのメンバーは身体の使い方にも慣れているし、筋力的にも余裕があるため、このような方法でパスを出していないときのほうが多かった。

こののち、フリースローを各自二本ずつ打ってから、いったん一〇分間ほどの休憩が入る。ただ、フリースローを外した者は、外した分だけコートの往復ダッシュをするという罰ゲームがあった。

ここまでの練習は、いわばウォーミングアップである。基礎的な動きをしながら身体を温めるという目的もある。だが、筆者にとっては、この時点で疲労困憊《こんぱい》になってしまうこともしばしばだった。ほかのチームでは、ボールを持たないで一対一を行い、チェアスキルを高める練習を取り入れるところもあるなど、このあたりはチームによって特徴があるようだ。

喫煙者は、休憩中、体育館のロビーで一服しながら軽い雑談を行っていた。喫煙をしない者も、その雑談に加わることが多かった。筆者もその輪に加わっていたが、その場では、バスケットボールに関係のない、さまざまな日常的な事柄が話題の中心になることが多かった。たとえば、携帯電話のキャリアごとの障害者割引制度についてだったり、それぞれの趣味のことだったり、である。

休憩が終わると、それまでの個人的な技術練習ではなくチームとしての練習に入る。流れ

図４−１　クリスクロスの動き方図解

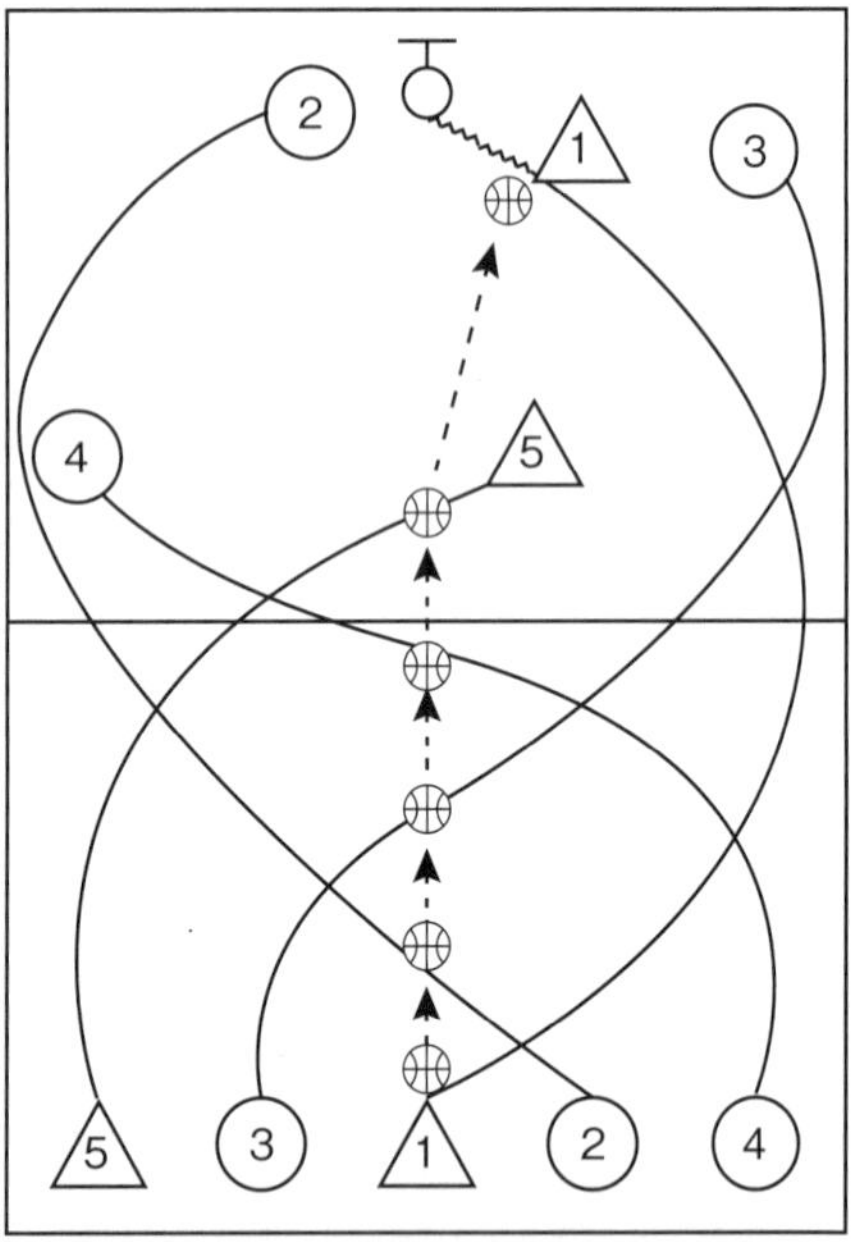

クリスクロスの様子

としては、「ツーメン」、「スリーメン」、「クリスクロス（五人組で交差しながら行うもの）」という二人組や三人組、五人組でパスを交換しながらコートの端まで走り、ランニングシュートを決めて戻ってくるという練習である。この練習では、全速力で車椅子を漕ぎながらパス交換を行っている。

ツーメンでは、行きはパス交換を行い、最後にシュートを打つ。帰りは、一方がダッシュをして先行し、もう一方はロングパスを出すというものである。スリーメンも同じく交互にパスの交換をしながらゴールまで行き、帰りは三人のうち一人がディフェンスとなって、2対1のディフェンス・オフェンスの練習になる。そして、クリスクロスの場合は、最後にパスを出した者とシュートを打った者がディフェンスとなり、3対2の練習となる。

この練習も二〇分ほど行われる。チェアスキルが未熟な筆者は、ほかのメンバーのダッシュについていくことができなかったり、仮にスピードにはついていけても、そのスピードにあった技術がないためにシュートを外すことが多かった。

次に、コートの四分の一ないしはハーフコートを使用した「3対3」、「4対4」などの戦術練習が行われる。この練習における戦術的な指導は、コーチやキャプテン、あるいはそのときいるメンバーのなかで比較的バスケットボール経験が豊富で、技術的にもチームの中心だと認知されている選手を軸にして行われていた。

チームのコーチは、以前、千葉の強豪チームで活動していたという経歴をもっている。一方、キャプテンの青木さんは、メンバーなかでは比較的バスケットボール歴が長く、東京都の選抜チームにも選ばれていて高いレベルを経験しているため、技術的にも知識的にも優れているとほかのメンバーから認められていた。

このときは、ディフェンス時のポジションの取り方や車椅子の向き、ターンの方向など、ディフェンスの仕方やオフェンスの攻め方に関して指導が行われた。この練習は三〇分ほど行われ、再びフリースローを打ったあと二回目の休憩（五分）に入った。

言うまでもなく、筆者はほとんどチーム練習には加わることができなかった。ハーフコートで練習しているときは反対側のコートが空いているので、筆者と同様の初心者とともにランニングシュートの練習やパスの練習をしているか、コートサイドでメンバーの練習を観察していた。

そして、最後に5対5のゲームで終わる。このゲームは二〇分ほど続く。コーチが審判をしながら、気付いた点があるとその都度ゲームを止め、各選手に注意を加える。また、各選手もお互いに、どのように守るか、または攻めるかを話し合いながらゲームが行われていく。筆者はタイマー係を行ったり、接触して倒れてしまった選手が起き上がるのを手伝ったりしながら練習を見ていた。

体育館は午後九時までだが、メンバーは時間ギリ

転倒した選手

ギリまでゲームを行っている。閉館を知らせるメロディーが鳴るなか、ゲームが終わったのは閉館時間の二～三分前であった。

ゲームが終わると、またコートの中心に円になって集まる。今後の予定や、どのような方向で今後の練習を行っていくかを確認したあと、初めと同じようにキャプテンの「1、2、3！」という掛け声とともに全員で声を出して練習は終了となる。その後、体育館をモップ掛けするなど清掃をして終わる。

練習後は、着替えなどが終わればまたロビーで軽く雑談をしていることが多い。着替えについて言えば、切断の選手は上下の練習着を着替えていたが、脊髄損傷の選手は上半身だけの着替えで済ませていたことが多かった。ズボンなどを着替えるのは時間がかかるため、そのままという選手が多かった。

ただ、すぐに帰るメンバーもおり、彼らは「お疲れさまー」と声を掛けて帰っていく。雑談をしているメンバーも、すでに閉館時間は過ぎていても五分くらいはジュースやタバコなどで一服したのち、自動車に車椅子を積み込んでそれぞれ帰宅していった。

前述したように、何人かは近くのファミリーレストランに食事に行くこともたまにあるが頻繁ではなく、練習が終わればそのまま帰宅していくことが多かった。筆者は、近くのファミレスに寄るときには必ずついていき、そこでその日に感じたことについて質問などしていた。当然のことであるが、筆者も練習場所の水元体育館から当時自宅のあった茨城県つくば

モップ掛けの様子

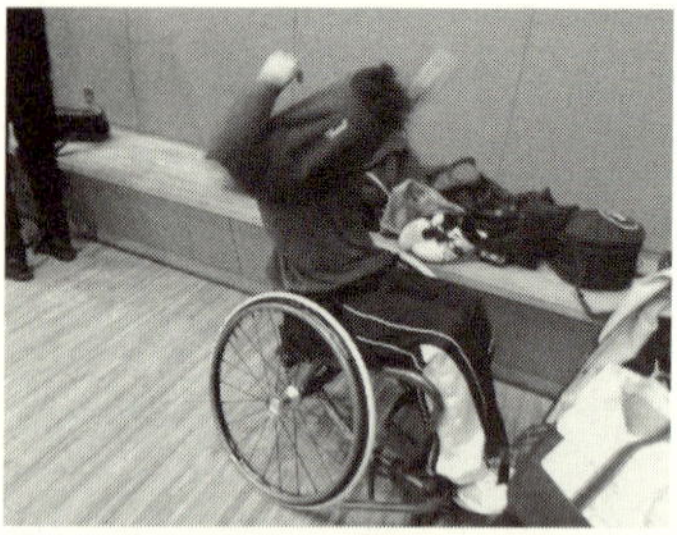

脊髄損傷者の着替えの様子

切断者の着替えの様子

自動車に乗り込む

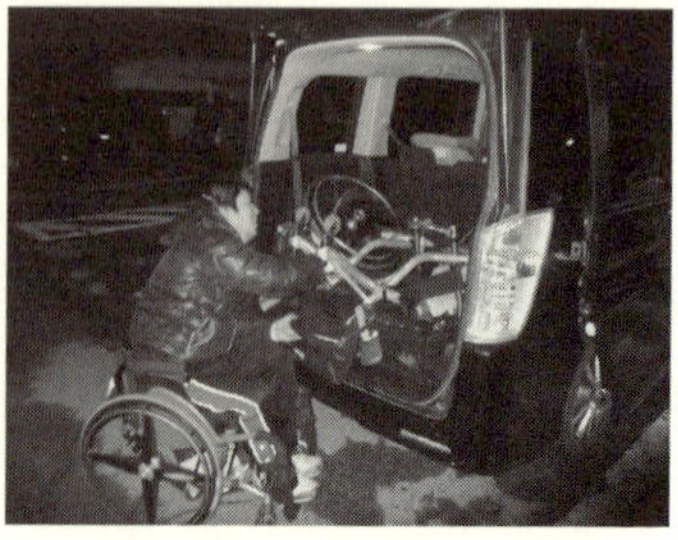

バスケ用車椅子を積み込む場面

市まで車を運転して帰らなければならなかった。練習参加後は腕が極度に疲労していたので、ときどき、水元体育館に近い場所に住んでいた友人宅に泊めてもらうということもあった。

3 チームの活動

キャプテンの青木さんによれば、筆者が参加する以前のチームは、「リハビリとかレクリエーション中心だった」ようだ。「でも、最近は若い選手も入ってきたし、やっぱりスポーツやるなら勝たないと楽しくないから、練習もがっちりやってる」と、リハビリ・レクリエーションから競技志向のチームへと転換しつつあった。ただ、「前はね、うちのチームと言えばレクリエーションって思われてた」と言う。

しかし、当時からチームの中心となっていた青木さんをはじめとする若手数名は、レクリエーションから競技志向への転換をチームに促していた。そのことについて青木さんは、「今はうちのチームもまあ、結構なあなあでやってたチームだったけど、少しずつレベルアップして戦力も整ってきたから、そりゃ、欲も出てくるよね。うまくなりてぇって」と話していた。そのため、筆者が参加したときのチームは、毎年五月に行われている日本全国車椅子バスケットボール選手権に出場することを目標としていた。

では、各チームはとのような形で年間の活動をしているのだろうか。以下では、簡単にその模様を描いて本章を締めくくることにしたい。

多くのチームにとって、最大の目標は毎年五月のゴールデンウィークに行われる全国車椅子バスケットボール選手権大会に出場することである。この大会に出るためには、東京都の連盟に所属しているチームであれば二月終わりか三月初旬の東京都車椅子バスケットボール選手権大会に出場し、二位以内になれば出場できる。[6] 一方、関東連盟所属のチームは一二月ごろに行われる関東地区予選に出場し、四位以内に入ると出場が可能となる。

全日本選手権は全国各地から約二〇チームが参加する大会で、毎年、東京都渋谷区千駄ヶ谷にある東京体育館で行われている。ちなみに、二〇一二年の大会は第四〇回の記念大会であり、最終日には天皇・皇后両陛下のご臨席があった。また、今年からスカパーでの放送が行われていた。とくにおすすめの観戦日は、準決勝が行われることの多い大会二日目である。

筆者の感想にすぎないことだが、選手権を観に行くようになって約一〇年、関係者以外の観客が少しずつ増えてきているように感じられる。一般の観客は入場無料となっていることも理由かもしれないが、それ以上にイスバスの凄さが徐々に伝わっているのかもしれない。また、大会パンフレットも一〇〇〇円で購入できる（本章扉写真参照）ので、観に行かれた際には是非購入することをおすすめする。

大会が終わると、次の出場権をかけた予選まで、各チームは春から秋にかけて行われる各リーグに出場しながら練習を行っている。その間には、毎年秋に行われる全国障害者スポーツ大会[7]や、選手権には出場権を得られなかったが、予選で上位のチームが出場する日本選抜大会（毎年一〇月）が開催されている。[8]

そのほか、さまざまな大会が連盟ごとに開か

（6）これは二〇一二年の場合である。各地区の全日本選手権への出場チーム数は、その年度によって異なる。二〇一二年は関東地区からは四チーム（加えて、後述するように日本選抜選手権大会優勝チームに一枠が与えられるため関東地区から計五チーム）出場したが、二〇一〇年は四チームだった。多くの場合、三～四チームが出場している。東京連盟は、二〇一二年は二チームだが、その他の例年は通常枠では一チームである。

（7）全国障害者スポーツ大会は、毎年、国民体育大会開催後に同じ開催地で行われる。この大会は、各都道府県・政令市単位での出場となるため、選手の居住地ごとに選抜が行われ予選が行われる。

全国車椅子バスケットボール選手権大会（2012年）の様子

れており、強豪チームになるほど全国各地を移動することになる。もちろん、練習試合もよく行われているため、東京・関東に所属する選手たちは、多くが顔見知り同士である。第7章で紹介することになるが、当事者の多くが車椅子バスケットボールを始めてから知り合いが増えたと述べているが、それもこうした日々の活動によるものである。

こうした車椅子バスケットボールのゲームに直接かかわる試合や大会以外にも、彼らは自治体や学校が企画する車椅子バスケットボール体験会や講演会などに呼ばれ、デモンストレーションを行うなどしている。つまり、選手たちは、練習や試合以外にも車椅子バスケットの普及活動を行っているわけである。ちなみに、筆者の調査中にも何度かこうした体験会が開催されていた。チームからは数人が参加して、小学生や地域の人々に車椅子バスケットボールを紹介し、体験してもらうなどの活動を行っていた。

また、筆者が参加していたチームは、メンバー同士の交流も行っていて、リーグ戦や大きな大会の少ない夏ごろに希望者を募って旅行に出掛けてもいた。調査中にも八丈島への旅行があったが、筆者が調査者としてであれメンバーに受け入れられ、チームの活動に参加していることに違和感をもたれなくなったのは、この旅行に同行したときからであった。

---

(8) 選抜大会は、毎年、群馬県高崎市で行われている。筆者が調査していたチームは、この大会で準優勝を収めたことがある。

第5章

ルールとその働き

ルールは、具体的なゲームに対して何をもたらしているのだろうか。第2章で見たとおり、当該スポーツにおいてルールが何らかの条件を課すのであれば、そこでルールが何をどのように位置づけ、どのように構成しているのかを考察する必要が出てくる。以下では、車椅子バスケットボールにおけるルールが具体的にどのようなものなのかをまず概観していきたい。

1 車椅子バスケットボールのルール

車椅子バスケットボールの競技規則に基づいて、このスポーツのルールを確認していこう。車椅子バスケットボールのコートやリング、そしてボールの規格については一般のバスケットボールと同一である。ルールも、いくつかの例外を除いては同様である。大きく異なる点は、トラベリングとダブルドリブルに関するルールとなる。

一般のバスケットボールにおけるトラベリングとは、ボールを保持したまま、ドリブルをせずに三歩以上歩くという違反のことである。また、ダブルドリブルは、ドリブルをいったん止め、ほかの選手がそのボールに触れないまま再びドリブルをすること、あるいは両手でボールをつくという違反のことである。

車椅子バスケットボールにおいては、トラベリングは次のような規定（第25条）に違反することとして定義されている。

●コート内でライブのボールを持っているプレーヤーは、次の規定の範囲内ならば、どんな方向へも進むことができる。

●ボールを持って車椅子をプッシュする動作は二回までである。

●ピヴォット（回転）の動きはプッシュの一部と考えられ、ドリブルなしの連続したプッシュは二回までに制限される。

一方、ダブルドリブルのルールは車椅子バスケットボールにはない。ダブルドリブルの違反が存在しないのは、ドリブルおよびトラベリングのルールとかかわっている。車椅子バスケットボールにおいてドリブルは、次のように規定されている（第24条）。

●大輪をプッシュすると同時にボールをドリブルする。

●ボールを膝の上（膝の間ではなく）に乗せて、または手に持って、大輪を一回か二回プッシュしてからボールをドリブルする。この連続はプレーヤーが望むだけ繰り返すことができる。

●上記の動作を交互に行う。

この記述が、ダブルドリブルの存在しないことを示している。仮にダブルドリブルのルールを採用した場合、ボール保持者は身動きがほとんど取れなくなり、著しくゲーム性を損なうことになってしまう。この点が、車椅子バスケットボールと一般のバスケットボールの異なる点である。

車椅子バスケットボールのルールが紹介されるとき、以上の二点が一般のバスケットボールの違いとして紹介されている。以下では、車椅子バスケットボールにのみ見られるルールについて見ていくことにする。

当然のことながら、一般のバスケットボールのルールに記述がないのは車椅子の規格に関するルールである。車椅子については第3条に書かれているわけだが、その一部を抜粋しておこう。なお、文中に「1.0～3.0のプレーヤー」とあるが、これは選手の身体の状態に合わせて点数化したものである。車椅子バスケットボールでは、「1.0」から「4.5」までの範囲で各選手に持ち点が与えられている。その詳細についてはのちに説明する。

●車椅子はプレーヤーのからだの一部なので、特別な注意が払わなければならない。以下の規定に違反する車椅子はゲームに用いることはできない（第3条1の1）。

●車椅子の後部のフレームまたは後輪の車軸に、しばしばまたは常に床に接触する転倒防止キャスターを一個または二個取り付けることができる。二個のキャスター間の幅は二個の大輪の内側の幅を超えてはならない。プレーヤーが車椅子に座っていて、車椅子が前進の状態のとき、キャスターの下部と床の間の間隔は、二センチまで許される。（第3条1の

4）

●クッションが使用されているときの床からクッショ最上面までの高さ、およびクッションが使用されていないときのシート最上面までの高さは、以下の上限を超えてはならない。1.0～3.0のプレーヤーに関しては六三センチ。3.5～4.5のプレイヤーに関しては五八センチ（第3条1の5）。

ほかには、車椅子の規格はフットレストの前面上部が床から一一センチ以下であることや、空気を入れた大輪の外側の直径が六九センチ以下などがある（**図5－1**参照）。

障害者スポーツのクラス分け

では次に、車椅子バスケットボールにおけるクラス分けについて取り上げていきたい。まずは障害者スポーツで一般的に行われているクラス分けの概要を見たあとに、車椅子バスケットボールにおけるクラス分けについてやや詳しく述べていくことにする。

図5－1　車椅子の規定

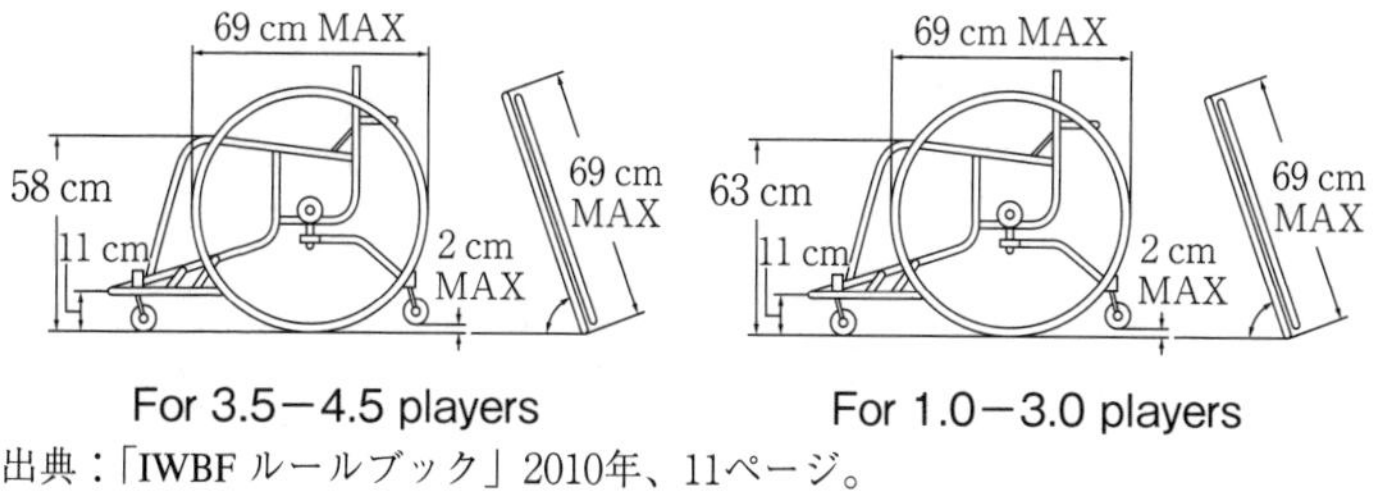

出典：「IWBF ルールブック」2010年、11ページ。

競技スポーツにおいて行われるクラス分けは、競技者間の障害（インペアメント）による競技能力の差異を調整し、競技者が互いに対等な立場で競技を行い、勝敗にインペアメントの差異を反映させないようにするものであり、競技における競技者間の対等性を示すものとされる。メリットとして主張されているのは、同程度の競技能力をもつ選手同士で競技が行われることになり、競技の公平さを保つことになるということである。これは、男女別競技や体重別競技と同様の考えに基づくという（飛松［二〇〇一］）。

先にも述べたように、ここには、公平を厳密に期そうとすればクラスの細分化が進み、各クラスの競技者数が確保できず競技が成り立たなくなる問題がある。また、クラス数の増加は、大会の運営時間が増大する困難も生じる（藤田［一九九九］、飛松［二〇〇三］）。

クラス分けは、当初、障害（インペアメント）の重度差による「障害重度別クラス分け」が実施されていた。たしかに、インペアメントと競技能力はある程度相関すると考えられるが、あるインペアメントが競技の遂行にとって重要な場合とそうでない場合が出てくる。そのため、競技における重要な要素でクラス分けを行う「機能的クラス分け」が実施されるようになった。たとえば、水泳において、下半身の麻痺と切断はインペアメントとしては異なるものの、推力を得るために脚部の力が使えないという点では同じである、というような考え方である。

これをさらに進展させたのが「統合的クラス分け」である。この場合は、同じ機能があれば障害の種類を問う必要はないとするものである。そのため、脊髄損傷者と脳性麻痺者、切断者などが同じクラスに属することになる（奥田［二〇〇二］）。ただし、統合的クラス分けの場合は、機能的クラス分けに基づいて「統合して」競技を行うため、実際には、クラス分けの方法ではなく運用の仕方の問題と言え、障害重度別や機能的クラス分けとは位相が異なるとも言える。

さらに、冬季種目のスキー競技においては、クラス分けで参加選手数が規定に満たない場合、各クラスを統合して競技を行い、各クラスに定まった係数を記録に掛け合わせ、その結果によって順位を定めるという「パーセンテージ制」が導入されている。この場合は、各インペアメントに対してどのような係数を与えるかについて、その恣意性が問題点として指摘されている。

いずれにしてもクラス分けは、障害そのものを違いとして捉えるものから、競技を遂行するために重要なものは何かという点から選手の身体を捉える形へと移行してきたと言える。

車椅子バスケットボールのクラス分け

今述べたようなクラス分けは、車椅子バスケットボールの場合ではどのように行われているだろうか。車椅子バスケットボールにおけるクラス分けは、プレーヤーの身体的な能力（physical capability）――車椅子駆動、ドリブル、パス、シュートなどのバスケットボールの基礎的動作と、車椅子座位における体幹のバランス能力とボールコントロール範囲――に基づいてプレーヤーを各クラスに分類し、個々の選手に「1.0」から「4.5」という持ち点を付与するというルールとなっている。なお、試合中の五人の持ち点合計は「14.0」を超えてはならない、と定められている。ただし、この持ち点合計は日本車椅子バスケットボール連盟（JWBF）[1]の公式競技会において適用されるものであり、他の競技会では修正ができるようになっている。

これは選手の出場機会を均等にし、チーム間の公平性を保つために導入されているルールである。車椅子バスケットボールにおけるクラス分けの目的は、「すべての資格をもつプレーヤーが、チームの不可欠なメンバーであることの平等な権利と機会をもつことを保証することにある」とし、このクラス分けシステムによって、「チームの機能的な潜在能力を平等化し、試合結果に選手の技術と競技能力が直接に関係することを確実」（IWBF［二〇一〇］五ページ）にしているのだと述べられている。

車椅子バスケットボールのクラス分けは「持ち点制」とも呼ばれる。つまり、このクラス分けの方法は、選手を試合における機能によって分ける機能的クラス分けである（そのため、持ち点が1点台の選手を「クラス1」、2点台を「クラス2」と呼ぶこともある）とともに、各選手に持ち点をつけ、チームの合計持ち点を14.0以下とすることで脊髄損傷や切断、ポリオなどインペアメントの区別にかかわらず参加を可能にしているという点では統合的クラス分けでもあると言える。そのため、厳密には、クラス分け（機能的クラス分け）に基づく持ち点制（統合的クラス分け）であると言える（**表5－1**参照）。

車椅子バスケットボールにおけるクラス分けは、以下の手順で行われている。まず、各チームのクラス分け委員（以下、委員）によって、練習や試合での動き、体幹の可動について評価が行われる。**表5－2**および**図5－2**は、委員が用いるクラス分けのための早見表である。

図5－2のプレーヤーは、チームのクラス分け委員の評価では4.5であった。だが、付与された持ち点は3.0である。ただこれは、バスケットボールを始めて間もないために車椅子の操作に慣れておらず、その能力を生かしきっていないという判断があったからである。つまり、このプレーヤーは、現行では3点の動きまでなら「できる」と判定されたわけである。そのため、技術の習熟にともなって持ち点が今後変化していくことになる。実際、彼の現在の持ち点は3.5に上がっている。

次に、連盟所属の委員によって同様の手順での評価が行われ、各プレーヤーの持ち点が確

（1）（Japan Wheelchair Basketball Federation）一九七五年設立。所在地は、東京都文京区関口1－16－1東海文京マンション701号。主な活動として、毎年五月に行われる日本車椅子バスケットボール選手権大会の開催などがある。http://www.jwbf.gr.jp/

定する。クラス分けは、個人の身体のみならず車椅子と身体にかかわる補装具（ベルト・背もたれ・クッションなど）とも関連しているため、車椅子そのものの変更だけでなく、補装具の位置や材質に変更があった場合にも改めてクラス分けの評価を受けることになっている。また、すでに持ち点が評価されたプレーヤーでも疑義が提出されると、そのプレーヤーは半年から一年程度、各チーム・連盟の委員によっ

表５－１　クラス分けの基準

1	腹筋・背筋の機能が無く座位バランスがとれない為、背もたれから離れたプレイはできない。体幹の保持やバランスを崩して元の位置に戻す時、上肢（手）を使う必要がある。脊髄損傷では第７胸髄損傷以上の選手で基本的に体幹を回旋できない。
2	腹筋・背筋の機能がある程度残存している為、前傾姿勢がとれる。体幹を回旋する事ができる為、ボールを受けたりパスしたりする方向に体幹の上部を向けることができる。脊髄損傷では第10胸髄から第１腰髄損傷までの選手だが、残存能力には個人差がある。
3	下肢にわずかな筋力の残存があり、足を閉じることができる。骨盤固定が可能となるため深い前傾から手を使わずにすばやく上体を起こすことができる。第２腰髄から第４腰髄損傷の選手および両大腿切断者で断端長が２分の一以下の選手。
4	股関節の外転を使って、少なくとも片側への体幹の側屈運動ができる。第５腰髄以下損傷の選手および、両大腿切断者で断端長が３分の２以上の選手、また片大腿切断で断端長が３分の２以下の選手。
4.5	片大腿切断で断端長が３分の２以上の選手や、ごく軽度の下肢障害を持つ選手。どんな状況であっても両側への体幹の側屈運動が可能。

※0.5ポイントは､それぞれのクラスで上位の運動機能を有する選手に対し2プラスされる。
出典：日本車椅子バスケットボール連盟 WEB サイト。

図５－２　クラス分け評価表（調査時）

（クラスファイヤー控）

日本車椅子バスケットボール連盟

クラス分け評価表

選手氏名						
生年月日	19　　年　　月　　日			性別	男（○）・女	
申請月日	年　　月　　日					
登録番号				チーム名		
障害部位	脊損（　　　　）　切断（　　　　　　） その他（疾患による右下肢機能障害）					

評価日	20　　年　　月　　日				
大会名					
評価	1	2	3	4	4.5（○）

■観察された事項

・中くらいのバックレストでシートは水平。
・補装具や手を使わないで身体を傾けることができ、また手を使わずに元の位置に戻ることができる
・体幹の屈曲・伸展・回旋を行うことができる

■補装具の条件

NP（○）・CPS・RV

JWBFクラスファイヤー

〈クラス〉

JWBF 01 5. 1,000S

表5－2　クラス分けチェック表（調査時）

平成　年　月　日 大会名　　　　　　クラス分けチェック表

チーム名・選手名	ストラップ	NO	申待点	車・形状	分類	観察される事項					決定持点
チーム名 ＿＿＿＿				1.座高・中・低	A郡	1	2	3	4	4.5	
＿＿＿＿				2.背高・中・低							
選手名				3.傾高・中・低							
＿＿＿＿				股関節と膝の位置	B郡						
				高・平・低							
			備考								

	クラス1.0	クラス2.0	クラス3.0	クラス4.0	4.5
シュート	1.体幹の安定性に欠ける。 2.バックレストにもたれないとシュートできない。 3.わずかな接触でバランスを崩す。	1.若干下部体幹の安定性に欠ける為下部体幹はバックレストにもたれる。 2.ツーハンドショットの際、ゴールに向って体幹を回旋することができる。	1.体幹の安定性が良く背筋を真っ直ぐに伸ばして座位可 2.体幹を安定させた状態でゴール方向に動かすことが可	1.シュート後フォロースルーの方向に力強く体幹を動かすことが可 2.両手を上げボールを保持し一側に側屈・回旋ができる。	
パス	1.力強いワンハンドパスをする場合体幹の安定の為片手支持。 2.ツーハンドパスはバックレストにもたれることによって可能。 3.片手支持によらなければ体幹を回旋しショルダーパスを受、不可	1.ワンハンド・ツーハンドパスの時、体幹の安定性が中程度欠け、後支持有り。 2.背筋を真っ直ぐに伸ばした状態でパスをとる時の体幹の安定は良い。 3.バックレストにもたれれば、肩より上のパスを体幹を回旋して両手で取れる。	1.支持・バックレストにもたれたりしないでパスができる。 2.体幹をそらしてから前方に屈曲して力強いパスが可能。 3.バックレストにもたれず、両手でしかも最大の回旋でショルダーパスをうけることができる。	1.ワンハンド・ツーハンドパスをする時体幹の最大の屈曲・伸展・回旋を行うことができる。 2.側方へパスをする際、少なくとも一方に体幹を側屈ができる。	
リバウンド	1.殆ど参加しない。 2.片手支持でもう一方の手をのばしリバウンド。 3.頭上のボールは両手OKだがバランスは崩しやすい。	1.通常片手でリバウンド。その際バランスを崩す。 2.両手で頭上のリバウンドをとることができるが、しばしばバランスを崩す。	1.体幹を前方に動かし、手を伸ばしてリバウンドができる。 2.側方のリバウンドをとるときはバランス保持の為支持あり。	1.両手で頭上のリバウンドを取る際前方と少なくとも一側方に体幹屈曲することができる。	
プッシュ時	1.直立位では頭を前後に振る。 2.常にバックレストにもたれる。	1.体幹をバックレストから離しこぐ、OK。 2.上部体幹と下部体幹は一体不可。	1.前後のバランスを失うことなく力強いプッシュができる。 2.上部体幹と下部体幹は一体。	1.早い加速状態で、体幹を最大に前屈させて、車椅子を駆動したり、止めたりすることが可能。	
ドリブル	1.通常車椅子の側方付近で行う。不安定でスピードは遅い。 2.稀に両膝に体幹を預けてフットレストの前方でする人もいる。	1.普通キャスターの横で行う。 2.両膝固定し体幹を支持することにより、キャスターの前で行える選手もいる。	1.一方の手で力強くプッシュしながらキャスターの前でドリ可。 2.体幹はドリの方向に大屈曲できる。	1.一方の手で力強くプッシュしながらキャスターの前でドリ可。 2.体幹の安定を失わずスピードを速くしたり方向を変えられる。	

参考　・片大腿切断、断端長が2/3以下は、4.0、2/3よりも長い（2/3は含まない）場合4.5
・両大腿切断で、断端長がそれぞれ前腕長の1/2以下は3.0
・両大腿切断で、断端長がそれぞれ前腕長の2/3以下は3.5　・両大腿切断で、断端長がそれぞれ前腕長の2/3以上は4.0

て観察され、そのプレーヤーの現行の持ち点が妥当かどうか判断されることになっている。大会前に持ち点は必ずチェックされており、持ち点と選手の能力の齟齬《そご》ができるかぎりない状態となるように注意されている。

各自の障害（インペアメント）や補装具の位置、そして持ち点は各人が保持している「持ち点カード」に記載されている。この持ち点カードは試合中、テーブルオフィシャルズが管理し、メンバー交代の際にも合計持ち点が14.0を超えないように注意が払われている。

この持ち点に従い、プレー中のプレーヤーの合計持ち点が14.0以内に収められていることは、一見、チーム間の公平性を保つように見える。対戦する両チームとの関係において、どちらもプレー中の選手の持ち点合計が14.0、あるいはそれに近い持ち点であれば選手個人の持ち点は違っても、チーム全体として見ればそれぞれ違いがないと判断することができるためである。しかしながら、試合中においては、

図5－3　持ち点カード（個人の特定化を防ぐため実際のものを元にモデル化した。また、「公印」が押されている部分は簡略化して示した）

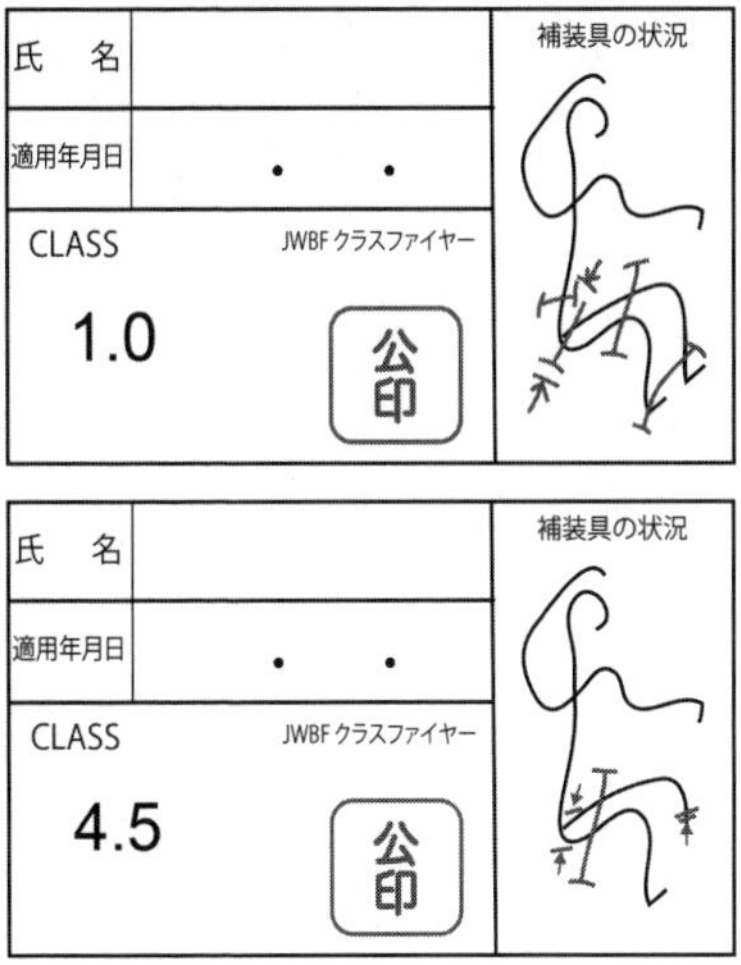

持ち点4.5の選手と1.0の選手がコートのなかで対峙するという状況が十分に考えられる。

クラス分けに基づく持ち点制度は、チーム全体としての比較においては公平性を保つかもしれないが、選手個人にとっては、試合中における有利な／不利な状況を生み出すものとして捉えることができる。クラス分けは、障害の程度や内容、選手の持ち点にかかわりなく、同じコートでの競い合いを要請するため、この競技に参加することは、常にパフォーマンスの違いを前提としているということになる。

ただし、全体として見れば、クラス分けのルールという形で、第1章で見たアダプテッド・スポーツ、つまり「障害者用にルールを変えたスポーツ」の考え方を車椅子バスケットボールは取り入れていると言える。先に掲載した**表5－2**（一七〇ページ）を見ると、車椅子バスケットボールにおける必要な機能として、シュート、パス、リバウンド、プッシュ時、ドリブル、最善の坐位ポジションが評価の軸として挙げられていることが分かる。

2 クラス分けの作動

前述したルール、とくにクラス分けはどのような意味をもっているのだろうか。以下では、その点について考えてみたい[2]。

まず、障害者スポーツにおけるクラス分けは、単純に選手を分類するだけではないという指摘がある。たとえば、障害者水泳のクラス分けについては次のように指摘されている。障害者スポーツではクラス分けにかかわる専門委員が存在しているが、その委員を中心にさまざまな具体的で科学的な手続きによってクラス分けが行われている。その結果、「『障害／障害ならざるもの』という区分が産出されていく」（岡田［二〇〇〇］）のだという。障害者水泳のクラス分けは、簡単にまとめてしまえば次のようなものとなる。

障害者水泳の選手は、ベンチテストとウォーターテストを受ける。ベンチテストは、障害の種類や程度、そして陸上での運動能力を把握するために行われる。クラス分け委員によって、神経学的所見、その他の機能障害所見のチェック、移動能力やバランスをチェックする補助テストなどが行われる。ウォーターテストは、「入退場、入退水時の陸上での機能」、「スタート、ターン、ストロークの方法や技術」、「体幹の状態」、「呼吸のタイミングを含む全身的な協調性」をポイントとして行われる。こうした手続きを踏むことで、エントリーしているクラス、ベンチテストのクラスが適切かどうか、また練習の成果か生来の能力かが判

（２）　クラス分けについてはさまざまに論じられている。しかしながら、それらは、クラス分けとは一体いかなるものなのかについての紹介であり、より公平で選手から満足されるようなクラス分けの提案をするものにとどまっているのが現状である。

断される（岡田［二〇〇〇］）。

言い換えれば、クラス分けというのは単純に選手を分類するだけでなく、個人個人の身体や、その能力の境界を画定していくという面ももち合わせているということになる。車椅子バスケットボールのクラス分けも、「障害／障害ならざるもの」という区分を産出し、境界線を明確化している。つまり、車椅子バスケットボールにおけるクラス分けは、車椅子と一体となった選手の身体的能力を持ち点という形で固定化／実体化していく作業であると言うことが可能となる。それは、車椅子バスケットボール、あるいはクラス分けが定める範囲内で、各個人の「できる」ことの範囲と「できない」ことの範囲を、持ち点を付与することによって明示化するのである。

先に示した**表5－2**と**図5－2**はクラス分け規定を示したものだが、判定の基準が「～することができる／できない」という形の言明として提示されていることが分かるだろうか。このことから、前述した点を確認することができるだろう。

たとえば、パスの能力について、クラス1は「下肢や車椅子を一方の手で押さえなければ、体幹を回旋してショルダーパスを受けることができない」、クラス2は「バックレストにもたれれば、肩より上のパスを、体幹を回旋して両手でとることができる」、クラス3は「バックレストにもたれずに両手でショルダーパスを受ける際に、ほぼ最大限に近い体幹の回旋を行うことができる」、クラス4は「側方へ両手パスをする際、少なくとも一方向に体幹を側屈することができる」、クラス4.5は「側方へ両手パスをする際、左右どちらにも体幹を側屈することができる」というように規定されている。

以上の細かな判定基準、細分化された持ち点は、岡田の指摘とおりに、クラス分けが「障害／障害ならざるもの」という基準を明確化しているとも言えそうである。そして、それらは個人の身体を、車椅子バスケットボールの文脈において何が「障害」であり、何が「障害」ではないのかを科学的な手法を用いることで厳密に定義していく営みであると言うことができるかもしれない。

構成的ルールとしてのクラス分け

ここで重要なのは、クラス分けが個人の身体を、車椅子バスケットボールのルールの文脈において「障害」として確定しているということである。この点で、障害学における社会モデルに合致している。個人の障害は、まさに車椅子バスケットボールという「社会的な制度」によって確定するのである。車椅子バスケットボールというスポーツが誰にでも開かれているわけではない以上、クラス分けは一種のスクリーニングとして働き、それが参加する者にとっての「障害」として捉えられることになる。

しかしながら、ここで第2章の議論を思い返す必要がある。スポーツのルールは、構成的ルールとして、あるスポーツがスポーツとして認知されるための基礎を提供している。構成的ルールとは、「(Cという文脈において) XをYとみなす」という形式をもつルールである。クラス分けによる持ち点付与のなされ方は、「車椅子バスケットボールという文脈において個人のインペアメントを各持ち点とみなす」ものである。これはまさに構成的ルールの形式である。

障害(インペアメント)が変換された持ち点は、日常の社会において健常者からの差として表されてしまう「できないこと」ではなく、車椅子バスケットボールのなかで、車椅子と一体となった選手の「できること」である。何が「できないか」ではなく、何が「できるか」ということを、それぞれの指標に従って持ち点とするのである。たしかに、差異は産出されるが、それ自体はネガティブなものと言うことはできず、むしろ車椅子バスケットボール自体を成立させる条件を準備するものと言ってよいだろう。

各人のインペアメントは、「できないこと」としてではなく「できること」として持ち点化されることで「できなさ」としてのインペアメントではなくなる。だが、これが統合的クラス分けでもある以上、持ち点の差異はコート内において完全に抹消されるわけではない。岡田の指摘において欠けているのは、このクラス分けという境界の産出という実践自体の文脈である。第2章でロールズを参照して述べたように、クラス分け自体がスポーツという文脈に埋め込まれていること、またこのルールによって、初めて境界線の産出という行為が意味ある行為として規定されている点を考慮する必要がある。

そのため、持ち点が低いこと、あるいは障害（インペアメント）は、車椅子バスケットボールに参加する際の困難として把握されるものではない。むしろ、各人の持ち点そのものが、車椅子バスケットボールを面白くさせる非常に重要な要素として働くことになる。そのことが、当事者の主観的な経験から、「役割」や「戦術」という言葉によって表現されているのである。クラス分けがつくり出す各個人の持ち点の差異は、役割という意識や戦術を構成するための、つまり面白さを構成するための前提を提供することになる。

クラス分けによって、コート上のプレーヤーの完全な平等が達成されていないことこそが、チームの持ち点構成やほかのルール、さらには車椅子という「固定的な幅」をも視野に入れた車椅子バスケットボールの戦術を生み出し、それにともなう面白さをつくりだしている。この意味でクラス分けは、独自の「面白さ」を生むための構成的な要件であり、車椅子バスケットボールが「イスバス」という固有なスポーツであることの前提を生み出していると言える。

クラス分けは、車椅子バスケットボールの「車椅子バスケットボールらしさ」、「固有性」を生み出す基底をなしている。このルールを出発点として、車椅子バスケットボール独自の面白さが構成されていると言える。

これらのことはクラス分けが、たとえばプッシングなどのファウルのように、ルールからの逸脱にサンクションを科す規制的な規則ではなく、「車椅子バスケットボールにおいて個人のインペアメントを持ち点とみなす」という構成的な規則であることに由来している。社会的に健常者の身体からの差とされる「できないこと」を、車椅子を含めた身体の「できること」として持ち点に変換するのである。そのため、クラス分けの過程で、いかに境界線が産出されたとしても、持ち点を単にインペアメントや競技能力の差異の実体化と記述することは、まちがっていないとしても正確な表現とは言えない。

車椅子バスケットボールに参加しているプレーヤー固有の障害（インペアメント）は、1.0から4.5までの「持ち点」という指標に変換されている。本書では、このインペアメントから持ち点への変換を「非障害化」と表現することにする。

同じ持ち点3.0であっても、二分脊椎者と腰髄損傷者がいるように、それぞれの障害（インペアメント）は多様である。しかし、車椅子バスケットボールを実践しているチームのメンバーにとっては、固有であるはずの障害（インペアメント）は持ち点というルールによって価値中立的に、あるいはその多様性が剥奪され、彼らの身体は「非障害化」されている。

彼らにとって問題なのは、どのような障害（インペアメント）があるのかどうかや「中途／先天」といったことではなく、今現在の自分が持ち点に換算して何点であるかということである。しかしながら、インペアメントから持ち点への変換を単純な「非障害化」であると捉えることは戒めなければならない。あくまでも、クラス分けはインペアメントを持ち点と「みなす」ことで「非障害化」しているにすぎない。それを過大視してはならない。

さて、チームの持ち点が14.0以内と設定されていることは、チーム間の比較としては対等な条件であるように見える。(3) だが、このクラス分けが、機能的クラス分けと統合的クラス分けの複合であることに注意が必要となる。

各クラスの選手は、共通となっている基準で持ち点が付与されているわけだが、このクラスごとで車椅子バスケットボールが行われているわけではない。先ほども述べたように、コート内では持ち点の低い選手と高い選手が対峙する場面が生じる。その意味でこの競技は、パフォーマンスの差異を前提としている。クラス分けは、近代スポーツが理想としてきた、身体的条件の平等化が成り立っていない地点から競技が開始されていることを明示してしまっている。このような持ち点制を参加要件とする車椅子バスケットボールは、実践する人々からはどのように捉えられているのだろうか。その点について、次項で述べていこう。

クラス分けとゲーム

先にも記したとおり、制度としてのスポーツは、意味の体系を表出するルールからのみ現実化するわけではない。ルールによって意味づけられるさまざまな事柄は、具体的な相互行

---

(3)　ルールの文言では、「IWBF equalizes the team's functional potential」とされている。つまり、平等化されるのは、あくまでも「チーム全体」として見たときの能力である。

につい て触れておこう。

為として現実化する。スポーツにおいては、「現実態としてのゲーム」(多木［一九九五］)がそれにあたる。この点については第6章で検討するが、本章でもクラス分けにかかわる点について触れておこう。

車椅子バスケットボールにおけるクラス分けは、障害者のみを対象として、1.0から0.5刻みに4.5までの持ち点を与え、身体を持ち点に変換し、「非障害化」を達成している装置として考えられる、と先に述べた。そして、車椅子バスケットボールに参加するということは、すなわち持ち点を与えられるということになる。この意味で、持ち点制は車椅子バスケットボールに参加する条件になっていると言える。

コート内のプレーヤーの持ち点合計が14.0以内である場合、コート上の持ち点の組み合わせはさまざまとなるが、現実的にはいくつかの組み合わせに限定することができる。まず、ゲームの中心となる4.0、4.5の選手は、たいていのチームで二人以上が出場している。クラス4の選手が二人以上出場し、かつ持ち点の合計が14.0になるような組み合わせの基本的なパターンは、「4.5+4.5+3.0+1.0+1.0」、「4.5+4.5+2.0+2.0+1.0」、「4.0+4.0+4.0+1.0+1.0」、「4.0+4.0+3.0+2.0+1.0」、「4.0+4.0+2.0+2.0+2.0」が考えられる。

実際にはハーフポイントの「0.5」があるため、組み合わせとしてはさらに多くなる。その場合、クラス3の重要性が高くなる。しかし、より注目すべきことは、最後の組み合わせ以外は、すべてにクラス1の選手が出場しなければゲームが行えないということである。たとえば、二〇一二年に行われた第四〇回日本車椅子バスケットボール選手権大会でベスト8に進出したチームのゲーム開始時の持ち点構成は次のようなものだった（決勝・準決勝・ベスト8の試合開始時）。

①4.5＋4.0＋3.0＋1.5＋1.0
②4.5＋4.0＋2.5＋1.5＋1.0
③4.0＋3.5＋3.0＋2.0＋1.0
④4.0＋3.5＋3.5＋2.0＋1.0

⑤4.0＋4.0＋2.0＋2.0＋1.5
⑥4.5＋3.5＋2.5＋2.0＋1.0
⑦4.5＋3.5＋3.0＋2.0＋1.0
⑧4.0＋3.5＋3.0＋1.5＋1.5

全八チームでクラス1の選手が出場している。持ち点合計が14.0以内ということは、4.5の選手の代わりはそれより持ち点の低い選手であれば誰でも構わないが、持ち点の低い選手の代わりは、同じ持ち点の選手か、そうでなければ複数名交代して持ち点の制限をクリアしなければならないということである。これは、十分に選手数が確保されているチームであればさほど問題にならないが、チーム事情によってはゲームの成立そのものにかかわる問題となる。

この点については、当事者が次のように語ることからも分かる。大滝典嗣さんは、筆者が参加したチームのクラス分け委員だった。調査中には、クラス分けに関する資料を提供していただいている。

「試合中には役割があるし、クラス4の連中はたしかに目立つけど、自分がやっているときはそれで『面白くない』とは思ったことはない。クラス分けでコートの持ち点は14.0って決まってるから、クラス4とかのやつには、俺らがいないと試合になんねえんだぞ、って言ってる。現実問題、クラス4を二人出したら、俺らみたいなクラス1が出なくちゃ試合成立しないし」

また、持ち点が3.0の笹森剛さんは、仕事の都合であまり練習には参加していなかったが、次のように語ってくれた。

「今の持ち点から上がってほしくないよね。今のままの状態とかパフォーマンスで持ち点下がるなら、うれしいけど。チームの編成とか考えちゃうと、いくら動けても持ち点は低いほうがいい。今は持ち点が3.0だから試合に出れてるってところもある。チームに入って、持ち点決められたときは、このルールに関してよく分かってなかったね。しばらくしてから初めてルールのことも知ったし、このルールについて考えたことなんてなかった。そういうもんだと思ってたよ」

大滝さんが語ってくれたように、車椅子バスケットボールというゲームにおいて「障害」は、持ち点の合計が14.0以内というチーム構成のルール上、必要不可欠な存在となる。そのことが、当事者の主観的な経験から「役割」や「戦術」という言葉によって表現されている。

3 ルールの変遷

現在のクラス分けは、過去から一貫して現在と同じものであったわけではない。現在行われているクラス分けは、二〇〇四年に変更されたものが基本となっている。たとえば、一九八〇年代後半から補装具（ストラップやベルト）の使用が許可された。その結果、各クラスの境界線上に位置する選手に対して、クラス分けと持ち点との整合性をとるために「0.5」という値が適用された。

スポーツに参加するための社会的条件の向上や社会的状況の変化が、車椅子バスケットボールをはじめとした障害者スポーツにいわゆる「軽度者」の参加を増加させるとともに、脊髄損傷者の参加も容易にしたと言える。クラス分けのルールの変遷は、各持ち点、あるいは障害に対する意味づけをどのように変えたのだろうか。

具体的には、軽度者の増加は、ルール、主にクラス分けにおける一チームの合計持ち点の変化を促した要因の一つと言える。また、切断者の増加は、クラス分けを三クラスから五クラスに拡大する要因ともなった。しかしながら、その変化は、チーム内における持ち点の低い選手の重要性を高めることにつながった。どの程度の障害がどのように判定されるかの比較を通して、車椅子バスケットボールに参加している「障害者像」の変化を理解することができる。

そこで、過去のクラス分け規定を、過去からの変遷としてその推移をここで示してみよう。ただ、現在は障害の程度によるクラス分けの判定がさほど重要ではないため、単純に比較できるものではない。また、この変遷については一次資料があまり残っておらず、多くを二次資料に頼ったことを記しておく。

管見では、車椅子バスケットボールのルールについて国内でもっとも古いのは、東京パラリンピックの開催を控えた一九六四年夏に、障害者スポーツを日本に導入した一人である中村裕が一九六四年に出版した『身体障害者スポーツ』である。そこでは、「完全麻痺チームと不完全麻痺チーム」の二種目に区別されたことが示されたのみであった。

車椅子バスケットボールの競技規則が、日本身体障害者スポーツ協会編の「競技規則集」の登場したのは一九七一年の修正版からである。この一九七一年版の「競技規則集」では、「選手を以下の分類で持ち点を決め、コート上にいる五人のプレーヤーの合計が12点を越えてはならない」（(財) 日本身体障害者スポーツ協会編［一九九〇］八五ページ）とされていた。一見して分かるとおり、この時点では切断者に対応するクラス分けがなく、選手として

表5－3　1971年当時のクラス分け

クラス	障害の内容	持ち点
A級	第9胸髄以上完全麻痺	1点
B級	第9胸髄以上不完全麻痺	2点
C級	第10胸髄以下の障害	3点
D級	馬尾神経障害	4点

出典：(財)日本身体障害者スポーツ協会編［1990］85ページ。

認められていなかった。そのことは、この種目が脊髄性麻痺者（脊髄損傷者）だけの競技であったことを示している。

車椅子バスケットボールのルールは、一般のバスケットボールの条項と横並びになるよう一九七四年に整理された。このときのクラス分けは**表5－4**のように示されている。プレーヤーの持ち点合計は11とされている。また、両大腿切断者を国内大会にかぎり参加を認めている。

一九七一年には持ち点合計が12だったのに対し、ここでは11に変わっている。その代わり、最大の持ち点が4から3へ変更されている。具体的には、一九七一年のAからC級が一九七四年には1～3級までに統一され、持ち点も1となり、C級に相当するのが4級となり、持ち点が3から2へとなった。さらに、切断者の参加を認めたことでD級が5級となり、持ち点が3に変更されている。

この規定は、一九七六年に出版された『身体障害者とスポーツ』（中川［一九七六］一五二ページ）にも見られる。また、一九八三年に邦訳出版された

表5－4　1974年当時のクラス分け

クラス	障害の内容	持ち点
1級	頸髄損傷者と第1胸髄損傷者	1点
2級	第2胸髄～第5胸髄損傷者	1点
3級	第6胸髄～第10胸髄損傷者	1点
4級	第11胸髄～第3腰髄損傷者。四頭筋および大臀筋の筋力が各々筋力評価で2以下のもの	2点
5級	第4腰髄～第2仙髄損傷者。両大腿を中央以上で切断したもの	3点

出典：(財)日本身体障害者スポーツ協会編［1990］85ページ。

『身体障害者のスポーツ』でも合計11点とすることが挙げられ、「持ち点の付与の仕方については一九七四年版と同様である」となっている（L・グッドマン［一九八三］一〇三ページ）。ここから、持ち点合計が11というのが国際的にも広く共通していることが分かる。

一九七九年には、両大腿切断者の両大腿を中央以上で切断した者という制約がなくなっている（日本身体障害者スポーツ協会編［一九九〇］八七ページ）。そして、一九八二年に出版された『障害者と市民スポーツ』では、持ち点の合計についての規定は変わらないものの、クラス分けにおける「障害の内容」がさらに詳細なものとして提示されている。

一九八五年には、コート上の持ち点合計が13.5を超えてはならないとされ、クラス分けは**表5－5**のように変更され、中間的な機能を有し、どちらとも決定し難い場合には1.5、2.5、3.5といったハーフポイントがつけられるようになった（日本身体障害者スポーツ協会編［一九九〇］九二ページ）。

さらに一九九〇年からは、それまで認められていなかった両大腿切断以外の下肢切断者が持ち点4.5の選手として認められることになった。ただし、一九九一年に日本身体障害者スポーツ協会が出した「身体障害者スポーツにおける障害クラス分けに関する調査研究報告書」では、合計持ち点は13.5であり、持ち点4.5については一九九二年のバルセロナ・パラリンピックから導入すると記されている（日本身体障害者スポーツ協会［一九九一］一〇七ページ）。

クラス分けによる持ち点付与の方法は、一九九六年に出版された『障害者スポーツ』においても同様のものと認められる。すなわち、機能的レベルや競技遂行能力によって1.0から4.5までのポイントが0.5間隔でつけられている。ただ、チームの持ち点合計は、一九九六年の時点ですでに14.0以内に変更されている（日本リハビリテーション医学会［一九九六］五八～五九ページ）。

これまで、時系列的にクラス分けのルールの変遷について記述してきた。これらのことから何が言えるのだろうか。クラス分け規定の変化を、障害部位を中心にしてまとめたものが**図５－４**である。なお、表中の「Th」とは「Thoracic」の略であり、「Th２」は胸髄の上から二番目の節を損傷したことを指している。胸随の節は全部で一二個ある。同様に、

表５－５　1985年頃のクラス分け

クラス	障害	点数
1	胸髄７とその上（完全マヒ）。後方の支持なしでは車椅子上で坐位バランスはとれない。一側上肢の支持なしでは、体幹の運動は不可。	1
2	胸髄８から腰髄１（完全マヒ）。坐位バランスは良好。後方からの支持なしに坐位で体を回旋できる。運動可能最大前屈ができない。一側上肢の支持なしでは体の前後屈、側屈運動はできない。	2
3	腰髄２から腰髄５（完全マヒ）。坐位バランスは最良の状態。体幹も手で支えることもなく回旋できる。運動、前後屈運動が十分可能。両大腿切断者。	3
4	仙髄１から仙髄２（完全マヒ）。坐位バランスは最高。体幹の各面への運動も最高。側屈運動は、一側だけの成功でもよいとする。	4

出典：(財)日本身体障害者スポーツ協会編［1990］・［1991］。

図5－4　クラス分けの変遷一覧

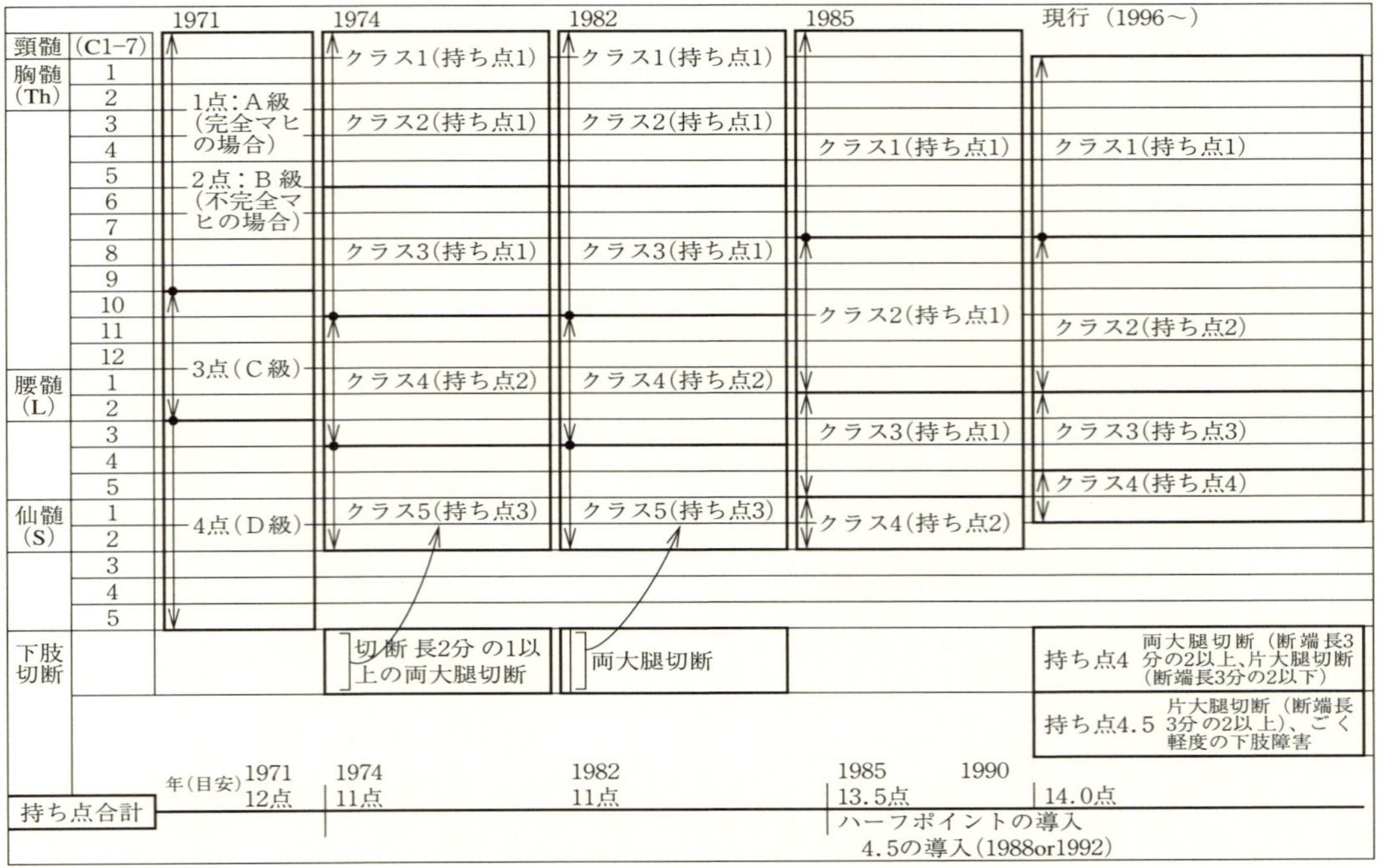
1971
1974
1982
1985
現行（1996～）
頸髄（C1–7）
胸髄（Th）
腰髄（L）
仙髄（S）
下肢切断
1点：A級（完全マヒの場合）
2点：B級（不完全マヒの場合）
3点（C級）
4点（D級）
クラス1(持ち点1)
クラス2(持ち点1)
クラス3(持ち点1)
クラス4(持ち点2)
クラス5(持ち点3)
切断長2分の1以上の両大腿切断
両大腿切断
クラス1(持ち点1)
クラス2(持ち点1)
クラス3(持ち点1)
クラス4(持ち点2)
クラス1(持ち点1)
クラス2(持ち点2)
クラス3(持ち点3)
クラス4(持ち点4)
持ち点4　両大腿切断（断端長3分の2以上、片大腿切断（断端長3分の2以下）
持ち点4.5　片大腿切断（断端長3分の2以上）、ごく軽度の下肢障害
年（目安）1971 12点
1974 11点
1982 11点
1985 13.5点
1990
14.0点
ハーフポイントの導入
4.5の導入（1988or1992）
持ち点合計

「L」は「Lumbar」で腰髄を指している。腰髄の節は全部で五つ。「S」は「Sacral（Sacrum)」で仙髄を指し、節は二つ。それぞれ、数字は小さいほうから頭に近い上方の部位を示す。また、切断における切断長は切り取られた部位の長さ、断端長は残された部位の長さを指す。一九八二年頃の持ち点1の選手は、現在のクラス分けでは持ち点1.5あるいは2.0に該当し、持ち点2の選手は、現在では持ち点2.0あるいは3.0となり、持ち点3の選手は持ち点3.5あるいは4.0に該当する。

相対的に軽度な障害をもつ者でも車椅子バスケットボールに参加できるようになったことは、ゲーム中における重度者の重要性や、彼らが活躍する可能性を減少させたと捉えることもできる。また、判定基準が細分化されたことは、クラス分けが「障害／障害ならざるもの」という基準を明確化してきたとも言えそうである。事実、「車椅子バスケットボールは、車椅子に乗っていれば誰でも参加できるスポーツであるという方向のなかで、一方、持ち点1などの比較的重い障害を持つ選手が、参加しずらく（ママ）、また育ちにくい状況を生んでいる」（日本身体障害者スポーツ協会編［一九九〇］九三ページ）と指摘されていた。しかし、本書の立場からすれば、日本身体障害者スポーツ協会の見解に与するわけにはいかない。

クラス分けの規定が相対的に軽度な障害をもつ者を取り込んできたことに関しては、判定の基準だけでなく、一チームの合計持ち点の制限が14.0まで広げられたこととの関連で捉える必要がある。すなわち、合計持ち点が11以下の場合に比べて、合計持ち点が14.0以下の場合は、1.0や2.0といった相対的に重度の選手がチームを編成する場合には必要になるということである。(4) それゆえ、4点台のクラスができたこと、相対的に軽度な選手がいること、そして合計持ち点の制限が14.0に拡大したことは、逆説的に1.0や2.0の相対的に重度な選手のチーム編成における重要性を高めていると言える。

4 クラス分けは平等か

車椅子バスケットボールに参加しているプレーヤー固有の障害(インペアメント)は、1.0から4.5までの持ち点という指標に変換されている。しかし、プレーヤーにとっての障害(インペアメント)は持ち点というルールによって「非障害化」されており、彼らの身体は持ち点によって捉えられている。彼らにとって問題なのは、今現在の自分が持ち点に換算して何点であるかということである。

さらに、この持ち点制は障害者だけを対象としているのではない。車椅子バスケットボールの場合、健常者に暫定的に5.0(場合によっては4.5)という持ち点を与えることで、障害者・健常者にかかわりなく、それぞれの身体を持ち点という共通の指標によって分類することが可能となり、「障害」あるいは「障害者・健常者」というものを「非障害化」していると言える。

とはいえ、持ち点はただルールとしてあるだけで「非障害化」を達成しているのではなく、スポーツの場では持ち点を使用して、そこには障害についての会話をもち込まないなどの実践によって「非障害化」が可能になっている（この具体例については第6章で述べる）。つまり、このような「非障害化」を持ち点によって達成する場として車椅子バスケットボールチームがあるのである。

また、この持ち点制は、「障害」という一般的にはマイナスのイメージを与えられているものをいったん括弧にくくり、積極的なものに意味づけし直して「非障害化」を達成するとともに、車椅子バスケットボールに参加するための要件にもなっている。このような社会に参加するためには、健常者であるとか、障害者であるとか、どんな障害があるかなどは問題ではなく、持ち点をもてるかどうかにかかわっているとも言うことができる。これは、ほかの障害者スポーツ、とくに個人競技との相違点である。また、身体能力の差があるときに導

（4）論理的には1.0や2.0の選手がいなくても可能だが、チームの得点源となるであろう4点台の選手がその場合には外れてしまう。それは、競争を基本としたゲームにおいては可能性の低い選択肢である。だからこそ、低い持ち点の選手が重要になるのである。

入されるハンディキャップ制やルールによる個人の平等化とは異なっている。

個人競技のクラス分けは、個人が当該スポーツのどのクラスで競技するのかに関する参加資格の付与という形をとる点では車椅子バスケットボールと同様である。だが、同じクラスと認定された者同士で競技を行うのであり、そのなかでは、個人の基本的な身体能力に差異は存在しないと見なされる。また、各クラスが統合されて競技が行われても、スキー競技のように、パーセンテージ制を導入することでほかのクラスのパフォーマンスとの比較が間接的に行われる。この点が、個人競技のクラス分けと車椅子バスケットボールとの相違する点である。

個人競技の場合、別の側面から見ると、クラス分けはハンディキャップ制の導入と見ることができる。ハンディキャップとは、競技結果の未確定性を確保するために優勢（劣勢）状態の者に対して与える不利（有利）条件のことを言う。また、競技者の競技能力や体力、身体機能などの違いが生み出す格差を人為的に縮小させる方法を言う。つまり、個人間における競技能力を均等化することである。

また、クラスの統合が起こった場合、そのクラスの差異を補正する手段としてパーセンテージ制が導入されている。これは、ハンディキャップ制という文脈でのレーティング制である（小野［二〇〇四］）。だが、車椅子バスケットボールは統合的クラス分けであるにもかかわらず、パーセンテージ制が導入されているわけではない。差異の補正は、チーム間の平等化の実現という形で行われている。車椅子バスケットボールにおけるクラス分けがもしハンディキャップ制だとするのであれば、それは「チーム間比較」という方法ではなく、クラスごとに補正がなされるはずである。たとえば、クラス1の得点は一ゴール4点というような形で導入されるだろう。

これをハンディキャップやルールによる個人の平等化と捉えることはたしかに誤りではない。ただし、ハンディキャップ制では、完全な平等やそれに向けた補正要素を組み込むと必ずしも面白くなるわけではないため、組み込み方が議論の対象となってくる。しかし、「平等であるほうがよい」という思想は背後に置かれている。

一方、車椅子バスケットボールは、参加する個人（クラス）すべての平等が目指されているわけではない。そこでは、「平等（equality）」ではないが「公正（fairness）」なものとして構成されているのである。つまり、両者の違いは身体の差異に対する捉え方の違いである。

両者とも、すべての人の身体が平等でないことは念頭に置かれている。だが、ハンディキャップ制は、それでも平等を目指そうとしているのに対して、車椅子バスケットボールのクラス分けは、個人の身体に差異があることを前提としている。極端な言い方をすれば、ハンディキャップ制は不平等の補正を目指すことで近代スポーツの「自然な身体」、「平等な身体」という想定を強化してしまうのに対し、クラス分けは、それらの想定が成り立たないことを明らかにしている。それゆえ、このクラス分けは個人競技のものとも、ハンディキャップ制とも、そしてルールによる平等化という議論とも異なったものとして現時点では編成されているのである。

持ち点が低いこと、相対的に障害が重いことは、車椅子バスケットボールに参加する際の困難として把握されることではない。むしろ、各人の持ち点そのものが、車椅子バスケットボールを面白くさせる非常に重要な要素として働いている。クラス分けがコート上のプレーヤーの持ち点の完全な平等として達成されていないことこそが、チームの持ち点構成やほかのルール、さらには車椅子という「固定的な幅」をも視野に入れた車椅子バスケットボールの戦術を生み出し、選手のパフォーマンスを創造しているわけである。

このように、障害（インペアメント）を取り扱うことによって、ルールは車椅子バスケットボールを成立させ、面白さを生み出している。

車椅子バスケットボールの面白さは、一つの競技内で身体的条件の多様性が生み出されている点に求められる。したがって、障害者スポーツを議論するには、それが身体的差異を前提としているという地平から考察することが必要である。このことは、スポーツを実践する当事者たちの身体により細やかな注目を促し、身体的差異を考慮に入れたプレーの問題へと接近することにつながるだろう。

第6章

ゲームと、その達成

ゴール下での攻防。イスバスでは車椅子の幅が重要となる

持ち点の低い選手の身体は、ルール編成のなかでは、参加することが困難な状態としてではなく、車椅子バスケットボールを成立させるための必要不可欠な身体として位置づけられている。だが、ルールから言えることをゲームにおいても言えるだろうか。障害（インペアメント）の重い身体がルールのうえでは不可欠だと言えたとしても、それで即、具体的なゲームの展開において必要な不可欠なものと位置づけられていることにはならない。なぜなら、多木浩二（九九ページの注参照）が述べていたように、「ルールの次元とゲームの次元とではちがった原理が作用している。ルールとは抽象的な体系であり、ゲームとは現実態である」（多木［一九九五］一一一ページ）からだ。

現実態としてのゲームのなかで、各選手がどのように動いているのか、どのような戦術が用いられているのかを、具体的な様相のなかから明らかにすることが必要となる。それによって、人々の具体的な振る舞いが障害者の身体をどのように意味づけているのかが見えてくる。

第2章で検討したように、ルールに支えられているさまざまな制度は現実のゲームにおける相互行為として顕現《けんげん》する。つまり、スポーツを実践する当事者たちにとっての「身体」や「障害」の意味や経験などは、その実践の文脈における相互行為として達成されるということである。

そこで本章では、車椅子バスケットボールのゲームの様相について記述していくことにする。ここで鍵となるのが、車椅子という用具のもつ「固定的な幅」である。車椅子バスケットボールが単に車椅子を用いたバスケットボールではなく、当事者から「イスバス」という別のスポーツとして捉えられていることの基盤に、車椅子の存在があることを切り離して考えることはできない(1)。

1 車椅子バスケットボールの固有性

まず、車椅子バスケットボールはどのようにして一般のバスケットボールとは異なる競技として編成されているのか、またその固有性の源はどこにあるのだろうかという問いが生まれる。ルールの検討からは、障害自体が車椅子バスケットボールを成立させている不可欠な要因となっていることに固有性を求めることができた。

車椅子バスケットボールについては、「一般バスケットボールと同じコートや同じ高さのリングで行われていることをどう理解するのか」という課題がある。言い換えれば、「車椅

(1) この点を考慮せずに行われたゲームの分析は、それがどれだけ精緻なものであったとしても、「イスバス」というゲームのリアリティの大きな部分を捉えることができていないと言わざるを得ない。

子をどのように捉えるべきであるのか」、「どのような点が車椅子バスケットボールらしいのか」を明らかにする課題である（樫田編［二〇〇〇］二五ページ）。

　本書においても同様に、車椅子バスケットボールの固有性、つまり「車椅子バスケットボールらしさ」について考えていくことにする。そのことによって、車椅子バスケットボールにおける当事者の主観的な「身体」や「障害」の位置や意味づけ、そしてそれらに対する実践者の経験が見えてくるだろう。

ゲームの「同じさ」と「差異」

　スコア管理システムを用いた競技分析によれば、車椅子バスケットボールと一般のバスケットボールとの顕著な違いは3ポイントシュートの有用性であるという。

　車椅子バスケットボールでは、「必ずしも3ポイントシュートを活用する必要がない」。この点が車椅子バスケットボールの競技特性の一つであるという。そして、「3ポイントシュートの活用度をあげることより、むしろ、ゴールに近い場所で、車椅子の幅やリーチを生かしてシュートできるフックシュートやバックシュート等の技術を高めていくことが大切である」と分析されている（大神・浅井［一九九九］）[2]。

　この指摘で分かるのは、車椅子バスケットボールではゴールに近い場所が重要であるということである。とくに、車椅子の幅に言及している点も見逃してはならない。

徳島大学准教授で社会学者の樫田美雄（三五ページの注参照）は、車椅子バスケットボールのスポーツとしての固有性がいかに構成されているかをビデオの分析を通じて示している。樫田によれば、車椅子バスケットボールと一般のバスケットボールにおいてコートやボールなどで同じ規格が用いられていることは、「車イスバスケットボールというルールの編成の中で、車イスバスケ的意味を帯びる」（樫田［二〇〇〇］）ことになるという。

一体、どういうことだろうか。樫田によれば、それらコートやボールの規格の同じさは単に「同じ」なのではない。その「同じ」であることが、車椅子バスケットボールというスポーツの固有の構成要素として働いているというのである。

具体的には、リングの高さの同一性は、手からリングまでの高低差が健常者のバスケットボールよりも車椅子バスケットボールのほうが大きい、ということを意味する。その結果生まれる遠距離シュートが困難であるという特徴は、得点可能ゾーンとしてゴール下の重要性を帰結する。ゴール下が重要であることは、車椅子という「固定的な幅」が、防御においても攻撃においても戦術的な資源であることを帰結する。ここに至って、「同じ」ことは「違

（2）このときのゲーム分析から約一〇年を経て、ゲームの内容がどのように変化したのかについては同じ手法で分析する必要がある。おそらく、3ポイントの活用のされ方は変化しているのではないだろうか。また、二〇一〇年からルールが変更され、3ポイントラインが以前よりも遠くなった。これによる影響も分析される必要がある。

う競技である」根拠となる（樫田［二〇〇〇］）。

とくに、ゴール下の重要性については、「フリースローレーンでは、ディフェンスとオフェンスが密集しやすく、センターサークル付近ではあまり密集しない。（中略）その二つの場所で行われる動きは違っており、二つのゾーンに分ける」（樫田編［二〇〇〇］二六ページ）ことで、車椅子バスケットボールのゲーム性についてより良く理解できるようになると述べている。

図6―1のアミの部分が、大神らや樫田が述べる「ゴール下」という意味でのエリア（Aゾーン）であり、それ以外の部分があまり密集しないBゾーンとなる。このように、車椅子バスケットボールの特性は指摘されている。

図6―1　Aゾーン（アミ部分）とBゾーン

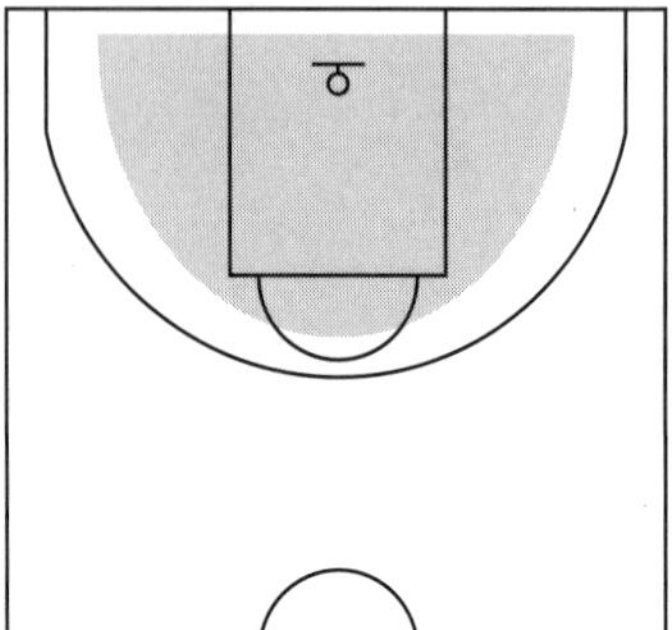

障害者スポーツの構成を検討すると、一つのスポーツとして分析可能である。用具や規格の「同じさ」は、車椅子バスケットボールというルールの編成のなかで車椅子バスケットボール的な意味を帯び、車椅子バスケットボールというスポーツの固有の構成要素として働いている。

以下ではまず、このスポーツにとって重要な構成要素の一つである競技用の車椅子について検討する。次に、得点を入れる可能性の高いゴール下が車椅子バスケットボールにおいて重要であるということは、実際のゲームにおいて、どのような持ち点のプレーヤーにとって有利に働くのかを見ていきたい。

持ち点と用具の関係

車椅子バスケットボールではゴール下が重要である。また同時に、「固定的な幅」をもつ車椅子という道具が重要である、と先に述べた。車椅子の「固定的な幅」そのものの重要性についてはのちに触れるとして、以下では、ゴール下の重要性と持ち点および車椅子の関係を考えていきたい。

ルールブックでは、「プレーヤーのからだの一部」（一二ページ。一五九ページの写真参照）であるというバスケットボール用の車椅子＝バスケ車であるが、どのような車椅子を使うかについては、クラス分けによって付与された持ち点とプレースタイルが大きく関係している。

クラス１の選手は、体幹の筋肉群が麻痺している場合が多い。彼らは姿勢を保ち安定性を得るために、座面に前後の高低差を多くつけることで膝よりも股関節を低くし、両下肢をストラップで車椅子に固定している。また、同様の

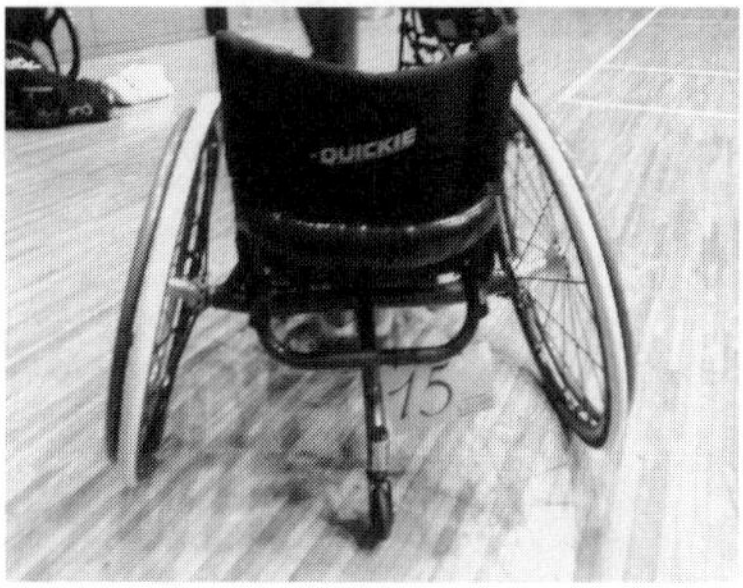

クラス１（青木さん）のバスケ車

理由から背もたれも背中の半ばくらいの高さまであり、体幹を安定させるためやや緩く張っている。そのため、とくに後方への上腕・体幹の可動範囲は小さくなる。つまり、片手を伸ばして動作を行うには、もう一方の手で車椅子を支える必要もあるということだ。股関節が膝よりも低い位置にあるため、あまりタイヤを大きくはせず、相対的に小さな車椅子を使用している。

クラス2の選手は、ほぼクラス1と同様だが、体幹の筋肉群が使える場合もあるため背もたれは腰の高さか、それよりわずかに高い程度のものを使用している。

クラス3の選手は、股関節が膝よりもわずかに低いくらいでも安定性が得られる。彼らは体幹の回旋が可能なので、背もたれは腰より低くても問題がない。

クラス4の選手は、股関節が膝よりわずかに高いかほぼ水平の位置にあっても、体幹の筋肉群で姿勢の安定性を保つことができる。膝と股関節の位置によって高さを増すことができるので、両者の位置関係は水平にすることが多い。

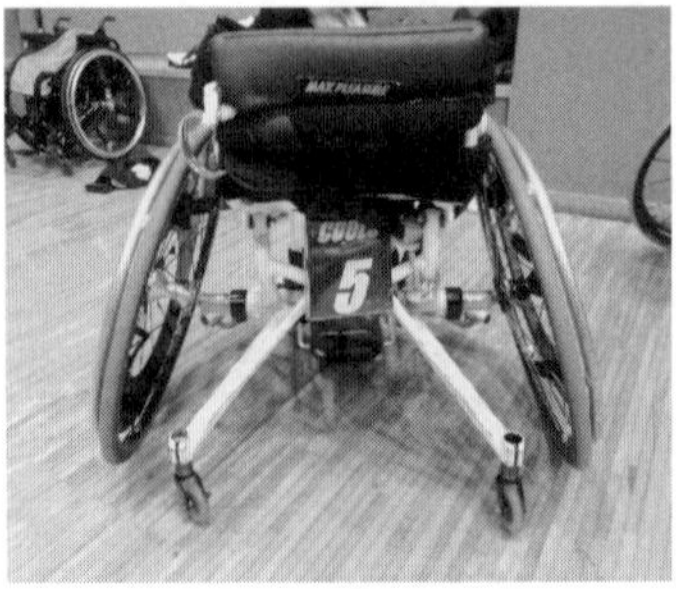
クラス4（鈴木さん）のバスケ車

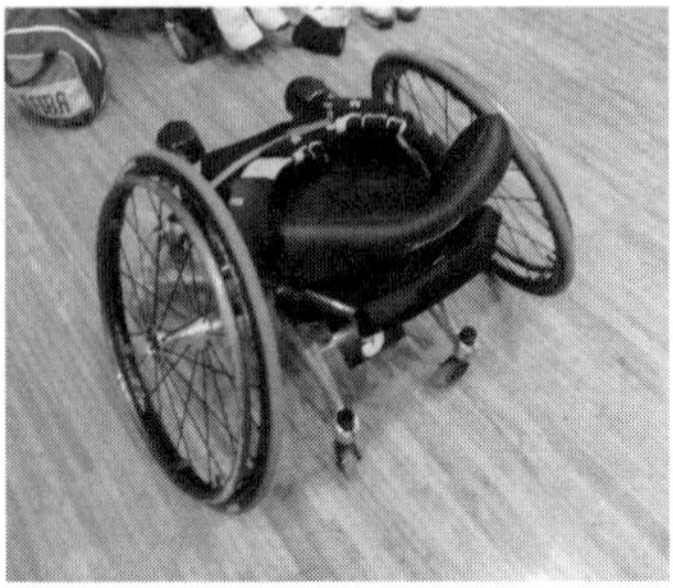
クラス2（千葉さん）のバスケ車

この点に関して言えば、多くの解説書では、クラス4の選手の膝と股関節の関係を水平としていることが多い。

たしかに、彼らは車椅子そのものの座面としては水平のものを使用している。ただ、実際には、股関節が膝よりも高くなるようなクッションを用いて自らの座高を上げているプレーヤーが多い。筆者がそのような車椅子を用いた場合、ドリブル時などでボールを膝の上に置いたとき、ボールを安定して確保することができなかった。熟練のプレーヤーでもこの点についての難点があるが、彼らは車椅子操作の技術の高さと、より座高が高いほうが有利だという認識でそのようにしているとのことである。

クラス4の選手は、上腕・体幹の可動範囲も広く、規格の範囲内でもっとも大きな車椅子を用いることが可能である。背もたれが短くても体勢を保持できるため、体幹自体の可動に自由度が大きい。また、持ち点が高く体幹の筋肉群が麻痺していない選手は、車椅子の片輪を浮かせても姿勢が保持でき（ティルティングという）、よりゴールの近くまで手を伸ばすことができる。

こうした持ち点と車椅子の関係性は、車椅子の規格という点だけでなく、車椅子をどのように調整するかという、その調整の仕方にまでかかわってくる。そのため彼らは、バスケットボール用の車椅子のことを、愛着を込めて「バスケ車」と呼んでいる。

具体的に各クラスとバスケ車の関係を見る前に、バスケ車そのものについて簡単にプレーとの関係を説明しておこう。

先に挙げた三枚の写真（二〇一～二〇二ページ）を見て欲しい。バスケ車の最大の特徴は、後輪がハの字になっていることである。このハの字に角度が付いていることを「キャンバー角」と言う。キャンバー角が小さいほどタイヤは床に対して垂直になる。この角度は、多くの場合一六度から二〇度ほどの間で調節が可能となっている。角度が大きければターン性能が上がる（僅かな力で回転しやすくなる）が、直進性は失われる。

タイヤとタイヤの間には「転倒防止」と呼ばれるキャスターが付けられている。青木さんのもの（二〇一ページ）には転倒防止が一つ、千葉さんと鈴木さんのもの（二〇二ページ）には転倒防止が二つ付けられているのが分かる。これは文字どおり、後方へ転倒してしまうことを防止するために付けられている。

転倒防止が一つのものと二つのものの違いは、もちろん、一つよりは二つのほうがより効果が大きいわけだが、それよりもターンの安定性に大きくかかわっている。二つのもののほうがターンの安定性が増す。しかし、二つ付けると当然抵抗も大きくなるため、その分速度を出すときには不利になる。また、千葉さんと鈴木さんのものでは転倒防止の間隔が異なるが、その間隔が広がればよりターン時の安定性が増すと言える。

外見からは分かりにくいのだが、フロントキャスターと大輪の間隔も調整可能となっている。自動車でいうホイールベースに当たる部分である。この間隔が狭い（ショートホイールベース）とターン性能が上がり回転しやすくなる。一方、間隔を広げる（ロングホイールベース）と車椅子そのものの安定性が高まる。病院でよく見る車椅子は非常に間隔が広く、安定性が高くなるようにつくられている。彼らは、このホイールベースの間隔を調整することを「前出しする」と呼んでいる。

バスケ車での異なりは、各人の身体と深く関連している。背もたれの角度なども自らの身体にあわせて調整するが、もっとも明確に異なるのは、クラスごとの身体機能の特徴でも触れていた座面の角度である。持ち点が低い選手（ローポインター）は膝側が高く股関節側が低いのを、持ち点が高い選手（ハイポインター）は水平の座面を使用している。

そのほか、日常用の車椅子と異なる点は、フットレストの前にバンパーが付けられている点やブレーキが付けられていない点である。バンパーは、接触時に怪我を予防するために付けられているのだが、床を傷つけないようにカバーも付けられている。ブレーキの装着は、ルールにおいて禁じられている。また、バスケ車は試合中パンクしてしまったり、スポ

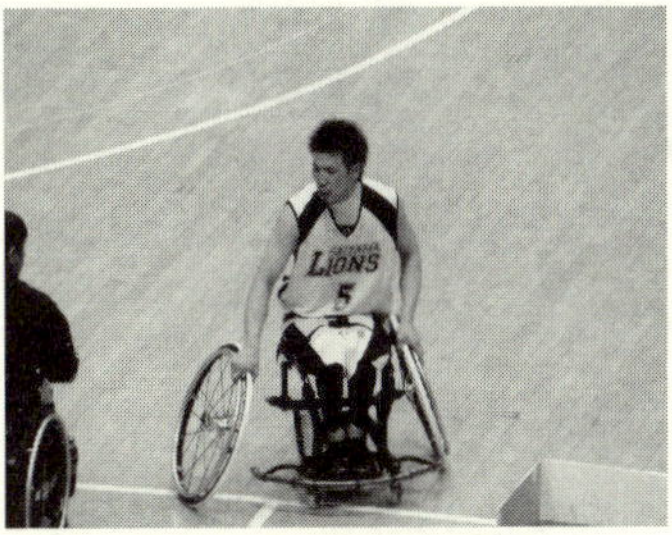

試合中のタイヤ交換

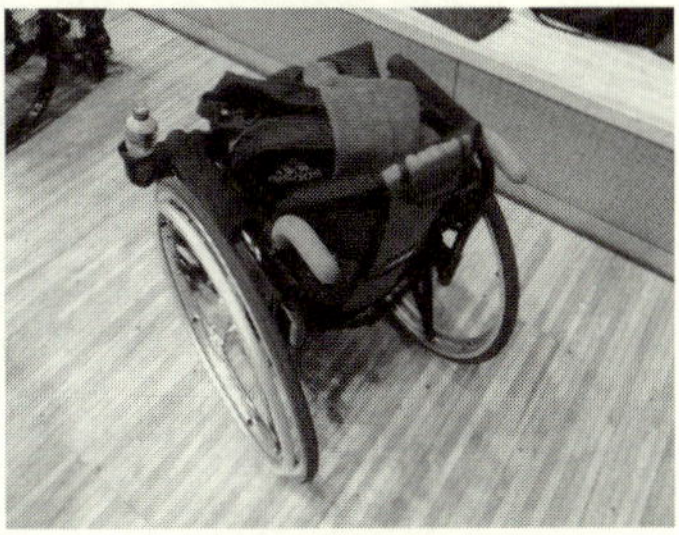

日常用の車椅子

ークが折れてしまったりすることがよくある。その場合、試合中に車輪を交換しなければならない。そのため、バスケ車はタイヤの取り外しが容易にできるような構造になっている。このように、バスケ車は競技専用の車椅子であり、日常用のものとはまったく違うことが分かる。

では改めて、クラス4の鈴木昭一さんが、新しいバスケ車を新調したときのことを例に見てみよう。

鈴木さんは持ち点で言えば4.0であり、障害（インペアメント）は左の下肢切断である。新しいバスケ車は使用する選手にあわせて、座高や前後のタイヤの間隔を調整したり、タイヤのキャンバー角を調整したりしている。その調整は、自らの身体的特徴はもちろんなのだが、持ち点との関係で生まれるゲーム中のポジションおよびプレースタイルによって調整されている。

ゴール下でのプレー。右側の選手がティルティングをしてシュートを打った直後

持ち点が4.0である鈴木さんはチームの得点源であり、そのプレーはほかの選手との接触プレーが多いため転倒してしまうこともよくある。それは、鈴木さんがゲーム中に相手をするのが、敵チームの持ち点が4.0や4.5の選手であるからでもある。

彼のプレーには、得点力、スピード、素早いターンとともに、相手との接触にも耐えることが必要になってくる。そのため、鈴木さんのバスケ車はターンスピードを速くするためにキャンバー角が多くつけられており（鈴木さんの場合は一八度）、ホイールベースは安定性とターン速度の兼ね合いから調整されている。

キャンバー角は、角度をつければつけるほどターン性能は上がり、直進性が下がると先に述べたが、効果はそれだけではない。角度をつければ、タイヤと床の接地点での全幅（二つのタイヤの接地点の幅）は広がる。これはわずかな違いであるが、プレーに影響を与える。つまり、全幅が広がれば、ディフェンスとディフェンスの間を通り抜けることが難しくなるということである。この点は、車椅子の「固定的な幅」について検討するときに改めて触れることになるだろう。

鈴木さんのバスケ車

鈴木さんにかぎらずクラス4の選手は、多くの場合、ターンスピードを上げるためにフロントキャスターとタイヤの幅は比較的狭くとり、ショートホイールベース化している。また、駆動輪であるタイヤの直径は、スピードが出せるようにルール上最大限の大きさのものを使用している。

鈴木さんとの比較として、青木さんのバスケ車を考えてみよう。青木さんはチームの中心選手ではあるが、持ち点は1.0である。ポジションは、司令塔であるガード。彼はゲーム中、密集地帯であるAゾーンでのプレーは比較的少なく、ほぼBゾーンでのプレーとなっている。そのため、接触プレーは鈴木さんに比べて少なく、シュート位置はゴール下よりもフリースローラインと3ポイントラインの中間くらいが多く、プレー位置もほとんどが3ポイントラインより外側となっている。

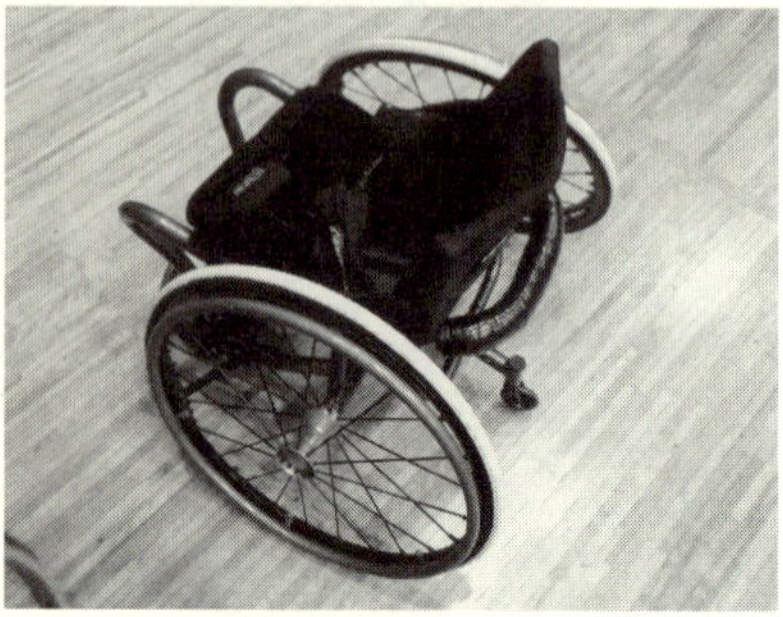

青木さんのバスケ車

このような青木さんの車椅子は、ターンのスピードより直進性能が重視されており、キャンバー角は平均的な角度となっている。また、フロントのキャスターとタイヤの位置は、ターンのスピードよりも直進するときの安定性を重視するために少し前に張り出す形にしている。鈴木さんと比べると、ロングホイールベースで設定されていることになる。

一般的に、ショートホイールベースでキャンバー角が大きいとターン性能が上がるが、バスケ車上での上体のバランスや姿勢保持が難しくなる。持ち点の低い選手は、体幹の筋肉が麻痺している場合が多いというインペアメントや、腕を伸ばすような姿勢をプレー中にとることが少ないという点から、彼らはターン性能よりも安定性が優れるように調整を行うと言えるだろう。

このように、バスケ車一つとってみても、その調整は持ち点とかかわっていることが分かる。もちろん、鈴木さんの左下肢切断という障害（インペアメント）や、選手自身の体格もかかわってくる。だが、鈴木さんに与えられた4.0という持ち点によって生まれる、ゲーム中で要求されるプレースタイルや相手選手との関係によって車椅子が調整されていると言えるだろう。

それはとくに、クラス3の選手に顕著に現れている。クラス3の選手は、青木さんのようなポジションにつく場合もあれば、鈴木さんのようなポジションにつく場合もある。彼らがどちらの役割をゲームでこなすかは、チーム状況や個人のプレースタイルに密接にかかわっているため、車椅子の調整も変わってくるということである。つまり、車椅子をどのように用いるかは、個人のインペアメントだけに影響されるのではなく、むしろ持ち点とプレースタイルの関係で決まってくると言える。

持ち点の高い選手ほど、得点可能性の高いゴール下が有利となる。なぜなら、高い地点まで安定して手を伸ばすことができ、シュートを決めることができるからだ。それは、個人の障害（インペアメント）と、それを基にした持ち点とチーム内の状況によって決定されると言える。ゲームにおける中心選手として、クラス４の選手は期待されている。激しいプレーで観客を惹きつけるのも彼らになりやすい。

2 イスバスというスポーツ

ローポインターとハイポインター

車椅子バスケットボールは、持ち点の高い選手にだけ面白く、持ち点の低い選手には面白くないようなゲームなのだろうか。また、持ち点の低い選手は、ルールによって競技成立の必要不可欠な要件というだけなのだろうか。むろん本書は、「そうではない」という立場をとっている。後述するように、むしろパフォーマンスの差異の存在こそが、車椅子バスケットボールに参加する者にとっての「面白さ」を支える条件となっている。

具体的なゲームの様相の記述はのちに譲ることにするが、ここでは、持ち点の低い選手が、クラス分けや試合中での持ち点の高い選手との関係をどのように捉えているのかについて見ていきたい。

筆者　メンバーの堀田とか切断の人とか見ると、どう思いますか？

青木　だから、ようこそ車椅子バスケットへ、っていう感覚はあるよね。彼らには、もっと可能性のある競技とかスポーツがある。でも、やっぱり、切断で車椅子バスケットやるってのは、もちろん4.0とか4.5とか持ち点は高くなるけど、スターになれるよね。だから、さっきも言ったけど、僕らがもし手術が成功して健常者になったとしても、車椅子バスケットを健常の立場でやってみたいのと一緒で、一回スターになってみたいなあ、っていうのも正直あるよね。誰が見てもさあ、すごい動きをするわけじゃない。でも、当然、まあ分かると思うけど、持ち点っていう状態のレベルがあって、その状態のレベルではっきり言って勝負をしているわけで、もうマッチアップ（試合中、その選手が責任をもち対戦する相手プレーヤーのこと。基本的に同じ体格や持ち点の選手となる）とかね、ぶっちゃけた話。3.0は3.0、2.0は2.0とかね、マッチアップしている。そこで勝ちゃいい話なんだけど、はっきり言って初めて車椅子バスケット見たら華のあるプレーばっかり見ちゃうじゃない。インサイドプレーがすごいとか、外のシュートがすごいとか、すごいとこ見ちゃう。だからスターになりてぇな、っていうのは正直ある。高いとこの、だからたとえば代表のチームのコーチングスタッフとかそこだけしか見ないわけじゃないから、俺らもまだ見方甘いから、ボールのあるとこばっかり見ちゃうけど、ボールのないところでの攻撃とかディフェンスの仕方とか、してるところっていうのはやっぱりすごいなあと思う。

彼らは、自分たち脊髄損傷の選手よりも切断の選手など持ち点が高く、状態のよい選手のほうが「誰が見てもすごい動きをする」ことを認め、「スターになれる」と言い、身体的差異がプレーに現れていることを認識している。つまり、競技性を担保するはずだった平等性が完全に達成されているわけではないこと、そして各人の障害の違いによって身体的な能力や第三者からの評価にも差が存在していることを理解している。

しかし、彼らは、「持ち点っていう状態のレベルがあって、その状態のレベルではっきり言って勝負をしているわけで、もうマッチアップとかね、ぶっちゃけたはなし。3.0は3.0、2.0は2.0とかね、マッチアップしている。そこで勝ちゃあいい話」と述べている。試合のなかでは、自分の持ち点と同程度の持ち点をもつ相手との勝負が問題になっているのであって、たとえ身体的な差異があり、パフォーマンスに違いがあっても、勝負しているのは持ち点が同じ相手となる。

車椅子バスケットボールにおけるゲームは、ルールや用具がつくり出す「制限」をどのように活用するか、という点から考察することが可能である。それは、持ち点の違いであったり、使用する車椅子の違いであったりする。そういう意味で、ルールや持ち点、障害（インペアメント）、車椅子などの違いだけを見ていると、やはりインペアメントは参加の障害や不公平感につながっていると言えそうだ。

だが、それだけでは、持ち点の低い青木さんのような選手が長くプレーをしている理由は説明できない。彼らもまた、車椅子バスケットボールに面白さを見いだしてプレーをしているのだ。では、彼らはどこにその面白さを見いだしているのだろうか。

持ち点とプレー

第2章で述べたように、スポーツの面白さの一つは、課せられた条件を戦略的に克服していく過程にある。クラス分けをはじめとしたルール、車椅子、インペアメントの違いは、そうした課せられた条件にあたる。だがゲームは、ルールによって決められた行動パターンの反復ではないし、個々の行為が無秩序に行われているわけでもない。そのため、ルールによって決定されない「どのように」の部分に着目することで、そのゲームの面白さがより良く理解できるようになる。

勝利に向けて、どれだけチーム全体で、持ち点の低い選手を生かすことができるかの試行錯誤が戦術の面白さを生み出す。このとき、持ち点の低い選手は、合計14.0と定められたチーム構成において不可欠なだけではなく、彼らのプレーによって、チーム全体の連係や戦術的な要素の核となってもいるのである。

車椅子に座り、ベルトなどを締めた状態で判定される持ち点は、最初に判定された持ち点からよほどのことがないかぎりは変更されることはない。いったん与えられた持ち点がチェックされるのは、試合前や車椅子を変更した場合、そしてクレームがついた場合などにかぎられている。

各人の障害（インペアメント）や部位、持ち点などは「持ち点カード」（一七一ページ参照）と呼ばれているカードにすべて記載されている。また、持ち点カードには身体のどの位置をベルトで固定しているかも記載され、記載された位置と異なった場所に固定していた場合は、持ち点カードに従って修正されるか、もう一度持ち点を判定してもらい、持ち点カード自体を変更するかの方法がとられている。

車椅子にもベルト位置にも変更がなく、また他チームからのクレームがなければ、最初に設定された持ち点は状態がよほど変わらないかぎり、それ以降変更されることはない。しかし、各選手は状態が変われば自主的に持ち点をチェックしてもらう。なぜなら、3.0という持ち点が与えられていながら、状態が変わって実質的には2.0の動きしかできない場合、選手にとってもチームにとっても不利になってしまうからである。その一方、自分の状態が変わらないのにルールの変更などによって持ち点が下がる場合は非常に歓迎されることになる。

第4章で紹介した笹森さんの語りをもう一度引用しておこう。「今の持ち点から上がってほしくないよね。今のままの状態とかパフォーマンスで持ち点下がるなら、うれしいけど。チームの編成とか考えちゃうと、いくら動けても持ち点は低いほうがいい」のである。

クラス分けのシステムは、「各人が担っている個別の障害は、『××ができないこと』というマイナスの意味から、その競技に参加する参加資格としてのニュートラルなものに意味づけされなおされる」（阿部ら［二〇〇二］二四ページ）が、次の段階では、「『障害』は（中略）やはり競技に不平等さを持ち込むものとして、無化しきれない差異として再発見される」（前掲書、二五ページ）という。また、次のような語りもある。

この車椅子バスケットというのは、障害の状態によって、能力よりも障害の状態によって決まっちゃうんで、そうゆうのがつまんない。パラリンピックに出るような人って、片足の切断とか状態のいい人が多いんで、ちょっと歩けるような人とか。（後藤［二〇〇二］一八三ページ）

理論的には、どれだけクラス分けを行っても個人の障害（インペアメント）は無化できないことになる。しかし、今回の調査においてスポーツを実践している当事者は違う認識をもっていた。青木さんの語りはそれを象徴していた。

すでに述べてきたように、プレーには障害による身体的な差異が現れている。競技での身体条件の平等性は必ずしも達成されているとは言えない。さらに、車椅子バスケットボールは五人の合計持ち点が14.0に収まればよいため、各人の障害の程度や内容に関係なく同じコートで競い合うことになる。つまり、車椅子バスケットボールのクラス分け制度では、身体的な差異が試合中に顕在化することがあらかじめルールによって定められているということである。この競技に参加するということは、各選手にパフォーマンスの違いがあることが前提となっている。

このように、車椅子バスケットボールは、制度的にもすでに身体的な差異を内包したスポーツである。だが、そうした差異があるからこそ面白いのである。同じチーム内でも身体的な差異があることによって試合中の戦術が組まれる点に、このスポーツの醍醐味の一部分があると言ってもよい。少なくとも、身体条件の平等性が完全に確保されていないことは、競技をするうえで無視できない困難というよりも、ゲーム性を高める要因の一つとして理解されている、と言うことができる。

言い換えれば、車椅子バスケットボールのゲームは、ルールや用具の生み出す「制限」をどのように活用するのかという点を考えることが非常に重要になるということである。その制限とは、クラス分けが個人間の平等ではなくチーム間の公正をつくり出すものであるため、プレーヤー間に身体的な能力の差異が存在していることや、一般のバスケットボールと同じ規格のコートで車椅子を用いて競技をすることによるゴール下の重要性、そして車椅子という「固定的な幅」のある用具を用いること、などがある。だが、繰り返して述べるように、ゲームはある決められた行動パターンの反復ではない。たとえさまざまな制限があっても、

である。

一方、個々の行為は無秩序に行われているわけではない。ルールなどの制限によって決定されない、「どのように」の部分に選手の創造性がある。それが、車椅子の用い方一つで、持ち点の低い選手が持ち点の高い選手と対等にプレーができるということに端的に示される。そのため、車椅子バスケットボールは、車椅子という障害者用の用具を用いているから「車椅子バスケットボール」なのではない。言い換えれば、一般のバスケットボールを「障害者にあわせて」ルールを変えたバスケットボールではないということである。その用具の用いられ方が、そのゲームのなされ方を規定しているという点で、車椅子を用いたバスケットボールなのである。

この意味で、車椅子バスケットボールとはまさに「車椅子」のバスケットボール、つまり「イスバス」として把握されなければならないのである。そして、クラス分けがつくり出す各人の持ち点の差異は、役割という意識や戦術を構成するための前提を提供しているのである。その点について、練習中の出来事を三つ紹介したい。

ケース1：練習中、ディフェンスの戦術を確認する場面のことである。向かってくる敵の動きにあわせてディフェンスを行っていた。そのとき、コーチは持ち点が4.5のプレーヤーに対して、「そこまで相手にあわせて動かなくたっていいんだよ。来た相手はお前より持ち点が低いやつなんだから、そんな大げさに動かなくたって、ちょっと動いておけば、すぐ対応できるんだから」と注意をしていた。

ケース2：筆者の参加していたチームのディフェンスは、相手と正対し、横一列にラインをつくってからディフェンスを開始した。そのとき、真ん中の選手は車椅子を横に向けて準備しておくのだが、その際、どちらの方向を向いて準備しておくかが重要になる。その真ん中に位置する選手が千葉さんである。千葉さんは、コーチやメンバーに向かって「このディフェンスのときさあ、俺、初めどっち向いてたほうがいいの」という質問をした。

それに対してコーチは、「それは、持ち点の高いやつとか、能力の高い選手がいるほうを向いておかねえと、後ろ向きじゃ対処できないだろ。だから、初めは持ち点の高いやつがいるほうを向いて、そっちをケアできるようにしておけ」というように答えていた。

ケース3：オフェンスでは、できるだけ持ち点の高い選手に敵の持ち点の低い選手が相手になるようにフォーメーションをとっている。そのため、練習中にコーチは、チーム全体の攻撃の基本的な点として、「(攻めるときには) まず、持ち点の低いやつがさ、相手の持ち点の高いやつをできるだけ引っ張って、そこにできた隙を、お前のようなクラス4の選手が突っ込んでいくんだよ」というように指導していた。

これらのケースから見えてくるのは次のようなことだろう。相手のどのプレーヤーが、どんな障害（インペアメント）があるかどうかは関係なく、持ち点が何点のプレーヤーがどこにいるのかがここでは問題になっているのである。クラス分けというルールは、ルール的にインペアメントを持ち点と見なす抽象的なものではなく、ゲームのなかに埋め込まれて存在しているのだ。

以下では、ゲームにおけるさまざまな要素（選手の身体や用具）がどのように用いられているかを見ていくことにする。このようなとき、車椅子バスケットボールにおいては、ゲームという文脈のなかで各人の身体が、障害（インペアメント）ではなくゲームを構成する重要な身体としての位置づけが与えられるのである。このことを示すには、具体的なゲームの様相を示すことが必要となる。ゲーム中にどのようなプレーが行われているかを示し、この点について答えていきたい。

3　ゲームの様相

とはいえ、車椅子バスケットボールのゲームをすべて記述することはできないし、また本書にとっても必要なわけではない。ここでは、さまざまに指摘され、重要だと考えられる車椅子の「固定的な幅」が、ゲームのなかでどのように用いられているかを中心に記述していくことにする。

先に述べたように、ゴール下のポジションの重要性を考えると、持ち点が高い選手ほど活躍できると予想される。実際、二〇〇二年から二〇〇八年までの日本車椅子バスケットボール選手権大会において得点ランキング一〇位以内に入った選手の持ち点の比率は、クラス4が六〇パーセント、クラス3が二六パーセント、クラス2が一〇パーセント、クラス1が四パーセントであった。得点だけがすべてではないが、持ち点の高い選手が観客から見て活躍しているると映ることは想像に難くない。

一般に、脊髄損傷者と切断者では、切断者のほうが高いパフォーマンスを発揮している。しかし、両者は持ち点が違う。青木さんが述べていたように、持ち点が違えば試合のなかで勝負をする相手ではない。高い持ち点をもつ相手には、同じく高い持ち点をもつ味方が勝負すればいい。たしかに、持ち点制を導入しても身体的な差異は無視しきれず、試合のなかでも顕在化する。だがそれは、彼らにとって競技が不可能になるような違いではない。なぜなら、彼らは試合のなかでは同じ持ち点の相手と勝負しているからである。

車椅子バスケットボールの戦術は、基本的に、攻撃時、味方の持ち点の高い選手に持ち点の低い選手が相手になるようにチーム全員が動いている。戦術の大部分が持ち点のミスマッチ（ゲーム中に起こる体格や持ち点でのアンバランスなマッチアップ）をつくるように攻撃したり、ディフェンスしたりするように組み立てられている。持ち点で端的に示される身体的な差異はすべての選手に了解されており、身体的な差異をもとに戦術が組み立てられているのである。

チームのメンバーは、この身体的な差異が顕在化している点を、選手それぞれの「役割」だと表現していた。攻撃時における役割とは、持ち点の低い選手が相手チームの持ち点の高い選手を引き付け、味方チームの持ち点の高い選手をフリーにするようにチーム全体で動いていくことであり、ディフェンス時にはその逆の動きとなる。

基本のプレー——スクリーンプレー

まず、ゲーム中の基本的な体形を確認しておこう。

次ページの**写真６-１**を見てもらいたい。フリースローラインに沿ってディフェンス（濃いユニフォーム）がポジションをとっていることが分かる。これらは、もっとも大事なゴール下を守るための体形である。ディフェンスはこのゴール下部分にオフェンスが入ってこないように守るのが基本である。こうしたディフェンスを「ゾーンディフェンス」と呼ぶ。各人が決められた地域（ゾーン）を守るためだ。一方、地域ではなく人を中心に守ることを「マンツーマンディフェンス」と呼ぶ。車椅子バスケットボールでは、ゾーンオフェンスが基本の守り方となる。

一方、オフェンスはさまざまな動きや、次に示すようなスクリーンプレーを用いてゴール下に侵入することを目指すことになる。たとえば**写真６－２**では、右サイドにボールがある。このとき、オフェンス（白10番：持ち点4.0）の選手がディフェンスの間に割って入ろうとした。ディフェンスがこれを許せばゴール下に侵入されてしまうため、二人の距離を縮めてブロックをしている。また、フリースローラインにいたディフェンスは、間を突破されたときに備えて身体の向きを右側に向けてフォローしようとしている。

このあとの様子が**写真６－３**である。二人のディフェンスの間に飛び込んだオフェンスによってディフェンスが引きつけられたのを見計らい、ボールを持っていたオフェンスはゴール下に向かってドリブルで移動した。デ

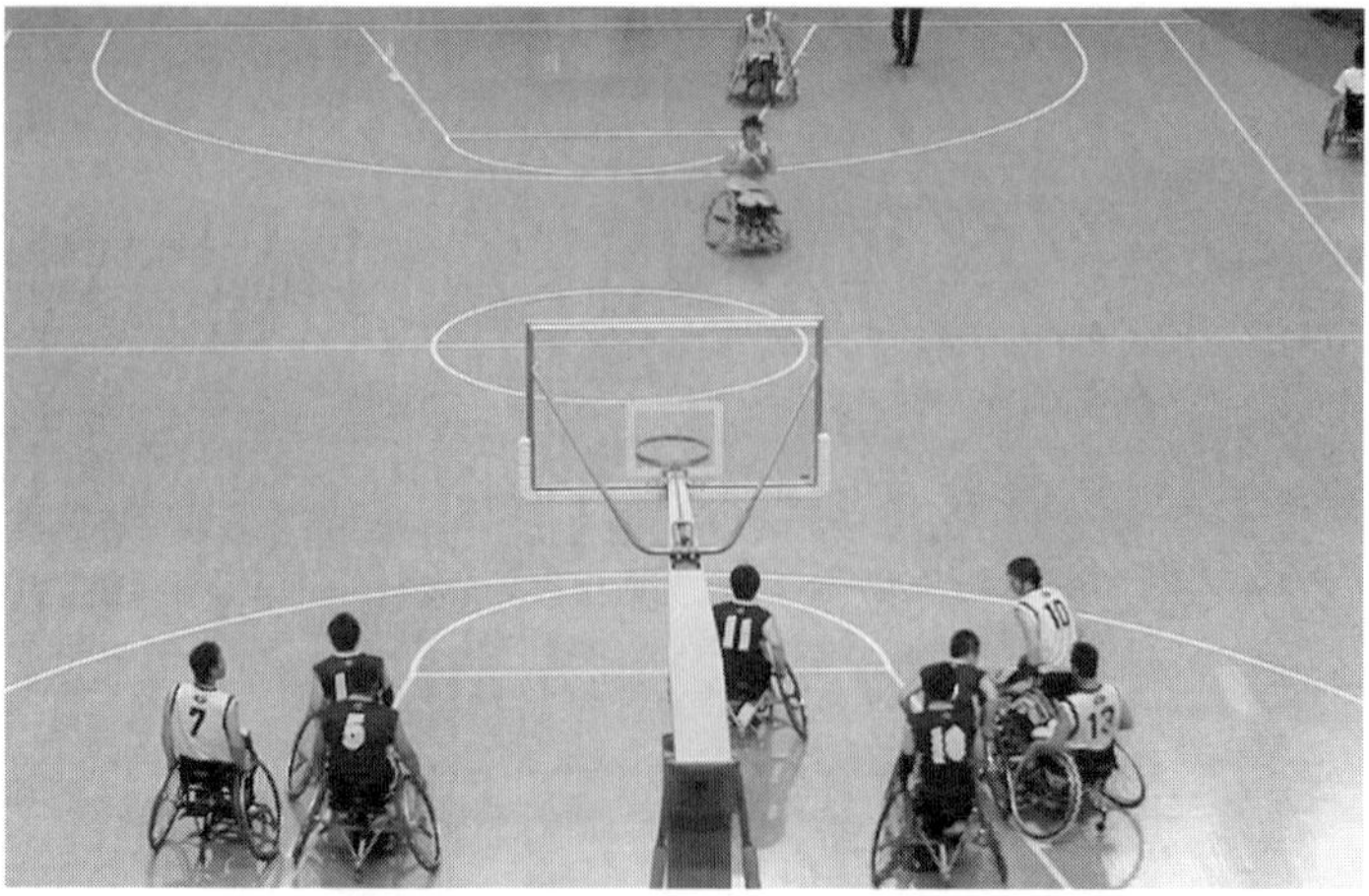

（写真６－１）ディフェンスの基本体形

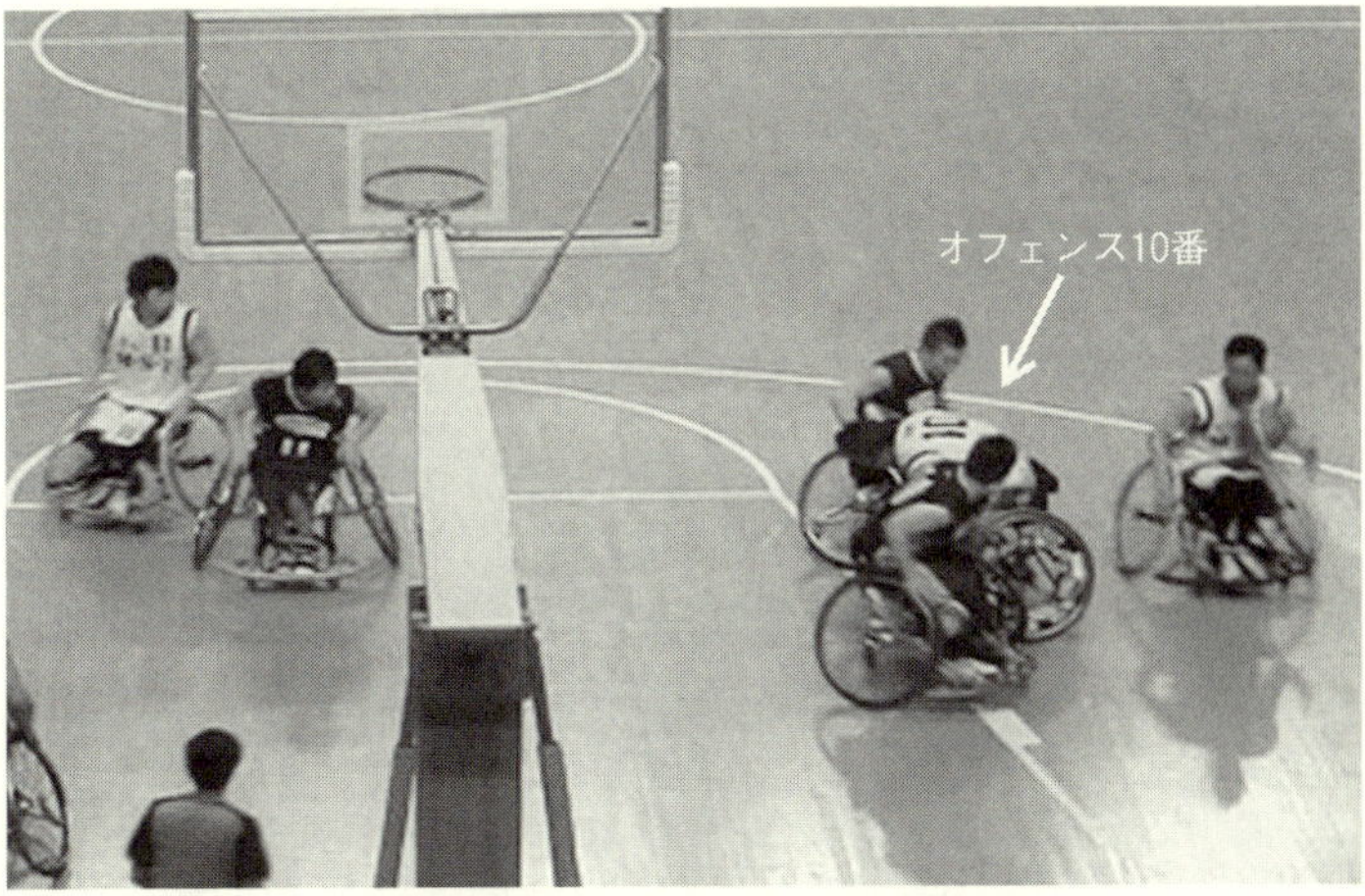

（写真６－２）オフェンスの動き１

（写真６－３）オフェンスの動き２

イフェンスはボールを持っていた選手（ボールマンと呼ぶ）に一人、そして白10番の選手に二人引き付けられてしまっている。ボールマンは、フリースローラインにいる味方選手からディフェンスが離れたところを確認してパスを出したのである。その結果、パスをもらった選手がフリーとなってシュートを決めた。

ディフェンスの基本的な体形と動き方、オフェンスの基本的な動き方は、以上の部分に現れている。つまり、ディフェンスはできるだけゴール下への侵入を許さないように守り、オフェンスはゴール下に味方が侵入できるように攻めるのである。

このとき、オフェンスが用いる手段が「スクリーンプレー」と呼ばれるものである。**図6－2**を例にとって、その基本的な形を説明しよう。

コートの右側にいる丸印の選手がボールを持っているとき、味方の選手がボール保持者に対してディフェンスをする選手の壁になるように立つ。ボール保持者は、味方がつくる壁を利用してディフェンスからフリーになるように動くわけだが、このように動くことを「スクリーンプレー」と言う。次ページの四枚の写真は、試合においてのスクリーンプレーである。**図6－2**のとおり、きれいにボールマンへのスクリーンプレーが成功しているのが分かるだ

図6－2　スクリーンプレー

ろう。

このプレーは、ボール保持者に対してだけでなく、ボールを持っていない選手同士がスクリーンプレーを行って、ディフェンスの動きを止める場合にも用いられている。先ほどの例も、スクリーンプレーを行っていると見ることができる。

車椅子バスケットボールの場合、スクリーンプレーをかけに行くのは持ち点の低い選手のことが多い。持ち点の高い選手には、相手チームの持ち点の高い選手がディフェンスについている。持ち点の低い選手が、ここで持ち点の高い守備側の選手に

スクリーンプレー1

1図

2図

3図

4図

スクリーンプレーをかけて成功すると、味方の持ち点の高い選手に持ち点の低い敵側の選手がディフェンスにつき、持ち点の低い味方に持ち点の高い敵側の選手がつくことになるので、持ち点のミスマッチが生じることになる。つまり、攻撃側には攻めやすく、守備側には守りにくい状況が生まれるのである。ここでも肝要なのは、持ち点の低い味方の選手が持ち点の高い相手ディフェンスに対してスクリーンプレーを仕掛ける点である。このプレーをどの程度使えるかがチームの勝利にとっては重要になる。

さて、もう一つスクリーンプレーを見てもらいたい（二二七ページの写真）。ここでのプレーは、車椅子バスケットボールにおけるゴール下の重要性を選手が認識していることを示すとともに、車椅子という「固定的な幅」がプレーに影響を与えていることが示されている。

1図では、白12番がボールを保持している。ディフェンスの基本体形を保たれているので、左右それぞれでスクリーンプレーをしながら攻撃の機会をうかがっている。ここで、ディフェンスはボールマンにプレッシャーをかけに動いている。そして**2図**では、左サイド外側にいたプレーヤーにパスを出した。このとき、**1図**のボールマンにプレッシャーをかけに動いたディフェンスが反転しようとしている。また、左サイドのディフェンス二名はボールマンへのディフェンスの用意を始めている。このとき、**2図**のボールマン（写真には写っていないが3ポイントライン上にいる）は持ち点3.0であり、アウトサイドからのシュートも可能だと判断できる。

スクリーンプレー２

１図

２図

３図

４図

５図

アウトサイドのボールマンへのディフェンスに動き出したのが**3図**である。このとき、コートのエンドラインとフリースローラインを結んだ縦のラインに並んだディフェンスは、ボールマンのシュートにプレッシャーをかけるために動き出している。また、**1図**のボールマンをディフェンスしていたプレーヤーは、ライン上にいるオフェンスが抜け出るのをカバーしようと準備している。

そして**4図**では、ディフェンスが来たため**3図**のボールマンは**1図**でボールマンだった選手にパスを返している。**3図**のボールマンに二人がかりでプレッシャーをかけに出てしまったため、ライン上にいた白のオフェンスがフリーになってしまった。そのため、白12番をディフェンスした選手がカバーしている。よって、パスが返ってきたにもかかわらず白12番にはディフェンスが付いていない。フリーとなった白12番がシュートを打った場面が**5図**である。彼はノーマークだったため、落ち着いてシュートを決めることができた。

なぜ、フリーだったにもかかわらず、ディフェンスは白12番をノーマークにしてしまったのだろうか。まず、**2図**でのボールマンは持ち点3.0であり、アウトサイドでフリーにするとシュートを決める可能性が高い。また、ライン上にいたオフェンスにはカバーが来ていたため、二人のディフェンスはボールマンへプレッシャーをかけに出てしまったと言える。

白12番にボールが返ってきたとき、なぜ誰もディフェンスに行かなかったのか。ライン上のオフェンスをカバーしたプレーヤーは、マークを外すことができない。なぜなら、彼が動いてしまうと、ゴール下のディフェンスがいなくなってしまうからだ。白12番の持ち点は2.5で体格も大きくないため、彼がゴール下に侵入するより、ライン上のオフェンスが侵入することのほうが脅威である。また、フリースローラインからのシュートであれば外すことも期待できるということである。

この一連の流れにおいて右サイドの二人のディフェンスがオフェンス一人に引きつけられて動けなかったのは、彼がディフェンスを突破してゴール下に侵入した場合、パスが通ってしまえば確実に得点が決められてしまうからである。したがって、二人のディフェンスはオフェンス一人を挟んで動けなくしていたのである。前述したように、車椅子バスケットにおいては3ポイントシュートの成功率はあまり高くない。ディフェンスは、右サイド外側にいるプレーヤーに3ポイントシュートを打たれることよりもゴール下にオフェンスが侵入することのほうがより危険なプレーだと捉え、行動を起こしているのである。

さらに、なぜ右サイドのディフェンス二人が空いてしまった空間を埋めるように動かなかったのかと言えば、それをしてしまうと、ゴール下のもっとも重要なポイント、つまりシュートの打ちやすい空間

図6－3　ゴール下を守らなかった場合の配置

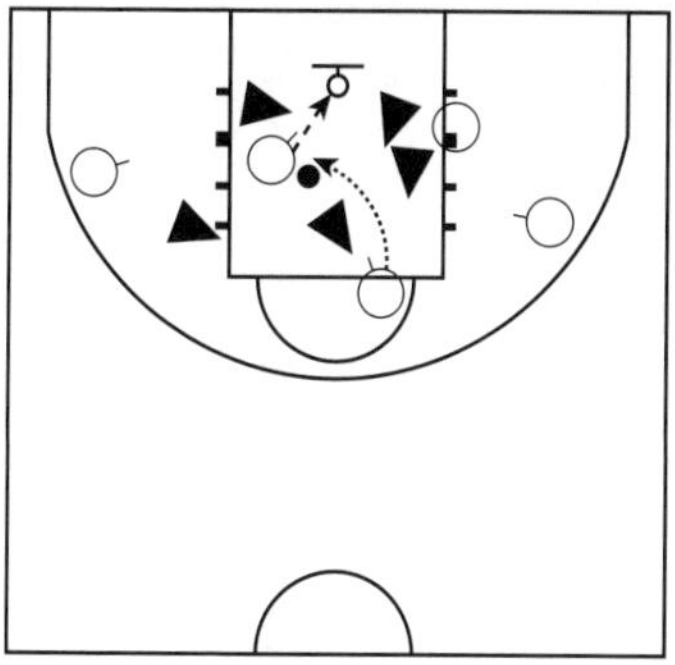

をオフェンスの選手に占められてしまうからである。

　車椅子バスケットボールのゲームでは、このようなスクリーンプレーをどれだけ用いるかが戦術の核となる。このときに重要なのが車椅子の「固定的な幅」なのである。そして、このスクリーンプレーがもっとも特徴的に現れるのが、車椅子バスケットボール固有の戦術である「バックピック」と呼ばれるプレーである。

固有のプレイ――バックピック

「バックピック」は、味方の攻撃が成功に終わったあと、持ち点の低い選手が相手チームの持ち点の高い選手が攻撃に移るのを、車椅子を接触させることで動きを止める（遅らせる）というプレーである。

　このとき、両チームの持ち点構成が「4.0＋4.0＋3.0＋2.0＋1.0」の14.0だとしよう。仮に、相手チームの4.0の選手を1.0の選手が足止めした場合、両チームのプレーに関与していない選手の持ち点の合計は10.0対13.0となり、攻撃側にとって不利な状況が生まれることになる。持ち点から見た場合のミスマッチである。とはいっても、完全に動きを止められるわけではなく、このミスマッチの時間はわずかであり、すぐに解消されることになる。

　だが、ここで重要なことは、バスケットボールにおける「二四秒ルール」の存在である。持ち点のミスマッチは攻めにくさ（守りやすさ）につながり、攻撃側が二四秒以内で得点する可能性はこのプレーによって減じることになる。

バックピックには、前述とは逆の場合も存在する。守備側が攻撃側に対してバックピックをかけたのとは反対に、攻撃側が守備側にバックピックを仕掛けるときもある。先ほどと同様、両チームの持ち点構成を「4.0＋4.0＋3.0＋2.0＋1.0」の14.0だとしよう。このときは、持ち点の高い選手が敵チームの持ち点の低い選手に対してバックピックを行うことが多い。この場合、持ち点の関係性から考えると、一見、敵チーム（バックピックをかけられたチーム）が有利となってしまうように見える。仮に、攻撃側の4.0の選手が守備側の1.0の選手にバックピックを仕掛けた場合、攻撃側の持ち点合計10.0に対して守備側の持ち点合計が13.0となってしまうからである。

実際のゲーム中に持ち点の低い選手がバックピックを仕掛けるタイミングは、オフェンス終了時にゴール下に

図6－4　バックピックの例
（1.0の選手が4.0の選手に仕掛ける場合）

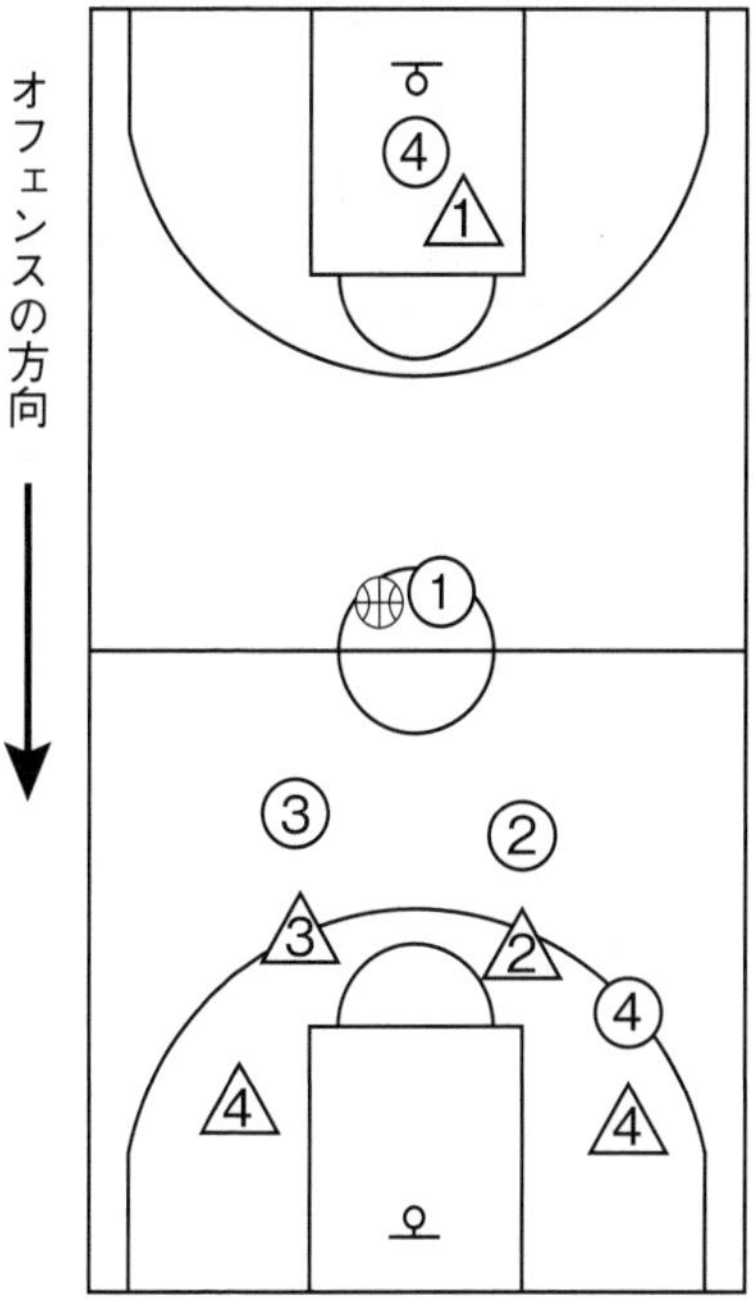

いた場合にかけることが多いようだ。青木さんはオフェンスが終わったとき、「ゴール下にいて、相手のハイポインターがいたらかけるね。あと、相手のスキルが俺より低いとき」と言っている。

しかし、このときに考慮しなければならないことは、車椅子の「固定的な幅」についてと、4.0と1.0の選手の基礎的な身体能力の差についてである。バックピックを仕掛けることで、四人対四人の争いに持ち込むことができる。実は、車椅子バスケットボールでは、コートの半分に一〇名の選手が存在しているとき、各人の自由度はそれほど高くない。車椅子が密集してしまうからである。それを、バックピックを仕掛けることで四人対四人にし、密集を解消することができるのだ。

多くの場合、1.0の選手と4.0の選手の基礎的な身体能力（車椅子を漕いだときの加速、最高速など）は4.0の選手のほうが勝る。バックピックを仕掛けられ、足止めされた1.0の選手（守備側）は4.0の選手（攻撃側）よりも遅く守備に戻ることになる。攻撃側五人と守備側四人という人数のミスマッチを、わずかな時間だがつくり出すことが可能となるのだ。

これらオフェンスが仕掛ける場合と、ディフェンスが仕掛ける場合の二つのバックピックの例は、すぐに分かるように、同じものを異なる側面から見たものとなっている。このようなプレーをどのタイミングで、どの選手が誰に対して仕掛けるのか、各人の持ち点を考慮したうえで、チーム全体としての戦術を構成していくのである。そして、勝利に向けて、どれだけチーム全体で持ち点の低い選手を生かすことができるかの試行錯誤が戦術の面白さを生み出している。

車椅子バスケットボールの大会において、ミドルレベルの試合とトップレベルの試合では、トップレベルの試合のほうがスクリーンプレーの回数が多く、持ち点にかかわらず行われていた、と報告している書籍もある（依田ほか［二〇一〇］）。この記述も、先の記述を傍証《ぼうしょう》してくれるものと

表６－１　トップレベルとミドルレベルの各動作の総数。スクーンの回数が統計的にも有意な差が出ている（※で示している）。

	ミドルレベル	トップレベル
３Ｐシュート	0	3
２Ｐシュート	63	64
フリースロー	6	12
パス	186	215
スローイン	36	50
ドリブル	91	95
OF リバウンド	6	5
DF リバウンド	26	19
ブロックショット	2	2
インターセプト	4	3
リカバリー	20	9
スクリーン	22	＊90
ターンオーバー	7	6
バイオレーション	12	2
ファウル	13	14

出典：依田ら［2010］。

言える。

持ち点に関係なくこうしたプレーが可能になっているのは、車椅子という「固定的な幅」によるということである。たとえば、元日本代表の安直樹があるインタビューにおいて、健常者のバスケットとは異なり「ジャンプができないので、いかに良いポジションを獲るか、ミスマッチのポジションを獲るかという、ポジション獲りがシビア」だと述べていることも、スクリーンプレーとチーム全体の戦術の重要性を物語っている（フリーペーパー月刊ぷらざ茨城県南版、二〇〇六年二二号、六四ページ）。

こうした「固定的な幅」の重要さは、選手たちにも理解されている。つまり、バスケ車は、単純にターン性能向上のためにキャンバー角を大きくすればよいわけではない理由の一つがここにも存在するということである。

一方、通常のバスケットの場合ではこうしたことは起こらない。なぜなら、身体の使い方によってすり抜けることができるからだ。しかし、車椅子の場合は、どのように身体を使っても車椅子の幅は変わらないし、上手く車椅子を当てることができれば持ち点の差にかかわらずバックピック（スクリーンプレー）を成功させることができるのだ。このとき、持ち点の低い選手は、合計14.0と定められたチーム構成において不可欠な存在だけではなく、そのプレーによって、チーム全体の連係や戦術的要素の核ともなっている。

ここで、実際のゲームの場面からその様子を見てみよう。先に述べたのはある種の理想型であり、ゲームではこのようにいくことはめったにない。しかし、それでも「バックピック」と呼ばれるプレーの形は理解してもらえたはずだ。

次ページに掲載した五枚の写真は、試合中でのバックピックを示している。このプレーは、まず車椅子同士の接触が前提となっているため、仕掛けようとする選手は対象に向かって動くことになるが、**1図**のように、攻守の切替時に近くにいた場合はより仕掛けやすくなる。**1図**において、フリースローライン左側の二人のプレーヤーが接触していることが分かるだろうか。

2図において、オフェンス側（濃色）のプレーヤーは反転して相手ディフェンスの動きを止めようとしている。そして**3図**で、バックピックをかけられたディフェンスは、最短距離で自陣に戻れないためコート右側に走り出してバックピックをかわそうとしている。これによって、ディフェンス側のプレーヤーの戻りが遅くなっていることが分かる。また、**4図**で白のプレーヤーはバックピックを振り切って動き出しているが、次の**5図**において、右サイドを上がってきた選手との二人に挟まれてスピードを落とされてしまっている。

このときは、攻守の切替時にボールがコートの外へ出てしまったため、オフェンス側は素早い切り替えができなかった。そのため、バックピックをうまく生かすことができなかった。成功していれば四人対四人の状況が生まれ、オフェンス側はコートを十分に用いた攻撃ができていたかもしれない。一方、より強豪のあるチームはバックピックを効果的に用いた攻撃

バックピック

1図

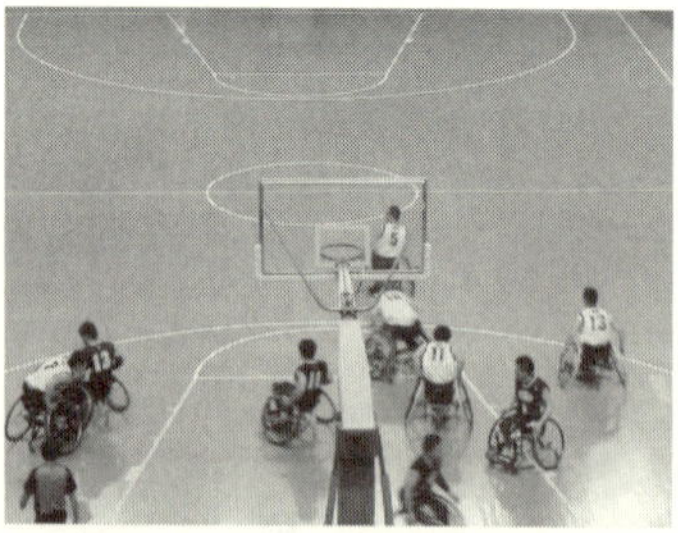

2図

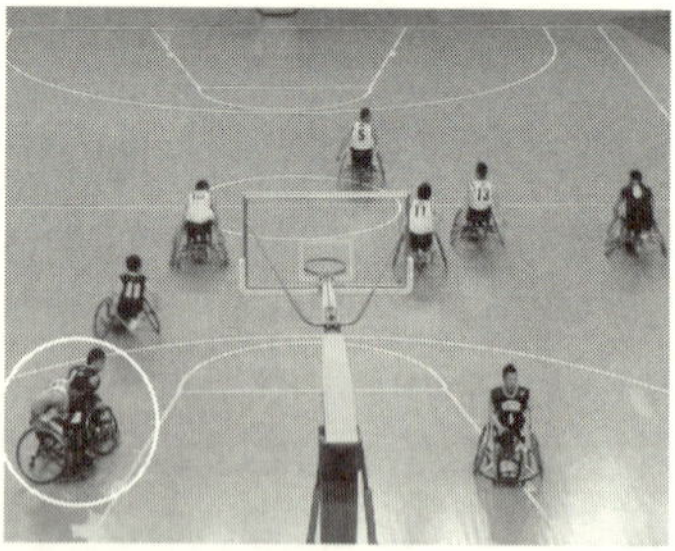

3図

4図

5図

を行っている。それを次に見てみよう。

二三八～二三九ページに掲げた写真（ゲーム中のプレー）は、オフェンス側（白）のシュートが失敗に終わったあと、攻守が切り替わったときに生じたバックピックと「トレイル」と呼ばれるプレーである。写真はコート全体を写していないため、適宜**図6－5**（二つ）も参考にしながら見てほしい。

1図において、センターライン右側でバックピックが仕掛けられている。多くの場合、バックピックはコート後方から始めるが、このときはバックピックの相手をつかまえるのに手間取っていた。

2図では、直線的に戻れなくなった白ユニフォームのプレーヤーがセンターラインに沿ってコート左側に移動しようとしているところである。このときの二人の持ち点は、バックピックを仕掛けている選手が持ち点3.0、仕掛けられている選手の持ち点は2.0である。仕掛ける選手のほうが持ち点が高いため、この位置からでも仕掛けることが可能だったとも言える。

3図と**4図**は、バックピックが成功し、二人がセンターサークル上で止まっている場面である。この間に、遅れていたオフェンスが相手コート内に全員入った。ここで四人対四人の場面が生まれ、オフェンス側にとっては攻めやすい状況が生まれたと言える。

この状況下での持ち点は、オフェンス側11.0に対してディフェンス側11.5であり、この点ではまだディフェンス側が完全に不利とは言い難い。しかし、四人対四人の状況はコートが広く

図6−5−1　トレイル1

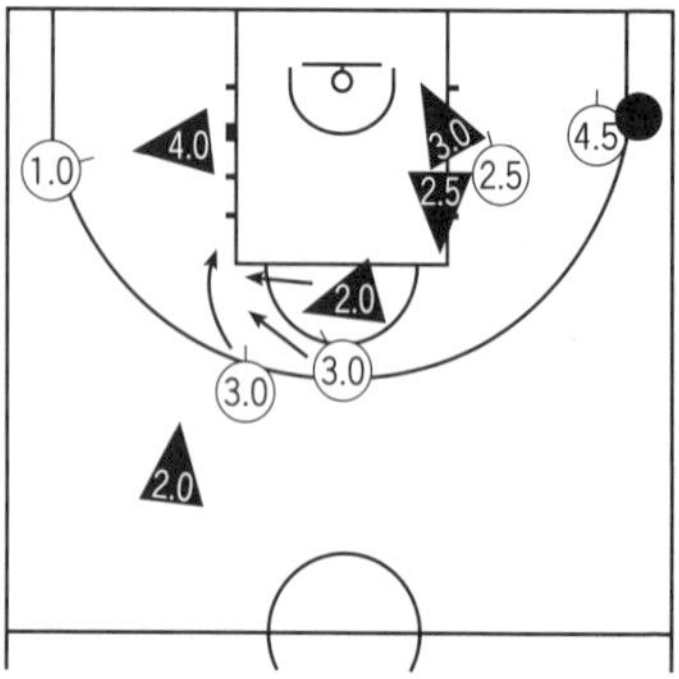

図6−5−2　トレイル2

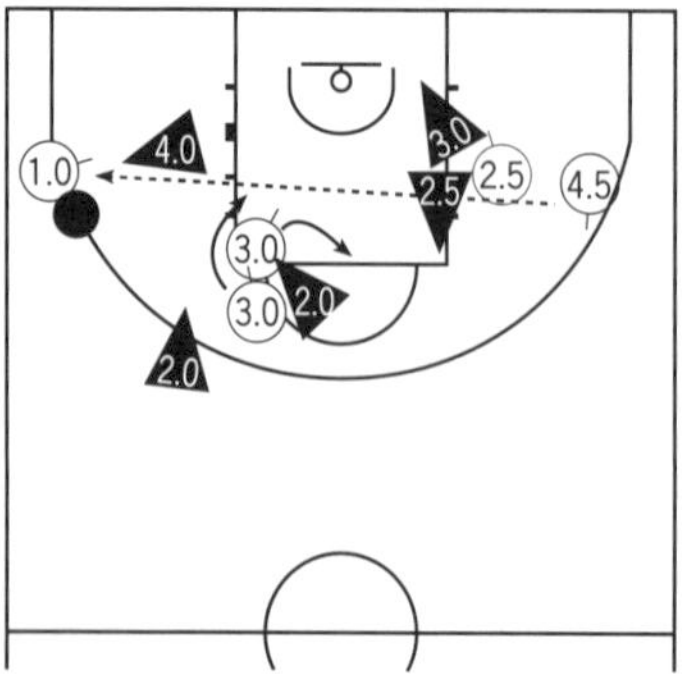

ゲーム中のプレー1

1図

2図

3図

4図

使える。つまり、車椅子によって埋められていないスペースがいつもより多く空いているので、オフェンス側はそうした状況を生かした攻撃をこのあと仕掛けることになる。それが、通称「トレイル」と呼ばれているプレーである。

5図を見てほしい。バックピックを仕掛けていた選手と、その近くにいた持ち点3.0の選手がフリースローライン左側の角に向けてほぼ同時に動き出している。ライン上にいたディフェンス（持ち点2.0）は、その侵入を防ぐため場所を埋めるよう動き出している（**図6－5－1**も参照）。そして**6図**では、バックピックを仕掛けてい

ゲーム中のプレー2

5図

6図

7図

8図

たプレイヤー（持ち点3.0）がディフェンスを制して、台形（現在は長方形）のエリアへ侵入を果たした。

このとき、左サイドのディフェンス（持ち点4.0）と右サイドのディフェンス（持ち点2.5）はなぜカバーに行けなかったのか。まず、左サイドのプレイヤー（持ち点4.0）はオフェンスのプレイヤー（持ち点1.0）への対応をまず優先しなければならない。オフェンスを無視してカバーに入れば、相手がやすやすとゴール下に侵入できてしまい、得点の可能性を増してしまう。

また、右サイドのディフェンスプレイヤー（持ち点2.5）は、二人対二人の状況にあったため動くことができなかった。彼が動けば右サイトはオフェンス二人対ディフェンス一人となってしまい、非常に不利である。とくに右サイドには、オフェンス側でもっとも持ち点の高いプレイヤー（持ち点4.5）がいるためカバーに動くことができなかったのである（**図6－5－2**も参照）。

この一連のプレーがトレイルと呼ばれるのは、このとき、オフェンス側のもう一人の持ち点3.0のプレイヤーの動きによる。彼は、先に動いたプレーヤー（バックピックを仕掛けていた持ち点3.0のプレーヤー）に続いて同様に動く。ほかのプレーヤーのあとを追って動く（トレイル）ため「トレイル」と呼ばれるのである。

この状況の場合、すでに先に動いた選手が相手を抑えてゴール下へと道をつくった。あとに続く選手は間髪入れずそのあとを追い（**6図**）、**7図**ではフリーの状態でゴール下へと到達している。このとき、ボールは**5図**の段階で、右サイドから左サイドのプレーヤー（持ち点1.0）へとパスが送られている。また**7図**では、先に侵入したプレーヤーはゴール下へと動かず、フリースローライン方向に回転することでディフェンスの選手（持ち点2.0）を抑え込んでいる。そして、左サイドのプレーヤー（持ち点1.0）からゴール下に向かってパスが送られている。

一方、ディフェンス側は、左サイドのプレーヤー（持ち点4.0）はゴール下をカバーするために動いているが、そのときには、もっともシュートの打ちやすい空間はオフェンスにとられてしまっている。その結果、**8図**のように、オフェンスはほぼノーマークでシュートを成功させたのである。

この写真で紹介したチームは、バックピックからトレイルを多用している。このプレーが有効である要因にも、やはり車椅子の「固定的な幅」があると言える。この意味で車椅子バスケットボールというスポーツは、シュートにとって有効な空間をどのように占めるかの攻防だと捉えることができる。「立った」バスケットに比べて、「イスバス」のほうがより平面上の占有が重要になる。それは車椅子を用いているからであり、コートやゴールの規格が同じながらも、ゲームの特性としてはまったく異なるスポーツと考えることができる。

ゴール下でのパス

さて、車椅子バスケットボールの競技特性として、ゴール下でのシュートの重要性が指摘されてきた。このことは、今まで見てきたプレーのなかにも現れていた。こうしたゴール下を占めることの重要性は、ある動作に関して「立った」バスケットとは異なる技術を要請することになる。

それは、ゴール下にいる選手に出すパスの出し方に典型的に現れている。「立った」バスケットボールの場合、たとえゴール下のAゾーンであっても、ゴール下の選手に出すパスとしてバウンズパスの場合もあれば、チェストパスで力強く出すこともできるし、ふわっと浮かせる場合もある。しかし、車椅子バスケットボールの場合、まずバウンドパスはゴール下にいる選手に向かっては使えない。なぜなら、Aゾーンではバウンドパスをする余地がないためである。さらに言えば、イスバスは立ったバスケットに比べて「ポストプレイ」（いわゆる、くさびとなる動き）が少ないことも要因の一つだろう。

「なぜバウンドする余地がないのか。それには、彼らが車椅子に乗っていることが大きく関係する。車椅子は場所を取るし、股下をくぐらすようなバウンドパスもありえない。（中略）空間に対する車椅子の幅が、より有意味になる」（樫田編［二〇〇〇］三〇ページ）という指摘のとおりである。パスの仕方は、バウンズパスやチェストパスのような低い位置から出すのではなく、高い位置から放物線を描くように出されているのである。

ゲーム中では、写真に見るように曲線を描いたパスが用いられることが多い。一見すると分かるとおり、非常に山なりのパスである。選手がゴール下にポジションをとると、目いっぱい身体と手を伸ばしてパスを受ける準備をする。パスの出し手は、そこにちょうど落ちてくるようにパスを出すのである。言うまでもなく、低いパスを出すと密集地帯であるだけにカットされやすいからである。そのため、できるだけディフェンスの手の届かない範囲にパスを出すことになる。

パスの出し手が高い位置から直線的に出すこともある。パスの出し方の違いは、パスの受け手とディフェンスの関係で決まる。ディフェンスがパスの出し手と受け手の線分上にいた場合は山なりのパスを、線分上

ゴール下へのパス

にいなければ直線的なパスを用いる。いずれにしろパスは、できるかぎり伸ばした先にある手に届けられる。写真を見ても分かるとおり、パスは放物線を描いて受け手が手を伸ばせる最高到達点に届けられている。

なぜ、放物線を描いてパスを届かせようとするのだろうか。ここでも、車椅子の幅が重要になってくる。この幅によって、パスカットをしようとするディフェンスは手を斜めに伸ばさなくてはならなくなる。そのため、背の高さや腕の長さによほどの差がないかぎり、ディフェンスはオフェンスよりも高い位置に手を差し出してパスコースを塞ぐことが難しいのである。車椅子の「固定的な幅」は、こうしたパスの出し方にもかかわっている。

「固定的な幅」の効果

これまでにいくつかのプレーを見てきた。そこで浮かび上がってきたのは、車椅子バスケットボールにおける戦術が、クラス分けによる各選手の持ち点、二四秒ルールといった時間制限のルール、そして車椅子の「固定的な幅」などといったさまざまな関係によって生まれるということである。クラス分けがつくり出す公平性が、個人間ではなくチーム間でのものであることと、そして車椅子に「固定的な幅」があることによって、持ち点の低い選手が持ち点の高い選手を足止めすることが可能になり、バックピックやスクリーンプレーという重要な戦術を生み出している。

クラス分けは、それ自体が構成的ルールとして個人のインペアメントを持ち点と「見なし」、「非障害化」している。それがルールの働きだった。だが、今見てきたように、その「非障害化」自体やクラス1の相対的に重度な障害が車椅子バスケットボールを構成するための必要不可欠な要素であることは、車椅子の「固定的な幅」によって生み出されるゲームでのプレー（相互行為）として現実化されていることで分かる。

ゲームで用いられる戦術において持ち点の低い選手が重要な位置を占めるのも、ルールの編成において必要不可欠であるだけではなく、むしろイスバスというゲームにおいてそのように達成されているからにほかならない。個人の障害（インペアメント）は、こうしてポジティブなものとしてゲーム中に達成されている。

スポーツにおけるルールは、ある特定の行為のセットを特定のゲームとして措定可能にする基礎を提供している。ルールがなければ、どんな行為もスポーツでのプレーとして認識することができなくなる。本書で言えば、持ち点の低い選手が不可欠なことはルールの論理的帰結として把握できるだろう。しかしながら、ルールがゲーム中の行為すべてを決めるわけではない。ローポインターの不可欠さは、ゲームにおいて、その都度その都度のプレーとして達成されることで初めて現実のものとして意味が与えられるのである。

反対に、たとえば、ローポインターがアウトサイドのシュートを狙っているとき、ディフェンスが対応しないという選択をしたならば、その選手は放置しても構わないと見なされていることになる。いわば、その選手の身体にはネガティブな意味づけがされていると考えることができるだろう。ただし、そうした対応はすべて障害（インペアメント）とのみかかわっているわけではなく、周りの選手のポジションやシュートを打とうとしている選手の持ち点、そのスキルといったすべてのことが要因となっている。

いずれにせよ、選手の身体への意味づけは、本質的なものというよりも、ゲーム中のプレーのなかでその都度その都度なされていく流動的なものなのだということができる。それゆえ、当事者の言う「イスバス」という表現は、単に「車椅子を用いているバスケットボール」という意味ではなくなる。それは、車椅子の用いられ方がそのゲームのなされ方を規定しているという意味で車椅子を用いたバスケットボール、つまり「イスバス」である。

車椅子バスケットボールとは、障害者用にルールを変えたバスケットボールではない。参加する人々の身体にかかわらず、車椅子で行うようにルール定められたバスケットボールと捉えるべきものである。

コラム2　車椅子バスケットボールの審判

第5章と第6章では、車椅子バスケットボールのルールとゲームについて記述してきた。しかし、そのなかで描かれていなかったものがある。それは、ゲームを行ううえで不可欠な審判の存在についてである。日本車椅子バスケットボール連盟によると、連盟登録の審判は280名となっている。このなかには、各ブロックでのゲームで審判を行えるブロック公認審判や、全国大会や国際大会で審判を行える日本公認審判が含まれている。

2012年5月の選手権大会でも、何名もの審判がゲームを裁いていたのを目撃した。彼らは、基本的にはボランティアで審判を行っている。といっても、試合ごとに報酬はもらっており、大会ごとに差はあるものの、概ね1試合で3,000円（交通費含む）というのが目安となっている。

掲載した写真を見てもらいたい。ある日行われた練習試合の一場面だ。練習試合といえども審判がちゃんといる（右手を挙げている人物）。この審判、チームの関係者が行っているのではなく、れっきとした連盟公認の審判員である。すべての練習試合に審判がいるわけではないが、審判をつける場合、練習試合を行うチームが連盟に登録された審判員にお願いをして笛を吹いてもらっているようだ。

では、どのようにして審判になるのだろうか。いくつかのルートが考えられるが、多くの場合、車椅子バスケットボールそのものに興味をもっている人々が審判になっていく。例えば、興味があって各チームのスタッフとして活動するなかで審判を行うようになっていく。そうした人々を、各ブロックの審判長が育成していくというのが通常のルートとなっている。

練習試合で笛を吹く審判員

第7章

日常の経験とスポーツ

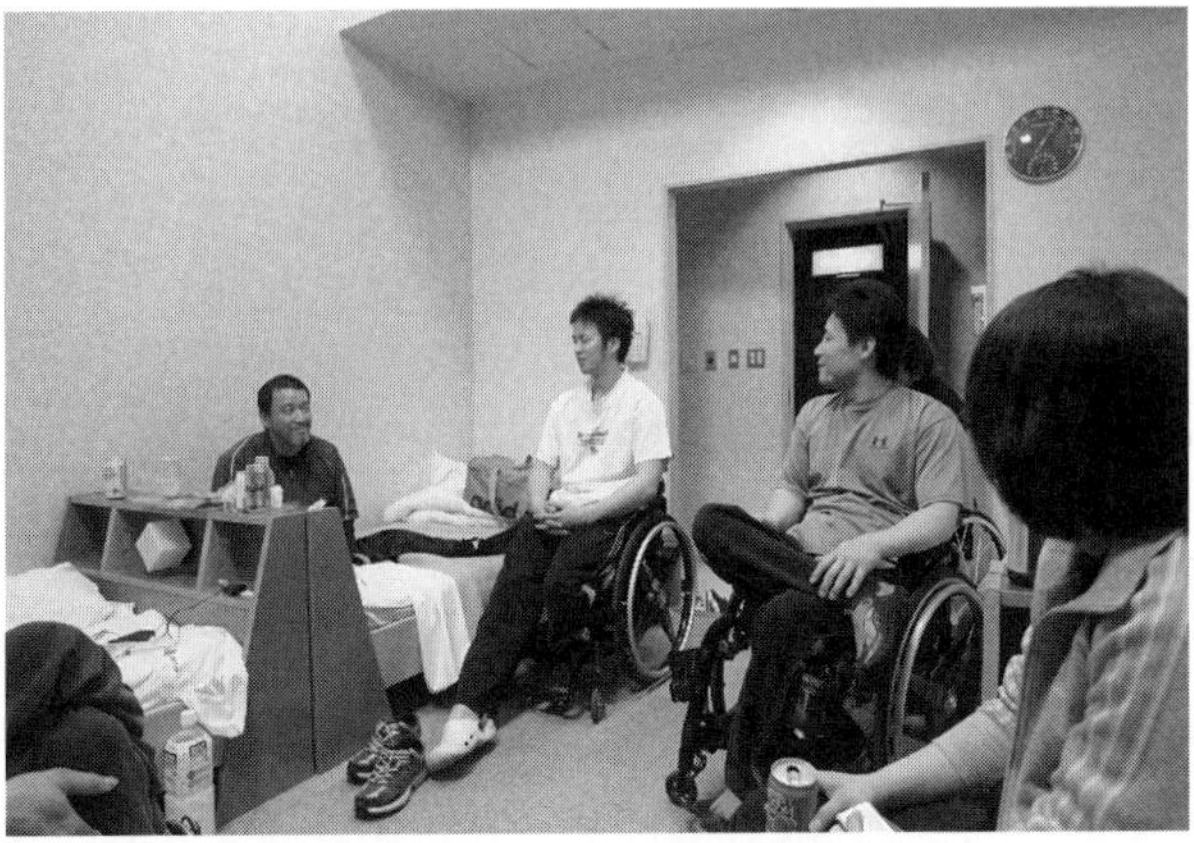

プレイヤーの日常（写真提供：宮本邦彦）

1 四人の選手

本章では、筆者が参加したチームのメンバーのなかで、よく話を聞いてもらった青木大さん、千葉昇さん、大滝典嗣さん、笹森剛さんの四人を取り上げ、彼らの語りから、他者からのまなざしをどのように当事者が受け止めているのかを描いていきたい。

青木大さんは一九七六年の生まれで、職業は公務員、自宅は東京都足立区にある。また、東京都の選抜選手にも選ばれている。調査の途中にチームを移り、現在所属しているチームは埼玉県のチームである。[1] 脊髄損傷であり、持ち点は、調査開始時は1.5であったが現在は1.0である。

高校生のとき、「ふざけていたら校舎の五階から落ちた」と言う。そのときのことは「なんか、あんま覚えてない」が、「足がジンジンするのはあった」ということだけは覚えていた。彼の受傷後の心境は次のようなものであった。

「もうなっちまったらしょうがない。だからもう、これからどうやって楽しんで生きていくか。まあ、そこまで考えてないけど、どういうふうにやったらなんか、こう、ねえ、成功するかなあと思ったときにスポーツと出合って、で、スポーツやったら仲間が増えるから楽しくなってきて、楽しくなりゃ今度は強くなりてぇってなって、普通のそういう感じ」

それまではサッカーをやっており、「もともとスポーツ好きだった」と語っていた。車椅子バスケットボールを始めたきっかけは、入院していた川崎の病院の体育館で、ある車椅子バスケットボールの選手がシュートを打っている姿を見て、「ほんと、純粋にかっこいいなって、俺もああなるって」と思ったことであった。

また、「結局、障害者スポーツの競技人口が一番多いのが車椅子バスケットボールだった」こともきっかけの一つだったという。

彼は、「スポーツやるなら勝たないと楽しくない」と言う。そして、「もっと（車椅子）バスケが普及すればいい。でも、日本は健常のほうのバスケの認知度が低いから大変。でも、車椅子バスケが認知されてほしい」と語り、「車椅子バスケットに誇りをもってる」とも言っている。

(1)　チームを移るということは、よくあるとのことだ。とくに関東においては、統括組織が東京都連盟と関東連盟（東京を除く関東の各県）という近い所に二つあるからだ。たとえば、東京のチームに在籍していた選手が別の東京のチームに移った場合、規約によって移籍先のチームですぐに公式戦に出場できるわけではないが、東京から関東へ、関東から東京へという移籍の場合はその制限がない。青木さんは東京のチームから埼玉のチームへ移ったし、また本文でも書いたように千葉さんも何度かチームを移っている。

千葉昇さんは一九七二年の生まれ。青木さんと同じく職業は公務員で、自宅はさいたま市にある。埼玉国体時にはさいたま市の選抜選手に選ばれた。活動しているチームは東京都にある。持ち点は、調査開始時は2.5で現在は2.0である。

彼は、現在のチームに所属するまでに二回ほどチームを移動している。当初は東京都内の「東京ファイターズBC」に所属していたが、そこではプレーの機会があまりなかったため、青木さんが所属していたチームに移動した。また、青木さんの移籍にともなってチームの活動方針が転換したのを受け、より競技志向の強いチームである「COOLS」に移籍した。

千葉さんは、バイク事故によって脊髄に損傷を負った。自らをスポーツマンではないと言う千葉さんが、バスケットボールを始めたきっかけについて次のように話してくれた。

入院していた国立リハビリテーションセンター[2]には、入院患者で構成する車椅子バスケットボールチーム（NRC）があり、千葉さんは、初めそこでバスケットをしていたという。しかし、退院とともにそこでの活動が終わり、しばらくは「ふらふら」していたが、友人がバスケットボールを始め、その友人の強いすすめによって再びバスケットボールを始めたという。

それについて千葉さんは、「俺はバスケットが面白くってというよりもねえ、人間関係で入っていった感じ。でぇ、やってるうちに、やっぱりバスケットも面白いなって。それでだよね」と語っている。そして、受傷したことについては次のように語っていた。

「俺も基本的になっちまったらしょうがないって思う。まあ、なっちまったらしょうがねえ。どうにでもなるや、っていうくらいの軽い気持ちで、深いところまで考えないから」

大滝典嗣さんは一九六七年の生まれで、職業は会社員で持ち点は1.0。バスケットボール歴はあまり長くないが、調査開始時は積極的にプレーしていた。その後は、仕事の都合もあってあまり活動できておらず、現在はプレーをしていない。大滝さんも、バイク事故で脊髄を損傷して車椅子を使用する生活となった。

「二九で怪我して、やっぱ挫折したよね。今までやってきたことできねぇから。神様恨んだよ」

彼がイスバスを始めたきっかけは、入院中に理学療法（Physical therapy：ＰＴ）の一環として取り入れられたバスケットボールが理由である。

「ＰＴのリハビリは、ダンベル上げたり乗車訓練したり地味なんだよ。体育館では車椅子操作とか外周走らされたりとかあったけど、一番最後にバスケットボールをやるんだ。これが、今考えるとルールなんてめちゃくちゃ。でも、面白くてね。バスケットボールが今日中止な

（2）　一九七九年発足。障害者の自立および社会参加を支援するため、医療から職業訓練まで一貫したサービスを提供する。また、そのための教育・研究機関でもある。所在地は一四三ページの注を参照。

んて噂が流れると、『俺、行かねー』なんてやったり。それから車椅子バスケットチームがあるって聞いて、退院してからもやりたいなって思ってた。そんなときに監督の玉澤さん（筆者が参加していたチームの監督をしていた）が仕事でうちの病院に来ていて、バスケットチームに入ってるって聞いて、入れてもらえるようにお願いしたのがきっかけ」

筆者が参加していたときは、チームのなかでも控えの選手であった。しかし、このような状況でも、「バスケットボールを始めて、障害に対して何か変わったところはあるか」という質問に対して、彼は次のように答えてくれた。

「厳密に言うと、いまだに立ち直ってないんじゃないかな？　これからも、障害と向き合って生きていくってのが本音じゃないかな。『人は忘れて生きていく』ってどっかで読んだけど、少しずつ、辛かったことを忘れていったというか、ぼやけっていってるって感じじゃないかな。ただ、確実に言えることは、友達やバスケットボールの仲間がいなかったらもっとネガティブだったたと思う」

このような彼らは、自らが受傷したときのことを次のように語っていた。

千葉　脊損になってさ。ベッドでまあ目がさめるじゃん？　足がこう有刺鉄線で巻かれてるような気持ちってなった？

大滝　なった、なった。

青木　なった⁉　熱かった？

大滝　あのね、熱いのはなかったけど、俺おふくろに、折れ曲がってるのちょっと伸ばしてくれよっていうのあったじゃん、『リアル』(3)に。あれ言ったよ。

千葉　俺全然なんなかった。熱い、痛いみたいな。俺はねえ、「足が冷たいんだけど、布団かけてくれよ」（と言ったら布団は）、あったけど、そしたら（改めて見ると足は）温かったんだよね。

大滝　あ、でも、でも一緒じゃん。俺も、ちょっと足立ってんだけど、伸ばしてよって。

青木　1.5だな。(4)

千葉　不全だ、不全。(5)

大滝　違うっちゅうの。

（3）『スラムダンク』の作者である井上雄彦が〈週刊ヤングジャンプ〉（集英社）に連載中（一九九九年〜）のマンガのこと。車椅子バスケットのことが題材として描かれており、二〇一二年現在、一一巻まで単行本が出版されている。

（4）ここで青木さんが「1.5だな」と述べているのは、当時の大滝さんの持ち点は1.0だった。この持ち点の場合、自らの足の感覚は通常ない。しかし、大滝さんは、足が曲がっている感覚を報告している。

筆者　どういう、感覚だったんですか？
大滝　そしたら、お袋が伸びてるわよって。
千葉　俺も足は熱々よって。あっそう。ハッハッハ勘違いか、ぐらいで終わってたけどね。
大滝　でも、そういう感覚ない？
千葉　初めはなかった。なかった、初め感覚なかった。うん。
大滝　知覚が戻っていったの？　戻っていったの？　へえー。
千葉　だから、足も、親指が爪がはがれてて、両足とも。全然『リアル』なんて。なにやってんだろうなあ、みたいな感じで、そしたら足の消毒してたんだよね。ああ、なんかしてるわって。だから『リアル』で、うんこ漏らしてああたらこうたら、ってあったじゃん。糞《くそ》が出ちゃって分かんないから、ああたらこうたら、って、たしかに糞は分かんなかった。だけどね、ああいう風には考えなかった。ていうか、逆にそれ、そこまで何も考えられなかったのかも分かんない。
青木　『リアル』に、うんこ漏らしたとかってやってんの？
千葉　やってる、やってる。
青木　へえー、切断が主役じゃないの？
千葉　切断が主役。
青木　主役じゃないのが？

千葉　「あー出てますね」って、看護婦さんに言われんの……。

筆者　青木さんはそのとき、どんな感じだったんですか？　初めは？

青木　足？　そうだったのかもしれないね。なんかあんま覚えてないね。

千葉　基本的にねえ、あんまりはっきり記憶がないんだよね。

青木　うーん、でもやっぱ、足がジンジンするのはあった、それはあるよね。まあ、切断あたりもそうらしいし、ないほうの足が痛いって、でも足ねえじゃんって。ないほうの足のつま先が痛いんだ。

千葉　でも、一番最初に多分ショックだったのはねえ。チンコに管が入ったことだったことかもしんない。

大滝　え、何が入ったって？　くら？

千葉　管、管。

大滝　あー管か、はいはい。

（5）　ここでの不全とは、不完全麻痺のことを指している。不全麻痺とは、四肢に力の入らない状態、または四肢の感覚が鈍く感じる状態であり、完全麻痺とは動かすことができない、感覚がまったく感じられない状態をいう。通常1.0の持ち点では完全麻痺の場合が多いため、千葉さんはここで、実は大滝さんは不全麻痺なのではないかというツッコミを入れている。

笹森剛さんは一九七四年の生まれ。職業は会社員で、現在は都内で独り暮らしをしている。持ち点は3.0だった。二三歳のとき、勤めていた会社での事故によって第一腰椎を損傷して労災の認定を受けたという。現在も右足にときどき痛みがあるともいう笹森さんだが、現在はプレーをしていない。

何かにつかまって立ち上がることは若干可能である。受傷後のリハビリ期間では、とにかく「職が欲しいと思った」と語っている。自らの受傷に関しては、荒れるということはなく、この先の生活の心配を真っ先にしたという。

車椅子バスケットボールの練習に参加する日は自動車を利用するが、通勤などでは公共の交通機関を使っている。筆者が新宿でインタビューをしたときも、京王線を使って待ち合わせ場所までやって来てくれた。ちなみに、JRは使い勝手がよくないらしく、あまり使わないようにしていると言う。笹森さんは、車椅子バスケットボールとの出合いを次のように語ってくれた。

「会社からの帰宅途中、歩道を移動中に車椅子バスケの関係者（東京都連盟）から声をかけられた。二つのチームの練習を見学し、現在のチームに入部した。決め手は金曜日の練習場所が新宿だったこと。自分の動く範囲（車以外）が新宿中心だったことが大きかった」

バスケットボールを始めての実感としては、「体力がついた、時間で動けるようになった。

行動的になった。知り合いができた。（留保をつけて）自分より状態の悪い人がいる（ことを知った）」などの感想を挙げてくれた。

仕事が忙しく、それほど練習に参加できているわけではない。また、車椅子バスケットボールに大きな情熱があるわけでもない。とはいえ、縁があって参加するようになったからには可能なかぎり続けたいという思いもあるが、「スポーツは短期間だけしかできない」と考えていたそうだ。

ただ、車椅子バスケットボールに参加することに関して会社は非常に協力的だという。仕事を早めに切り上げて、車椅子バスケットボールに行くことをすすめてもくれている。

以上の四名は、脊髄損傷によって車椅子を使用している肢体不自由者であり、いずれも知的な障害をともなわない中途障害者という点に注意が必要である。本書における四名以外の当事者も同様である。そのため、議論の一般化にはある程度制約があることは否定できない。彼らは受傷した年齢も怪我への感じ方もまったく違い、バスケットボールにかかわるきっかけや動機も異なっている。

2 「障害者」である生活とスポーツ

彼らは会話のなかで、「障害者」や「障害者スポーツ選手」として誰もが同じように見られることに対しては、「健常者と同じで、障害者だって人それぞれだから、個人的な意見としてしか言えないよ」と断っていた。だが、彼らが共通してバスケットボールを始めて一番変わったところとして挙げるのは、「障害者」の仲間ができたことだ。

青木　純粋に仲間は増えるよね。
千葉　うん、仲間は増えるよね、やっぱりね。
大滝　まあ、自分はリハビリだけどね。ほんと（笑）。
千葉　俺はリハビリは終わった。でも、出会いだよねやっぱね。そのー、たとえば俺たちがバスケットに初めてに出合ってるんじゃなくて、違うなにか障害者スポーツにあってれば、そっちをやるかもしれないしね。でも、あんまり、障害者スポーツでこう団体競技ってないよね。
青木　んー、まあそう言われてみればそうかもね。
千葉　車椅子で考えたらね。そう考えると、一番仲間もできやすいしね。

続いて、彼らは次のようにも話していた。

青木　たしかに、今の自分たちの生活のなかでバスケットが抜けたら、あんまり張り合いのない生活になっちゃうよね。

千葉・大滝　それは、たしかにね。

青木　でも、それが生きる生きがいなのかどうかは分からないけど、もしかしたらそうなのかもしれない。

千葉　そのわりには、あー練習やだなあ、とか言ってんだよね。

大滝　だから、歳くって、バスケできなくなったり。

千葉　それはあるよね。だから歳くっても携わっていたいって人がいっぱいいるんだよね。上の人にね。それは、俺はしたくないけど。

また、青木さんは次のようにも述べている。

自分が、まったく車椅子の人たちといないときに、仕事とか、プライベートな友達と遊んでいるときとかでも、何か嫌なこととか、人間関係のトラブルとか、仕事で嫌なことかあるとするじゃない？　で、自分がすごいネガティブになっているときに、俺、

車椅子バスケットやってんだとか、スポーツやってんだとか、あと、俺にはチームの仲間がいるんだとか思って励みになって努力したことって結構ある。俺にはすげぇいい仲間がいるじゃん。チームがあるし、みんなと会えば、なんかこういやらしい話だけど、俺の気持ちを分かってくれるし。でも、目標に向かっていくための、自分一人が、その、たとえば仕事とかで、そこの目標って一人でがんばっちゃってたりするけど、こっちには、バスケに来ればみんなでそこに、目標に向けてがんばってるでしょ。そうすると、ここで辛いことがあっても、こっちに仲間がいるんだと思うとちょっとがんばってみようかな、って違うパワーが漲るときもある。

チームには、同じ脊髄損傷でも、部位や程度が違うものもいれば切断者もいる。また、試合などでほかのチームのメンバーとも知り合う機会がある。自分以外の障害者に出会えるきっかけを提供するのが、車椅子バスケットボールというスポーツなのである。と、単純に考えれば、このように言うことは可能かもしれない。しかし、彼らにとって、生活のすべてがスポーツではないのだ。その点をしっかりと抑えておかなければ、彼らの語りをもって、障害者スポーツは当事者に「生きがい」を与えているというような、よく聞く語り口になってしまう。

これは、スポーツを日常的な世界から遊離した非日常として措定《そてい》し、そこでの当事者にとっての機能をポジティブに評価することと同じである。さらに、それはすでに指摘した「障害者」を「スポーツ」という文脈で語ることで、障害者への注目をやり過ごすという態度とも同じとなる（第3章参照）。重要なのは、彼らがスポーツ以外でどのように他者から見られている、あるいは見られていると思っているのかを抑えておくことである。

パラリンピックを頂点とした障害者のアスリートたちは、「サイボーグ化」（ましこ［一九九八］）などの言葉によって象徴されるように、一般的な障害者像を超えたものとして扱われる傾向がある。アスリートという彼らの一側面にすぎないものがクローズアップされ、彼らにも「障害者」としての扱いを受ける経験があることや、日常生活のなかで困難にぶつかるといった面が過少に捉えられてきた。従来の障害者スポーツ論も、彼らのスポーツする側面に注目するあまり、彼らが日常においてさまざまな困難に遭遇していることを見過ごすきらいがある。

障害学の立場からは、倉本智明[6]がプロレス団体「ドッグレッグス」[7]を取り上げて論じているが、そこでもスポーツの文脈が過剰に読み込まれ、スポーツの非日常性が強調されている。ドッグレッグスのレスラーたちについて、「プロレスとは、障害者であるがゆえに直面せざ

（6）（一九六三〜）大阪市生まれ。大阪府立大学大学院社会福祉学研究科博士後期課程単位取得退学。東京大学大学院経済学研究科特任講師。専攻は、障害学、福祉社会学、文化社会学。

るをえない日々のきつい現実を離れ、スポットライトの下でもうひとりの自分を発見するための場所。（中略）そうした場をもつことによって、彼ら／彼女らは多少なりともネガティブなアイデンティティをひきはがし、快楽を手にすることが可能となる」（倉本［一九九九］二三二〜二三一ページ）と述べている。

スポーツの活動が、そうした面があることを筆者は否定しない。それを社会は、障害者スポーツによってその人に「生きがいが生まれた」という言葉で描いてきた。しかし、そんなスポーツの力を認めたとしても、あるいはだからこそなお問うべきことは、どうしてプロレス（スポーツ）が、彼らにとってのネガティブなアイデンティティを引きはがすことを可能にしているのかという点だろう。

スポーツは、「社会」や「日常」と地続きであることを忘れてはならない。以下では、彼らの語りを参考にしながら、どんなときに彼らは「障害者だと思う」あるいは「思わされる」のかを見ていくことにする。彼らの日常において「障害者であること」はどのように経験されているのだろうか。

四人の当事者は、自ら職をもち、金銭を手に入れ、自ら運転する自動車で練習に参加している。少しぐらいの坂や段差なら自力で乗り越える。このように彼らは、ステレオタイプの「障害者像」にはあてはまらない人たちである。しかしながら、彼らも車椅子を使用しているという身体的な差異によって特別な視線にさらされているし、また社会的な障壁に直面しているのである。

筆者　障害者、あー自分って障害者だなあって思わされるのはどのようなとき？

青木　それはねえ、あのねえ、花火大会に行ったとき。

千葉　俺はねえ、街中歩いててね、子どもにねえ、いきなりうしろに回って車椅子を押されたとき。こいつ（青木さん）は、家の前で「しんしょー、しんしょー」って言われたとき、小学生に。

青木　やっぱ、不可能な部分もあるよね。

千葉　たしかに、ね。社会的認知度の問題だと思うんだけども。やっぱり、子どもが見たら珍しいもんだからね。

大滝　子どもはよく見るよね。

（7）　既存の障害者のボランティア活動に疑問を感じた北島行徳が設立した障害者のプロレス団体。東京都世田谷区北沢二丁目八の一八にある北沢タウンホールを中心に活動。障害者同士だけではなく、障害者vs健常者の試合も行われる。北島にはドッグレッグスを題材に執筆した書籍、『無敵のハンディキャップ：障害者がプロレスラーになった日』（文藝春秋、一九九七年）、『弾むリング四角い「舞台」がどうしても必要な人たち』（文藝春秋、二〇〇二年）などがあり、その後、小説家・シナリオライターとなる傍らドッグレッグスの興行にも「アンチテーゼ北島」のリングネームで出場している。http://homepage3.nifty.com/doglegs/。

千葉　うん、子どもも、ジーっと見るよね。

大滝　うちのマンション、子どもだらけじゃん。必ず見てるよ。俺と目合わせると（首を振る動作をする）、目そらして。で、また歩き始めると見てんだよね。

千葉　監視されちゃってんじゃん。でも、そんなもんだよね。でも、それはあんまり気にならなくなるっていうのはあるよね。

青木　で、うちらがそれでバスケットやり始めたときと変わってきてるのはそういう講演会的な要素が多く（千葉：逆に大人が見てるときになるよ）なってきて、あのー、知る機会が多くなってきてるから、まったく。でも、すげえ人いっぱいいるからさ、みんなみんな知ってるわけじゃないじゃない。知ってる子どもが見れば一発だよね。見るし。俺らが体育館でシュートなんか打ってたら、「あいつらなんだ？」みたいな感じで見てる。でも、試合をやってみせると、「おお、すげえあいつら」みたいになるじゃん。純粋だからさ、ひたすら。だから、障害者だなあって街中で思うときはそういうときだよね。子どもに見られたときだよね。

千葉　あと、ドンキホーテの通路が狭いときね。行けねっ！

大滝　あと情けないことに、「すみません」を連呼するんだよね。

千葉　あー！　それは、あるね。

大滝　「すみません。すみません」って。

千葉　こういうとこ（ファミリーレストラン）に入るときでも、ドア開けてもらっちゃったりするじゃん。口癖だよね

青木さんの発言にある「花火大会に行ったとき」というのは、夏の花火大会に青木さんと千葉さんが連れだって行ったときのことである。会場には車椅子用の場所が確保されていたのだが、人混みによって動きがとれなかったことを指している。また、青木さんが言っているとおり、子どもに見られたときや、「しんしょー、しんしょー（身障）」などと言われたときに自分が障害者だと感じるようだが、子どもたちの場合は、自分たちがバスケットボールをやっているところを見ると、「すっかり変わる、もうヒーロー」として見るようになると言う。

青木さんの発言の途中で千葉さんが述べているように、何も知らない子どもより大人のほうが自分を障害者だと感じさせるというのだ。それを青木さんは、「中学生以上になると、まず最初に来るのは同情なんだよね、『大丈夫ですか』とか『何かしましょうか』とか聞いてくる。すぐ分かるよ、そういうの」と語っている。自分たちに向けられている視線が「弱者」への同情であることが分かってしまい、気遣っているようで、逆に障害者だと思い知らされる瞬間なのだという。

千葉さんの「子どもにねえ、いきなりうしろに回って車椅子を押された」という発言に注

目してみよう。これも、青木さんの語ることと同義である。車椅子を押すという行為そのものが、子どもの意図はどうあれ、千葉さんを障害者にしてしまっている。すなわち、車椅子を押すという行為として「障害者」であることが達成されている。車椅子に乗っているという身体的な特徴をもとになされた他者の振る舞いが、彼らを障害者にしていると言えよう。

このことの一端を筆者も感じたことがあった。チームの水曜日の練習場所は、いわゆる障害者施設ではなく一般的な区営の体育館であり、そこでは同じ時間に小学生の空手教室が行われており、ときどき子どもたちが体育館をのぞきに来る。筆者はそのとき、一人でバスケット用の車椅子でウォーミングアップをしていた。このとき、「見られている」という感覚を覚えたことがある。子どもたちのほうを見ると、彼らは筆者をじっと見て、「何か変なものに乗って、変なことをしている」という様子なのである。

もちろん、筆者の感覚と大滝さんや千葉さんが語ったことには大きなずれがある。チームのメンバーは、日常的に車椅子に乗っているという身体的な差異によって逐一視線を感じている。それがすべて差別の眼差しであるとまでは言えない。だが、彼らにとっては、その視線や行為が「障害者」であることを確認させているのだ。

車椅子に乗っていることで生まれる困難もある。ある年の水曜日の練習のとき、天候は夕方から激しい雷雨になっていた。青木さんはそのとき、午後六時には体育館に着いていたが、土砂降りの雨によって自分の車の中から出られず、結局、雨が弱くなる午後七時ごろまで車の中で立ち往生していたという。

また、年末にチームの忘年会が行われたときのことである。その日は夕方から雨が降るという予報であった。結果として雨は降らなかったのだが、チームのメンバーは口々に、「今日、雨降ってたらやばかったなあ。動けないもんな」と言いながら空を見やっていた。雨が降っていたら傘を差せばよい、という単純なことではない。彼らにとって天気（とくに、雨なのかどうか）の問題は、彼らの活動に大きな影響を与えることになる。

そして、車椅子による困難もさまざまに生じている。先の会話に千葉さんが、ドンキホーテの通路が狭くて通れないときに障害者だと感じる、ということを挙げていた。やはり、メンバーは食事に行くときなどは障害者用の駐車場がある所を選んでおり、また彼らはそれがある所を熟知している。もし、飲酒の機会があるときは、その会場の近くに宿をあらかじめ手配しておくのである。

笹森さんは電車や地下鉄などの交通機関を使用する機会が多かったが、メンバーのなかではそれは少数派である。自動車を使用せず、公共交通機関を使用するときに生じるさまざまな困難や、他者から浴びる視線を考えたとき、彼らは宿を手配し、宿泊する金額のほうが安上がりだと考えているのではないだろうか。

といっても、車を用いる必要のない自宅にほど近い場所では、段差があっても、気に入った店ならばよく利用しているようだ。筆者も、青木さんや千葉さんらと居酒屋に行くことがあった。訪れたお店のなかには、誰かが手伝わなければ店に入ることもできないだろうという所もあった。それでも、何度か利用しているようだから、なんとかなっているのだろう。

実は、青木さんや大滝さん、千葉さんは、排便のコントロールを完全には自律して行うことができない。ときどき、自らの意志とは関係なく排便してしまうという。彼らは、「そのときほどモチベーションが下がることはない」、その処理をしているときに「障害者だと思う」と言っている。

スポーツをし、多少の段差や坂なら難なく乗り越えていく彼らは、一般的な「障害者像」からはほど遠いところにいる。しかしながら、子どもたちから「しんしょー、しんしょー」と呼ばれる差別的な眼差しや、社会的に発生する「障害」、個人的な問題など、さまざまなところで自分が「障害者」だと感じさせられているのである。このことは、スポーツを取り上げる際にも抑えておかなければならないことであろう。なぜなら、このような「障害者」だと感じる／感じさせる経験が、彼らの実践のなかにおいて重要な位置を占めているからである。

第8章

イスバスとインペアメント／ディスアビリティ

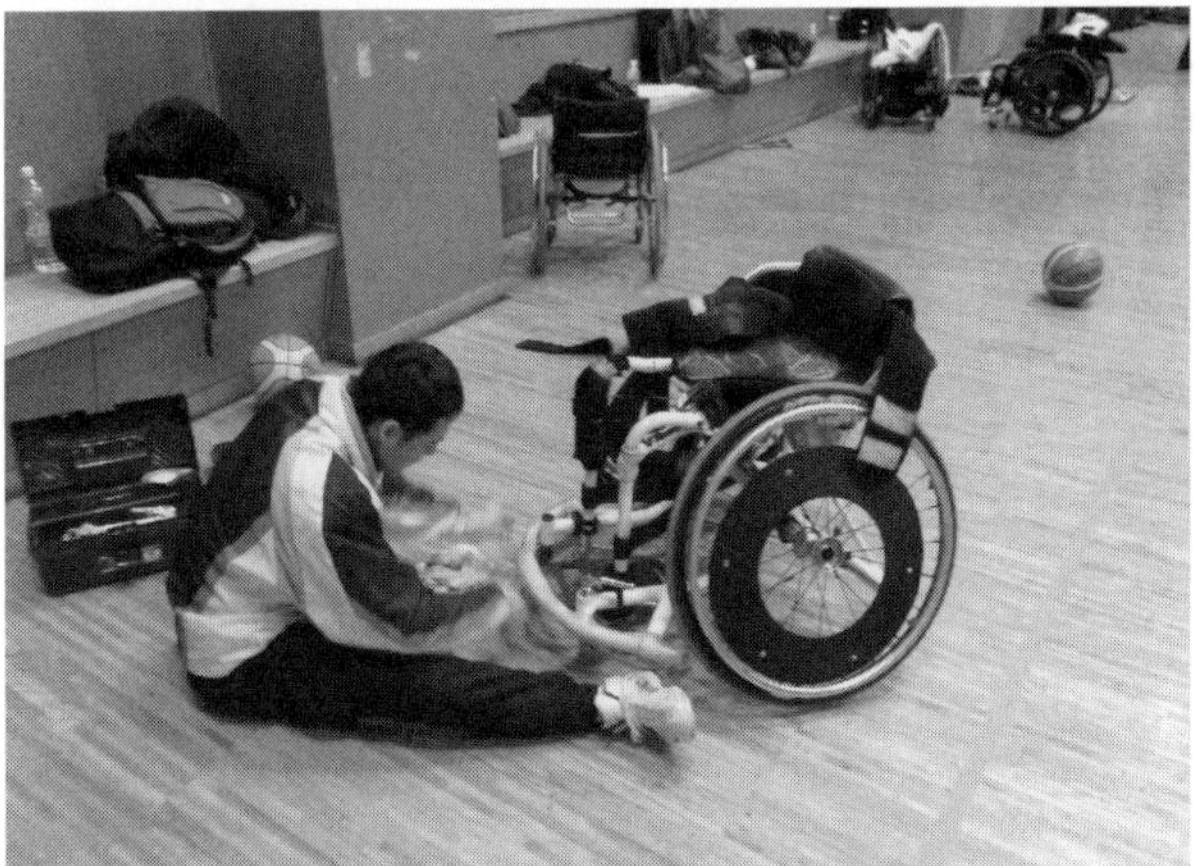

プレースタイルや身体に合わせてバスケ車は調整されている

ここでは、「障害者」と見られ、現実の困難を目の前にしながらも自らを障害者として捉えていないという彼らが、自分たちをスポーツの文脈に関連させながらどのように位置づけているのかを見ていくことにする。スポーツという文脈を考慮に入れることで、単純に彼らが「健常者」に同化しようとはしていない姿が見えてくる。

1 資源としての「障害」

すでに見たように、彼らは、日常の生活のさまざまな場面においてインペアメント／ディスアビリティの経験をしている。しかしながら彼らは、このような現実に直面しながらも、常に障害者だと思ったり、思わされたりしているわけではない。むしろ彼らは、自らの障害を自分に有利で生活上役に立つものとして、つまり「資源」として扱っていることさえある。

筆者　逆に、障害者じゃないなって思うときって、どんなときですか？

千葉　自分が障害者だとはあんまり認識はしないよね。俺にしろ、大滝さんにしろ、年齢は違うにしろさ、ある程度の歳になって中途で障害者になってるじゃない。だから、やっぱそういう、自分が障害者だっていうふうにはあんまり思わないよね。分かんないよ。

俺の意見としてはね。

大滝　うん。

千葉　だから、都合よく障害者を使うときもあるしね。

筆者　どういうときですか

千葉　どういうとき？　どういうとき。あれ取ってくれとか（笑いながら）。社会的弱者っぽく見られてるから、弱者を装うようにね。極端な話ね、人と同じ収入もらってても、実はそれプラスアルファが、金があるわけじゃん。

千葉さんは、自分が障害者だとはあまり感じていないという。彼らの言葉を借りれば、「中途」で障害者になっているからである。ある年齢まで健常者として生きてきた彼らにしてみれば、自分たちが障害者であるという認識が薄いのだという。しかし、一般的に見れば自分は障害者であり、「社会的弱者」であると彼らは言う。彼らは一般的に考えられている「障害者イメージ」を了解し、自らを障害者ではないと考えながらも、「社会的弱者っぽく見られてるから弱者を装う」のである。青木さんは次のように語っている。

でも、まあ、親に対してだけじゃなくても、絶対どっか優しくなれてる。だって、自分たちが平気だ、平気だって言ったって、社会的にまったく知らない人が見ればやっぱり弱者なわけじゃん。だから、弱者は弱者なりにいろいろ考えたりもするし、そう見られないように努力もする。スポーツもやってバスケットがんばってるけど、だけど、所詮弱者なわけじゃん。そんときに、絶対に俺はね、俺はだけど、絶対どっかが丸くなってる、角が取れてると思う。

筆者との会話のなかで、青木さんと千葉さんは次のようにも言っていた。

青木　ほんとここまで来るとね、障害者になっちゃってやだな、っていう気持ちはほとんどなくなってきたね。たまに、ラッキーって思うもん。

筆者　どんなときに？

千葉　思うよね。

青木　ほらあ。ヤクザに絡まれたときの、「あのぉ車椅子だから」って言ったら、「ああ、悪かったなって」。俺、超車椅子乗っててよかったなあ、って思った。

千葉　メリットはねえ、あるよね。

青木　あるある。

千葉　もちろん、デメリットのほうがはるかに大きいんだと思うんだけど。

青木　社会的な福祉の関係においては、デメリットが多いから手当てとかお金がもらえるっていうのがあるけど、でも、俺らの障害程度って一種一級で最高級なのね。でも、俺らより状態の悪い人っていっぱいいるじゃん。知的な障害もっている人も含めてね。そう考えてみれば、上見ちゃうと切りないけど、下見たら、俺らラッキーなんじゃないって。

千葉　頸損（頸髄損傷）の人もいるしさ。だって、全盲の人だって一種一級なの、一種じゃない二種一級なのかな。

青木　俺らよりはまあ、障害レベルは……。

千葉　レベルはね。なんだけども。

彼らは、障害者になってラッキーだと思うこともあるという。青木さんが述べているように、日常生活中、車椅子に乗っていることによる「弱者イメージ」を利用して危険を回避できたりすることが「ラッキー」なのである。さらに、「俺らの障害程度って一種一級で最高級なのね。でも、俺らより状態の悪い人っていっぱいいるじゃん。上見ちゃうと切りないけど、下見たら、俺らラッキーじゃない」という発言は注目に値する。

制度的には、彼らはもっとも重い部類の障害者ではある。しかし、知的障害者や視覚障害者などと比較すれば、自分たちは「状態がいい」という認識なのだ。つまり、制度としては、彼らのような脊髄損傷者でも胸髄以下の損傷者は、頸髄損傷者や知的障害者や盲人と比べても同程度かそれ以上の等級を与えられているのだ。

しかし、先に触れたように、彼らは車などを運転して自由に動き回ることができる。制度的にはもっとも等級が高い障害レベルでありながら、多少のデメリットはあるものの健常者と変わらない生活ができていて、さらに危険を回避できたり、年金などによってもらえる賃金に「プラスアルファ」があるという点で「ラッキー」だと述べているのである。

中途障害者であり、多少のデメリットはあるものの、ほかの同程度の制度的等級をもつ障害者と比べれば「ラッキー」なのである。ほかの障害者を比較対象とすることで、障害者としてではなく、より健常者の側に近づけて彼らは自分たちを同定していると見ることができるだろう。

つまり、彼らは自分たちをほかの障害者と比べている。そして、比較の結果、同じ障害者と呼ばれる人々のなかでも、自分たちのような車椅子使用者のほうが状態がよいとするのである。このことは、自分たちを「障害者」としてではなく「健常者」に近い者として考えていると言える。

2 「ほんもの」と「にせもの」

その点を端的に示しているのが、「ほんもの」の障害者と「にせもの」の障害者という語りである。

筆者　スポーツやって、自分の障害とかに見る目が変わりましたか？

千葉　持ち点で考えるようになったよね。人、障害者見ると、あいつ何点だ、あいつ何点だって。

青木　そうそう、そうだね。

千葉　そうだよね。あいつ肢体悪いな。逆に障害、バスケできないくらいの障害だと、ほんと障害者だなと思うし。

青木　だってね、ほんものとにせものが……。

筆者　何ですか、「ほんもの」と「にせもの」って？

千葉　だから、バスケできるくらいの状態じゃないと、自立ってできないと思うのね。分かんないけど。で、できている人もいるんだと思うけど。だって、（持ち点）1.0だって独り暮らししてるわけだし。

青木　ほんものっていうのは、街中とかで「うわぁ、おかあしゃん」（知的障害者のことを指していると思われる）とか言っている人。それがほんもので、俺らにせもの。何でもできるからね。っていう、健常者からしてみれば……。

千葉　おんなじなのかもしれないけど。

青木　同じかもしれないけど。

千葉　勝手に俺らのなかで線引いてるんだよね。逆に、障害者が障害者を差別してんのかもしれない。

青木　ひどい話だね。

千葉　ひどい話なんだけど……。

千葉さんは次のようにも語っていた。

「何でもできる」という自分たちは障害者であるが、それは「にせもの」であって、「ほんもの」の障害者とは違うと語る。「何でもできる」（日常生活にもあまり困らない、スポーツもできる）という指標で健常者側に同化していこうとしているように見える。また、千葉さんは次のようにも語っていた。

——二四時間テレビ見ててね。こういろいろ障害者の人ががんばってるじゃない。がんばれって思うようね。おんなじ気持ちでは見てないけどね。

千葉さんは、「障害者の人」と他者的に呼び、テレビに出ている障害者とは同じ気持ちではない、そのようには見ていないということで自分とは違うということを表明している。ここでも彼らは、自らを健常者側に位置づけており、ほかの障害者と区別しているように見える。言い換えれば、健常者側への同化を行っているようにも見える。
だが、これだけでは、彼らがあえて「にせもの」と自らを表明することの営みが説明できない。以上の語りを聞いてから数日後、「ほんもの」と「にせもの」という点についてメールで質問したときの彼らの語りがある。

バスケが出来るとか、言葉が悪いけど「にせもの」というのは、日常生活において自立していることを示します。障害者と一言でいっても障害の状態によってはさまざまだから、そのなかでの差別やら偏見は多少はあるのじゃないかな？　でもその反面、障害をもったことによる大変さや、苦労することはわかっているつもりだから、「失ったものを数えるな、残された機能を最大限に生かせ」と言った魂を持ち、自立できない（外にも出ていけないような状態）障害者のためにも、スポーツを通じて、仕事を通じてやれる俺たちが世間にアピールすべきであり、しなければいけない義務があると俺自身は考えています。

「障害者」と呼ばれても障害の状態によってさまざまであり、自分たちが「ほんもの」と呼んだように、そのなかでも差別や偏見があると青木さんは述べているが、続けて「障害を持ったことによる大変さや、苦労すること」は分かっている、共通するものがあると言うのだ。

先に見たように、彼らも日常生活のなかで「しんしょー」などと呼ばれることがあり、活動にもある程度の困難が生じている。「何でもできる」自分たちでも、大変さや苦労をほかの障害者と分かち合うことができている。そうであるからこそ、「スポーツを通じて、仕事を通じてやれる俺たちが世間にアピールすべきであり、しなければいけない義務がある」と考えているのである。これらの語りは、中途障害者である自分たちを、ある「場所」に安定させていく営みであると考えられる。

しかし、それはこれまで見てきたように、自分たちを健常者側に安定させる営みではない。彼らは自立できていて、スポーツも仕事もしており、日常生活においても「何でもできている」。そういう意味で、一般的な障害者イメージから見れば「にせもの」かもしれないが、彼らが「ほんもの」と位置づける人たちとも「大変さや苦労」は共感でき、共有できているはずである。

彼らは、あえて自らを「にせもの」と位置づけている。それは健常者側へと位置づけ、同化していくのではなく、あくまで「にせもの」でありながら障害者側にとどまっているのである。中途で障害者になった自らを安定させていく営みを行っているのだ、と言える。

ここまでの議論を整理しておこう。彼らは自らを「にせもの」の障害者だとし、そのほかの障害者を「ほんもの」と呼んでいた。それは、一見すると彼らが自分たちを健常者側へ位置づけ、安定させる営みのように見える。しかし、「ほんもの」、「にせもの」と言いながらも、そこでの「大変さや苦労」を共有し共感できるという思いは、彼らを健常者側ではなく障害者側にとどまって安定させる営みなのである。そして、それを可能にしている場がスポーツという場であり、持ち点制という車椅子バスケットボールのルールなのである。

千葉さんが語るように、テレビに登場する障害者を「がんばれ」と思いつつも、テレビの障害者と自分は違うと感じるというある意味矛盾した態度は、この点から説明することができるだろう。なぜなら、彼らにとって、健常者が当たり前だと見なす健常者／障害者というカテゴリーは、固定化されたものではないからだ。

彼らの語る「ほんもの」、「にせもの」とは、具体的にはどのような状態を捉えているのだろうか。千葉さんが「社会的弱者っぽく見られてるから、弱者を装う」と述べているとおり、彼らは健常者からいわゆる「障害者」と括られる人々がどのように見られているか、その視線を意識している。そして、ある面ではそれに従って自らの行為をつくりあげてもいる。

健常者の障害者に対する期待と、自分たちの日々の生活との差異を考えるとき、彼らは健常者から見て期待どおりの障害者ではないという点から、自らを「にせもの」と呼んでいる。また逆に、自分たちから見ても健常者から期待される障害者像に当てはまるであろうほかの障害者を「ほんもの」と呼んでいるのである。

しかし、何でもできるという自負のある彼らは、自らは「障害者ではない」という認識もある一方で、「障害者」と呼ばれる人たちとも苦労や大変さを共有できるはずだ、という立場に立っている。そんな彼らにとって、スポーツを通して立ち現れてくる自らのインペアメント／ディスアビリティの経験は、周りの状況、相手、文脈によって自らの立ち位置を提示する際のツールとなっている。

3 「障害」の経験とイスバス

彼らは「健常者からしてみれば、同じなのかもしれないけど」と留保したうえで、自らを「にせもの」の障害者だと言っている。なぜなら、青木さんが述べているように、自分たちは「何でもできる」からであり、また「バスケができる」くらいの状態だからである。それは絶対的な評価軸で行われている区別ではなく、「健常者」と「障害者」との間の相対的な評価ということができる。

それを考える際に重要なのが、「バスケットができないくらいの状態」か、そうでないかということである。彼らにとって、バスケットボールが「できる／できない」とは自他の区別の線引きをするものなのだろうか。あるいは、単にメンバーが、自らの状況や状態、あるいはアイデンティティを表す言明の一つとして価値中立的に捉えるべきものなのだろうか。

インペアメントのディスアビリティ化

では、このバスケットボールが「できる状態」、「できない状態」とは具体的に何なのかを、チームの練習に数回参加したのち練習に来なくなってしまったＫさんのケースから考えてみよう。

Ｋさんは、六年前に病気が理由で左半身に麻痺が残っていた。チームの練習への参加は、筆者と出会ったときで三回目であった。Ｋさんは以前バスケットボールを経験しており、車椅子バスケットボールへの参加理由として、「またバスケがしたかったから」と述べていた。Ｋさんは日常生活において車椅子を使用せず、介助者も必要としていない。バスケット用の車椅子は、ほかのメンバーから借りて参加していた。

練習には、筆者とともに参加した。左手に麻痺があるため、車椅子を速く進ませようとすると左に曲がってしまって直進することができず、直進しようとすればスピードが出せないという状態だった。それでも車椅子のプッシュはできていたし、パスの練習やシュートの練習にも、遅れながら参加できていた。ただ、筆者と同様、練習のリズムを乱すことなく参加することはできず、彼がメニューを終えるのをほかのメンバーが待っているという場合が多かった。つまり、練習には参加できていたが、リズムに乗ってうまくこなすことができていないという状態だった。

このときの練習は、別メニューなどを行いながら最後まで参加していたが、この日以降、

コラム3　車椅子ツインバスケットとは？

下肢だけでなく、上肢にも障害をもつ四肢麻痺者を主な参加者として考案されたスポーツである。車椅子バスケットボールの特徴は「立ったバスケット」と同様の規格（リングの高さなど）を用いている点に求められる。しかし、それでは3.05メートルのゴールに向けてシュートを打てない（届かない）などが理由で参加できない人々がいる。そのため、ツインバスケットボールでは、もう一つ低いゴール（1.20メートル、「下バスケット」と呼ばれる）をつくり、3.05メートルのゴール（「上バスケット」と呼ばれる）に届かない選手のためのものとしている。2組の（ツインの）ゴールが設けられているため「ツインバスケットボール」と呼ばれている。

もちろん、ツインバスケットボールにもクラス分けや持ち点制はある。2組のバスケットは、誰でもシュートしてよいわけではなく、持ち点に従って3種類のシューターが存在する。上バスケットにシュートを打つ「上シューター」、下バスケットにフリースローサークルの外側からシュートを打つ「円外シューター」、そして下バスケットにフリースローサークルの内側からシュートを打つ「円内シューター」である。上シューターはヘッドバンドなし、円外シューターは白色のヘッドバンド、円内シューターは赤色のヘッドバンドをすることで区別できるようになっている。ツインバスケは3種類のシューターと2種類のゴールによって、どこからでも攻撃ができる複雑なゲーム展開となる。その分、チーム戦術が重要になってくる。

毎年6月初め頃に、日本車椅子ツインバスケットボール選手権大会が行われている。詳しくは公式ウェブサイト（http://jwtbf.com/）を見て欲しい。

写真提供：日本車椅子ツインバスケットボール協会

Kさんは練習に参加しなくなり、フェードアウトしていったようである。筆者がKさんに会ったのも、この日の練習のときだけであった(1)。

Kさんの印象は筆者には強く残っていたのだが、それからしばらくして、Kさんの話題が出たことがある。九月の終わり、筆者も同行してチームで八丈島へ旅行に行ったときのことである。

Kさんが来なくなったことについて千葉さんが、「やっぱり無理だったんだよ。左手使えないんでしょ？　ツイン（車椅子ツインバスケットボール・**コラム**参照）に行ったほうがいいと思うんだよね」と述べていた。それを聞いて青木さんは、「彼のは今も進行中だよね。だったら、ツインのほうがいいと思うんだよね。ツインじゃないと厳しいと思う。それか、腕のリハビリからやらないと」と相づちを打っていた。

Kさんは、遅れながらも練習には参加することができていた。つまり、不慣れなため覚束ないながらも「車椅子のプッシュ」、「パスを出す」、「シュートを打つ」という基本的な動作は行うことはできていたのである。しかし、左手の麻痺というインペアメントによってチームのメンバーは、Kさんは車椅子バスケではなく「ツインに行ったほうがよい」と捉えた。つまり、Kさんにとって車椅子バスケットボールは「できない」競技だったのである。Kさ

---

(1)　Kさんが練習に参加しなくなったことに対してだが、決してメンバーが参加を断ったわけではない。

んが「バスケができない状態」であることは、彼のインペアメントが関係していたということである。

具体的なバスケットボールのプレーに則して言えば、車椅子バスケットをプレーするための「車椅子をプッシュする」という動作にかかわっている。これは、メンバーが「車椅子バスケをするにはまず腕のリハビリから」行う必要があると述べていたことからも分かる。

バスケットボールは団体競技である。ほかの選手のスピードについていけるための腕力が必要であり、また将来、ついていけるようになる可能性がなくてはならないということである。つまり、「バスケットができる状態」とは、車椅子をプッシュするという基本的な動作が可能かどうか、またはその可能性があるかどうかが問題であり、身体的な部位であれば、腕・肩・背中・胸あたりに障害（インペアメント）がない状態であると考えられる。

それでは、車椅子バスケットが「できる／できない状態」とは、チームのメンバーにとってどのような意味をもっているだろうか。おそらくそれは、単に「バスケットができている」という自分たちの状態を表した言明であると捉えられる。自他を区別する指標などではないのである。このことに関しては、筆者が行った質問に対する青木さんと大滝さん、そして笹森さんの回答を見るとよりはっきりしてくる。

青木さんの回答――「バスケができる」というのは技術のことではなく、自分の好きなスポーツができるかどうかです。だから、ほかの競技であっても、やれる人間は「にせもの」ってことかな。俺とか千葉さんが言って「ほんもの」というのは、どちらかというと身体障害者ではなく知的障害者のことかな。でも、知的に障害があっても軽度なほうだと、俺たちみたいに車椅子に乗っている連中を見ると、大変そうでかわいそうだなぁーって思っているらしいよ。障害者でも、よりそのなかに入ってみないとよく分からないことがあったり、誤解があるってことかな。でも、「ほんもの」＝バスケができない状態は、ある意味まちがいじゃない。

大滝さんの回答――障害者にもいろいろな人がいて、俺たちみたいな足に障害があって車椅子でしか行動できないやつ以外に、目の見えない人、耳の聞こえない人、半身不随の人、千差万別なんだよね。身体に異常がまったくなくても、ほんの数分前のことを忘れてしまう人もいる。頸椎損傷の人も、これもいろいろ損傷した部位で違うけど、俺が見た人は見た目は普通なんだけど、握力がなくて缶コーヒーを両手でしか持てない人もいるんだよ。そういう人はどうがんばっても、今、チームでやってるバスケットはできないよね。今、俺たちは一応一人で自立して生活して、そのうえでバスケットをやれている。そんな俺らから見て、もっと障害の重い人たちを「ほんもの」と言ったんだと思うよ。ある程度車椅子の操作ができてボールも扱える人でも、頸椎損傷で腕に力がない人がたまに来るけど、やっぱり練習についていけなくてフェードアウトしちゃうよね。それか、頸損バスケでツインバスケットというのがあるんだけど、そっちをすすめてるみたいだよ。障害者スポーツは本来重い障害をもっている人でも受け入れていくべきなんだろうけど、とくにバスケットは競技性が抜き出てきちゃってるね。

笹森さんの回答――ツインバスケや頸椎損傷者に関しては、自分はまだいいほうだとは思える。手が動けば、何とかなるから。たとえば、独り暮らしの生活においてとか。

青木さんは「自分の好きなスポーツができるかどうか」と言い、大滝さんは「俺たちは一応一人で自立して生活して、そのうえでバスケットをやれている。とくにバスケットは競技性が抜き出てきちゃってる」と述べている。また、ほかのさまざまな障害があると「チームでやってるバスケットはできない」とも述べている。これは、笹森さんも同様である。

彼らにとってバスケットが「できる／できない状態」というのは、自他を区別する指標ではないことが分かる。バスケットという競技性のあるスポーツが「できる状態」にあるという、現にプレーしている自分たちの状況を単純に表したものと理解することもできる。

このとき、注目しなければならない点が一つある。クラス分けとそこで付与される持ち点が、車椅子バスケットボールの参加資格として機能するということである。車椅子バスケットボールの持ち点を与えられることは、このスポーツに参加することがルール的に認められることである。持ち点を与えられる状態であることが、バスケットボールができる状態ということになる。

つまり、車椅子バスケットボールの当事者にとって、この競技への参加資格となるクラス分けによる持ち点は、このルールの範囲から外れる人々にとっては、「イスバス」というスポーツに参加する際、その人々のインペアメントがスポーツ参加という社会的な経験において障害＝ディスアビリティとして立ち現れることがあるということである。また逆に、たとえばここで紹介したKさんのように、車椅子バスケットボールに参加しようとする社会的な経験の文脈において、それまで大きな障壁ではなかったかもしれない左腕の麻痺が、まさにスポーツの文脈において障害＝インペアメントとして新たに意味づけられ、経験されてしまったということになる。

一方、青木さんや千葉さんにとっては、脊髄損傷というインペアメントはクラス分けによって持ち点としての参加資格に変換されているため、インペアメントの経験はあるかもしれないが、車椅子バスケットボールに参加するという社会的経験においてはディスアビリティとはなっていない。

人々の障害（インペアメント）が、社会的経験という水準によって意味づけられていく一例として、全国障害者スポーツ大会関東地区予選に出場していた、左腕を切断している選手を挙げることができる。左腕の切断は、その機能だけを見てみると、Kさんの左腕の麻痺と等価である。

しかし、車椅子バスケットの試合に出場していたその選手にとって片腕切断というインペアメントは、車椅子バスケットボールに参加する際のディスアビリティではなかったのである。つまり、実際には、個人の身体／肉体はそれだけで否定的な意味が与えられているわけではない。むしろ、個人がさまざまな社会的経験をすることによって意味づけられていくものなのである。それが否定的な経験となれば、言い換えれば、ある場所に参入できないなどのディスアビリティとなれば、事後的にある身体に対して障害（インペアメント）という意味が与えられていく。

スポーツにおいて、身体を意味づける装置は何になるだろうか。おそらく、車椅子バスケットボールプレーヤー対して身体を外部から意味づけるものとしてまず登場してくるのが、クラス分けのルールであろう。

無関連のルールとしてのクラス分け

クラス分けは、車椅子バスケットボールという文脈のなかでのみ「障害」を意味づけるのだろうか。クラス分けによって付与される持ち点は、ルールやゲームの文脈以外ではどのように働いているのだろうか。この点について、示唆に富んだ出来事があった。

二〇〇三年一一月二六日、千葉で活動している、ある強豪チームの行った講演会で車椅子バスケットに興味をもったという親子が見学・体験を希望して練習場所を訪れた。体験を希望しているのはM君、当時一六歳で、養護学校（当時）に通っている高校一年生だった。日常的には車椅子は使用せず、補装具を用いれば独歩できる。彼は、バスケットを始める前から車椅子テニスを行っていた。

ちょうどその場に居合わせたチームのコーチが、チームを訪れたきっかけや、どのようにしてチームを知ったのかというような質問に加えて、M君はどのような障害（インペアメント）があるのかを質問したところ、二分脊椎だということが分かった。だが、メンバーは、その二分脊椎という障害に関してはその質問のとき以来あまり気にすることはなく、M君も深く聞かれることはなかった。

その後、M君は、とりあえずの体験としてメンバーの車椅子に乗せてもらった。メンバーは、彼が車椅子に乗った状態でどれだけ身体を動かせるかを試していた。メンバーが「こういうのできる？　じゃあ、これは？」といったように、まずその動作をやってみせてからM君を試すのである。

そこで行われていたのは、M君の持ち点の割り出しであった。メンバーは、「たぶん、2.5から3.0くらいだな。4.0まではいかない。やっぱり3.0くらいだろう」と、M君のおおよその持ち点を割り出していた。

この結果、M君には3.0という持ち点が与えられた(2)。その後、コーチが彼に車椅子バスケットボールの基本動作、床にあるボールの拾い方やパスの出し方、車椅子の漕ぎ方などを教えていったのだが、そのなかでもやはり、彼の二分脊椎という障害については触れられることがなかった。彼は二分脊椎というインペアメントをもつ選手ではなく、3.0の持ち点をもつ選手として対象化されていたのである。

さらに言えば、彼の車椅子バスケットボールでの「できないこと」は、インペアメントからではなく持ち点から類推されていたのだった。たとえば、青木さんは、「自分は1.5だから、床に落ちているボールを身体を屈めてそのまま拾えないけど、君は3.0だから大丈夫だと思うんだよね。大体、3.0

車椅子でのボールの拾い方

くらいの選手だと、自分の体幹を自力で動かせるから」と彼に話していた。

このように、車椅子バスケットボールに参加している人々は、他者を障害ではなく持ち点によって分類していく。千葉さんはインタビューのなかで、「持ち点で考えるようになったよね。人、障害者見ると、あいつ何点だ、あいつ何点だって」というように語っていたのを二七七ページで紹介したが、これはその現れであると言える。

彼らにとって、個別の「インペアメント」は問題ではない。たとえば、M君は二分脊椎であったし、ほかのメンバーにも腰髄損傷者はいる。どちらも、持ち点で言えば3.0である。メンバーにとっては、両者は持ち点3.0のプレーヤーでしかない。それ以上でも、それ以下でもないのだ。

車椅子バスケットボールにおいては、他者を障害（インペアメント）に関係なく持ち点で考えることによって、車椅子バスケットボールの文脈にそれ以外に関係ないものをもち込まないようにしていたと言えるだろう。

さらに、この持ち点によって一人ひとり異なる障害（インペアメント）を「無関連なも

（2）　M君はその後も車椅子バスケットをこのチームで続けており、クラス委員から付与された正式な持ち点は3.0であった。バスケットの前にテニスをやっていただけあって、チェアスキルは筆者よりもうまかったが、バスケットそのものは初めてだったため、バスケットボールの技術は筆者のほうが優れていた。そのためか、彼と筆者はチームの練習では同じように扱われていた。

の」とすることは障害者のみに適用されているわけではない。もし、障害者のみに適用されるのであれば、結局「障害者」というカテゴリー内のみで「障害」を持ち点と見なすことができたとしても、障害者と健常者という枠組みは保持されたままである。しかし、この車椅子バスケットボールにおいては、持ち点制は「健常者」にまで適用されている。健常者を持ち点5.0と見なすことで、個別のインペアメントをスポーツ実践の文脈から切り離すという意味での「非障害化」を達成しているのだ。

たとえば、筆者が練習に参加したときは、彼らのなかでもっともへたくそな車椅子バスケットボールプレーヤーであり、からかいの対象ともなっていた。事実、自分用の車椅子を借りて本格的に練習に参加するようになって二回目の二〇〇三年一〇月八日、車椅子操作も満足にできず、必死で練習についていこうとしていたとき、メンバーの一人から、「おー、この5.0はいじめがいがあるぞー」などの言葉をいくつか浴びせられた。つまり、筆者は練習に参加している健常者としてではなく、「へたくそな5.0のプレーヤー」として扱われていたわけである。

逆に、技術の高い健常者については、「健常者だからバスケットがうまい」というわけではなく、あくまでも「技術の高い、上手な5.0プレーヤー」として認知される。障害者だから、健常者だから、ということではない。持ち点のなかで、上手なのか下手なのか、技術が高いのか低いのか、それが問題なのである。

しかし、この持ち点制による「非障害化」は、持ち点制というルールが制度的に定められ、存在しているだけで達成されているわけではない。ルールがあっても使われなければ意味はない。メンバーによって持ち点制が意味あるものとして捉えられ、スポーツ実践の場にもち込まれているからこそ「非障害化」が達成されているのである。彼らの口から、自分たちの障害や、それに関連した会話を行っている場面に遭遇したとき、その会話にはある特定のやり方があったことが分かった。

たとえば、第6章で紹介した鈴木昭一さんの障害（インペアメント）は左下肢の切断だが、残った右足の感覚もあまりないという。そのため、暖房にあたりすぎて火傷をしてしまったことや、いわゆるファントム・ペイン（幻肢痛）について、痛みとしてではなく痒さに代えて冗談として披露したりしている。「なんか熱いなと思って左足掻こうとしたら、左足なかったわ」などである。

メンバーの脊髄損傷者たちは、ときどき自分の排泄のやり方や排泄の際のトラブルや失敗などをお互いに披露しあい、雑談し、笑いあったりしている。一時期チーム内で盛り上がっていたのが、持ち点1.0のメンバーが排泄に失敗し、トイレ中に排泄物をまき散らしてしまったときのことだった。本人はそれを「スプラッシュ」してしまったと表現したのだが、それがチーム内では流行し、何かあれば、もともとの文脈を離れて「スプラッシュした」と話していた。

このようにメンバーは、自分の障害について語り、それによってどこまで麻痺があるのかなどの会話をしているときもある。また、障害（ディスアビリティ）の次元ではさまざまな商品の「障害者割引」の申請の仕方や、それにまつわる困難などもよく話している。

たしかに、メンバー間では障害に関するさまざまな話題が提供されている。だが、それらは「持ち点」に変換されるか、いわゆるブラックジョークとして提供されている。たとえば、それが提示される場は、筆者が見聞きしたかぎりでは、練習の始まる前、休憩中、練習後の食事の機会、忘年会や旅行などのイベントの場などにかぎられていた。その際にも、チームの今後や戦術などについて話しているときには現れず、かぎられた文脈において会話されていた。

このことは、ゴフマン[3]がゲームの分析視点として提示した「無関連のルール（Rules of Irrelevance）」や「変形ルール（Transformation Rules）」として抑えることができる。「無関連のルール」とは、「参加者たちはプレーの際そこで使われる道具の審美的、感情的、金銭的価値を関心の対象としない」（Goffman［1961］p.19）というルールのことである。それは、「物質的なもののもつ特性がしりぞけられて出会いの相互の活動に侵入することが許されないのと同じように、参加者自体の特性のあるものは、あたかも存在しないかのように取り扱われる」（前掲書、二〇～二一ページ）ことになる。だが、「外部に具現化されている事柄は（中略）その場で公認された要素として現れる」（前掲書、二九ページ）。それがどのように現れるのかを規定するのが変形ルールである。

つまり、車椅子バスケットボールの文脈においては、持ち点にかかわる最小限の情報以外は（M君の場合なら、彼のインペアメントそのもの）、無関連のものとして扱われる。インペアメントによって、どんな苦労をしたかなどは無視される。だが、そうした日常におけるインペアメントやディスアビリティの経験はスポーツの文脈にも登場する。それを彼らは、持ち点やブラックジョークとして変形し、現れるように組織化していた。車椅子バスケットボールの文脈は、持ち点が中心的な意味づけの体系であり、それに基づいて組織化され相互行為として維持されていたと見ることができるだろう。

「スポーツ」としてのイスバス

では、健常者／障害者の枠組みのなかで、選択的に立場を選び取ることができる彼らにとって、「障害者スポーツ」あるいは「車椅子バスケット」はどのように捉えられていたのだ

（3）（Erving Goffman, 1922~1982）アメリカの社会学者。彼は私たちの日常生活の秩序や規範というものが、個人の外部にあるものではなく、常に人々の相互作用のなかで発生するものだと捉えた。彼のアプローチは、演劇論的アプローチ（ドラマトゥルギカルアプローチ）と呼ばれる。人々は日常生活のなかで、俳優のように演技し、周囲への印象に気を配りながら行為していると考え、さまざまな実践を詳細に描こうとした。主な邦訳書に、『行為と演技：日常生活における自己提示』（石黒毅訳、誠信書房、一九七四年）などがある。

ろうか。以下は、筆者が主として頸髄損傷者の行うバスケットボール（ツインバスケット）についてどのように思っているのかと聞いたときの語りである。

筆者　旅行のときかな、Kさんの話が……ツインバスケットボールの話題がありました。同じバスケットでも、ツインとかってどういう感じで見てるんですか？

千葉　障害者スポーツ。

青木　あれを、すごい失礼な言い方かもしれないけど、まったく分からない第三者がね、研究者の人とか、大会とか見に来たときに、障害者スポーツって素晴らしいってあれを見ただけで思われたくない、っていうのがプライドとしてある。

千葉　いや、でも違うよ。

青木　違う？

千葉　俺の認識としては違う。あれは障害者スポーツ、うん。

青木　車椅子バスケは違う？

千葉　違うと思う。車椅子バスケはスポーツだと思うよ。障害者つかなくても（いいくらいに）。だから、健常者もやるんだと思う。健常者が頸損バスケ入ったらどうにもなんないでしょ。なんだろうね、言い方悪いけど、やっぱり線を引いちゃうんだよね。自分より下の人たちは障害者みたいな無意識があって。だから、自分が、まあ、なんていうかな、自分がさぁ、障害者っていう意識が薄いじゃない。自分よりレベルの下、レベルって言うか、うーんバスケットをできないくらいの状態だと障害者だなって思うから、自分たちは、あれは障害者スポーツなんだよっていう見方になっちゃうのかもわかんない。偏見なんだけどね、俺はね。

ツインバスケットボールは、健常者が参加するとゲーム自体が成り立たないと彼らは考えている。一方、車椅子バスケットボールは健常者も同じようにゲームに参加できるという点から、これをスポーツだと捉えている。つまり、健常者が入ってもゲーム性が保たれるくらいに車椅子バスケットボールは競技性が高く、その意味でスポーツなのである。しかし、ツインバスケットボールはそうではなく、「障害者」のみのゲームでないと成り立たないことから、彼らはこれを「障害者スポーツ」と呼んでいる。

青木さんは、ツインバスケットを「障害者スポーツって素晴らしいって、あれを見ただけで（第三者から）思われたくない」と述べている。続いて千葉さんは、青木さんの言葉を否定しながら、ツインバスケットを「あれは障害者スポーツ」と見なしている。なぜなら、車椅子バスケットボールは健常者も参加できるスポーツであるが、ツインバスケットは健常者が入ると「どうにもならない」からである。青木さんと千葉さんは、言葉は違うが、同様のことを主張していると言えるだろう。

青木さんは、ツインバスケットだけを見て障害者スポーツだと思われたくないと言い、千葉さんは、ツインバスケットは障害者スポーツで車椅子バスケットボールはスポーツだと言う。そこにあるのは、彼らが実践している車椅子バスケットボールはツインバスケットボールのような、いわゆる障害者スポーツとは違うという認識であり、もっと競技性が高いものだという自負である（ただし、二八四ページの**コラム3**で見たように、ツインバスケットボールをこのように捉えるのは彼らの主観的な意見である。車椅子ツインバスケットボールも車椅子バスケットボールと同様に、固有のスポーツとして捉えることはできる）。

なぜなら、車椅子バスケットボールには健常者も混じって参加できるスポーツであるからだ。そしてこのことは、彼らが自らの実践している車椅子バスケットボールを「障害者スポーツ」として認識せず、単なるスポーツと認識していることを示している。

その意味で、車椅子バスケットボールでは持ち点を付与することができない人々の、たとえば車椅子ツインバスケットボールは、同じ車椅子を使いながらもチームのメンバーにとっては「車椅子バスケットボール」ではないのである。このように、同じ「障害者スポーツ」と言われるスポーツでも、彼らは自他の区別を行っている。

一見すると、この認識は、先の「にせもの」と「ほんもの」という言明とあわせて考えれば、自らをほかの障害者集団（インペアメント・グループ）から差異化しているようにも見える。ほかの障害者を「ほんもの」、自分たちを「にせもの」の障害者と呼ぶことで、「にせもの」の自分たちを健常者側へと位置づけようとしていると考えることも可能である。

たしかに彼らは、自らを「バスケットができる」状態にあり、日常生活において「なんでもできる」、「にせもの」の障害者だと語っている。しかし、これを単純に、ほかの障害者を「ほんもの」と呼ぶことで差異化し、自らを「障害者側」に同定していく作業だとは考えてはならない。

4　スポーツと障害の経験

本章での記述において見えてきたものは、彼らがスポーツでの実践をもとにして、自らの障害や実践するスポーツを、彼らの独自の図式化のなかで位置づけているということである。彼らが用いる図式は非常に分かりやすい。基本的には、「健常者／障害者」や「スポーツ／障害者スポーツ」というカテゴリー化された概念を対極に置き、その線分上に自らの営みを置いているのである。

前章では、彼らも日々の生活においてインペアメントやディスアビリティの経験に遭遇していることを示した。一方、本章では、彼らの語りから、彼らの「ほかのインペアメント・グループ」に対するまなざしを提示した。そこでは、彼らは「ほんもの」と「にせもの」という捉え方をしていたのであった。彼らの「にせもの」、「ほんもの」という図式が「バスケットがプレーできる／できない」という指標に基づいていることを提示し、彼らにそうした視点を取ることを可能にしているものについて取り上げた。そこには、彼らにとっての「障害」把握がかかわっており、とくにクラス分けによる持ち点制が大きな要因であった。

では、彼らの言う「にせものの障害者」と「ほんものの障害者」はどのように理解すればよいのだろうか。まず、重要なのは、「にせもの」ということで示されていることが、単に車椅子バスケットボールの当事者にとって、自分たちが「障害者」ではなく「健常者」のようであることを表現し、「障害者が障害者を差別」しているということの表現ではない、ということである。むしろこれは、日常生活とスポーツ実践における他者（健常者）からの視線と自己の意識とのずれから、彼らが自らの立場を安定させる営みの一つであるとして考えられるべき性格のものであった。

それが、彼らの生のすべての領域にまで適用されているとは断言できるはずもない。スポーツを基点として獲得された自らへのまなざしがどこまで射程をもつのか、あるいは、純粋にスポーツ場面にのみに適用されるものなのかについては今後も検討していかなければならない。

また、この「にせもの」と「ほんもの」という言葉自体は、非常に強い表現であり、誤解を招く可能性がある。本書は、この言葉の妥当性そのものを検討するものではない。むしろ、本書の対象者がこの表現を用いたこと、彼らがどのようにしてこの表現を使うことが可能だったかという点に焦点はある。[4] そしてその際には、この言葉を、①「健常者――にせものの障害者」、②「にせものの障害者――ほんものの障害者」という二つに分けて把握すると理解しやすくなるだろう。

「健常者」―「にせものの障害者」のセットは何を表しているのか。ここでは、ディスアビリティが焦点化されていると考えるべきだろう。第7章で示したように、車椅子バスケットボールの当事者たちも、日常の生活において、社会的な障害＝ディスアビリティを経験していたと描いた。そのような経験が彼らの日常にはある。だからこそ彼らは、自らを「にせものの障害者」と位置づけている。意味の力点は、「にせもの」ではなく「障害者」にこそある。つまり、「障害者」だと感じる／感じさせる経験が、彼らの実践のなかにおいても重要な位置を占めているのである。

一方の「にせものの障害者――ほんものの障害者」のセットにおいて焦点化されているも

(4)　こうした点について、本章で明らかにした「にせもの」と「ほんもの」という表現は議論の出発点を提供するものだった。調査者の仕事は、メンバーによって認識されている表現やカテゴリーがどのようなものであるかを明らかにするだけでなく、人々が他者とのやり取りにおいて、表現をどのように参照して適用しているかの条件を明らかにする（エマーソンら［一九九八］）ものだし、本書はそうした限定のなかでこれまでの記述を行ってきた。

のはインペアメントである。「ほんものの障害者」にとってイスバスに参入することは、自らの身体を「障害＝インペアメント」として新たにスポーツの文脈において意味づけてしまう経験となっている。

そして、大滝さんが示していたように、そのことを車椅子バスケットボールの当事者も認識している。つまり、すでにその場に参入し、実践している人々の身体は、「障害＝インペアメント」として意味づけられているのではない。彼らの身体やインペアメントは、クラス分けによって「持ち点」と見なされているからである。

このようなスポーツにおけるインペアメントの経験が、彼らが自らを「にせものの障害者」と位置づけることを可能にしているのである。ゆえに、「ほんもの」とは具体的な誰かだったり、実体的な概念だったりを指しているのではなく、イスバスのクラス分けの範囲外にいて、持ち点を付与することができない抽象的な誰かのことを指しているのである。

以上のことから言えるのは、身体的な、あるいは社会的な障害、つまりインペアメントもディスアビリティも、スポーツにおけるその行為を遂行するという文脈において、経験されたり達成されたりするのである。そして、彼らが自分たちを表すカテゴリーとして用いていた「にせものの障害者」という表現は、障害の意味が時と場合によっていくらでも変わりうることを端的に表している。

私たちは通常、「健常者」と「障害者」を決まりきったもの、動かせないものと捉えがちである。一方、彼らの実践において、「健常者／障害者」という枠組みは決して固定的なものでもない。彼らにとっては、「健常者／障害者」のカテゴリーは選択的に使用され、その内実を組み替えることが可能なものとして捉えられているのだ。

しかし、彼らもまた、当のカテゴリー自体を無効にできているわけではない。彼らの実践は、健常者と障害者という二つの項の内部で配分される要素を変更し、意味づけを変化させている。それゆえ、彼らにとってもいまだカテゴリーは存在している。

注意を払う必要があるのは、彼らが選び取る「にせものの障害者」という立場や、スポーツとしての「車椅子バスケットボール」という認識の背後には、ツインバスケットボールを障害者スポーツとして措定すること、またほかの障害者を「ほんものの障害者」として実体化し、自らより相対的に低い位置に置くという操作が存在していることである。つまり、自らにとっては変えることが可能で、選ぶことができるものだった「健常者／障害者」のカテゴリーは、他者に対する視線としては固定的で実体化された差異として浮上してくるのである。

彼らの「にせものの障害者」や「スポーツとしての車椅子バスケットボール」という語りや実践から、「障害者／健常者」という差異がフィクションであることが明らかにすることができる。しかしそれは、「ほんものの障害者」や「障害者スポーツであるツインバスケットボール」に端的に示される、彼らと比べて「重度者」と彼らが考える人々を「健常者／障害者」の概念的な図式のなかで相対的に下層に位置づける操作によって可能になっているという点は強調しておく必要がある。ただし、青木さんが述べていたように、いわゆる「障害者」であることの共通点は意識している点を忘れてならない。

彼らの実践は、自ら選択的にカテゴリーを「ずらし」、カテゴリーの自明性を崩している一方で、自らより重度者を「障害者」として実体的に措定するという二つの側面をもっている。彼らの語る「にせもの」、「ほんもの」という表現は、そのようなものの現れだったのだ。

結章

障害者とスポーツの臨界点

練習中の一コマ。イスバスの日常的実践から未来を展望する
（写真提供：宮本邦彦）

『障害からスポーツを考える、また、スポーツから障害を考える』という姿勢は、スポーツ社会学における障害者スポーツ研究の重要な視点であろう」（佐藤［一九九九］六八ページ）と、かつて提起された論文がある。徳島大学教授の佐藤充宏が著したものである。論文が発表されてから一〇年以上たった今でも、この指摘は生きている。本書は、佐藤のこの提起を筆者なりに受け止めて展開したものである。

では、具体的に本書はいったい何をしたのだろうか？　本書が目指したのは、車椅子バスケットボールの実践の具体性と、その当事者の語りや振る舞いに寄り添って、今まで「当たり前」として顧みられなかったスポーツをする場面での「障害」についての常識を「うまく手放す」ことだった。

本書のこれまでの行程で手放してきたものをまとめて言えば、障害をインペアメントのみに帰属させることや、障害者スポーツを役に立つとかルールを変えたものと捉えること、そして何より、個人の「障害」をスポーツする際の困難と単純に捉えてしまうことだった。こんなことを本書は、車椅子バスケットボールチームの日常や選手との会話を素描し、ルールとゲームの検討することを通して考えてきた。

それらを手放したあとに見えてきた姿は、私たちの常識に反して、ルール上「障害」が不可欠なものになっていることだったり、車椅子のもつ「固定的な幅」がゲームの遂行にとってもっとも重要だったり、身体的な、あるいは社会的な「障害」、つまりインペアメントもディスアビリティも、スポーツにおけるその行為を遂行するという文脈において経験されたり達成されたりするということだった。

たとえば、車椅子バスケットボールは、障害者用にルールを変えた車椅子用のバスケットボールと言えるものではないということが分かった。こうした結論は、これまでの障害者スポーツの考え方に変更を要請する。

本書で言うところの「障害者スポーツの臨界点」は、これまでの障害者スポーツをめぐる歴史と考え方に、人々の具体的な活動から考えられることを重ねあわせた地点に見えてくる。言い換えれば、障害者スポーツの過去と現在を見つめることで姿を現す、これから先、障害者スポーツが変わっていくであろう「未来への入り口」とでも言えるだろう。この臨界点の先については、本章の終わりでもう一度その含意を考えることにしたい。

1　障害者とスポーツの臨界点

スポーツによる説明の限界

さて、こうした本書のこれまでの主張から、どんな意義が主張できるだろうか。まず、その理論的な意義をとくにスポーツ社会学の領域に限定して述べてみよう。研究の貢献の一つが批判的検討にあるとするならば、本書が貢献できるのは、スポーツが何らかの（社会的）抑圧や排除（とくに、さまざまなマイノリティへの）を再生産しているとするような議論に対してである。

このような議論に典型的な語り口は、「スポーツが○○を行っている／もっている」というものである。○○には、ほとんど何でも代入が可能だ。代入されるのは、「ジェンダー」でも「黒人イメージ」でも「抵抗」でも「ナショナリズム」でも構わない。スポーツに続く助詞や述語を変えればよく見る説明形式である。たとえば、「スポーツは人種イメージを再／生産し、それを実体化してしまう」、「スポーツは常識的なジェンダー枠組みを再生産してしまう」という主張がなされる。だがこれは、二重の意味で誤っている。

第一に、この形式はスポーツを客観的な実体としてしまっている。盛山和夫（八七ページ以降の記述を参照）の言葉を借りれば、「一次理論の疑似二次理論化」を行っているわけである。これは、「社会的世界の『客観性』の大部分が実は一次理論の内部でのそれにすぎないにもかかわらず、それを二次理論のレベルにおいても『客観的』だと前提してしまう」（盛山［一九九五］二一三ページ）ことである。

もっと分かりやすく言えば、このよくある説明の仕方は、スポーツを何らかの作用主体として、比喩的に言えば擬人化している点に誤りが存在する。「スポーツが人種差別を再生産する」と言ったときの「スポーツ」とは、一体何を指してこう述べているのだろうか。この点が問われたことはほとんどない。かつての制度としてのスポーツ論が、スポーツを外部性と拘束性で特徴づけたように、スポーツ社会学にとってスポーツとは、諸個人の外部にあって諸個人を拘束する何物かである。

そういう意味で、たしかにスポーツというのは、理論的な要請物としてや、人々の主観的な思いのなかに存在している。問題なのは、この語り方がどんな効果を生んでいるのか、という点に無頓着なことである。

それは、次のような効果をもつ。スポーツによる社会的排除や抑圧・差別・問題構造の再生産の問題を、そしてスポーツにおける人種差別や性差別や貧困の問題を、スポーツの側に政治性や権力性といった言葉を付与することで説明することを可能にする。そうした場合、スポーツにかかわる人々やそれを実践する人々などは、スポーツによる社会的な排除の問題とは無関係だと想定されてしまうことになる。あるいは逆に、スポーツにおいて何らかの「解放」があるとしても、その要因がスポーツそのものの力に求められてしまう。

スポーツにおいて、ポジティブにせよネガティブにせよ、人種差別に対してなんらかの効果があったとしよう。このとき、通常は、「スポーツは人種差別を撲滅した」とか「スポーツは人種差別に加担している」と表現されるだろう。しかし実際には、人種差別を撲滅したり加担したりするのは、そのスポーツにかかわる人々である。つまり、人々が差別的な考えから離脱して「人種差別を撲滅する」のだし、人々が差別的な考えによりいっそうとらわれて「人種差別に加担する」のである。どちらにせよ結果は、スポーツにかかわる人々がどのような振る舞いを「するか／したか」に現れることになる。

第二に、そうした「一次理論の疑似二次理論化」は、スポーツが人々のその都度その都度の相互行為として現実化されているという視点を欠落させてしまうことになる。現在、非常に大きなものになってしまったスポーツを当たり前にしてしまうと、「社会秩序は、相互行為内のふるまいが、さまざまなことがらを観察可能にしながら次々に接合されていく、そのしかたのうちにある」（西阪［一九九七］四二ページ）ことを忘れてしまうことになる。単にスポーツを客観的なもの、外部から人々の行為や意識を拘束するものと置いてしまうと、人々がスポーツの文脈において、スポーツから排除されてしまうこと（スポーツが社会的排除を助長してしまうこと）が、結局は、人々の具体的な実践のなかに存在しているということを捉えることができなくなってしまうのである。

たとえば、第8章で述べたKさんは、結果的にチームへ参加することはなくなっていった。だが、その出来事（スポーツからの排除）は、スポーツがそうさせたわけでも、スポーツの政治性や権力性がそうさせたものでもない。大滝さんは次のように述べていた。

「握力がなくて缶コーヒーを両手でしか持てない人もいるんだよ。そういう人はどうがんばっても、今、チームでやってるバスケットはできないよね」（二八七ページ）

この語りに、ここでの要諦がある。つまり、Kさんがチームの練習に参加しなくなってしまったのは、車椅子バスケットボールという「スポーツ」そのものによってではなかった。当時、チームでやっていたバスケットボールがそうさせたのだ。そして、そのバスケットボールは、青木さんや千葉さんをはじめとした選手たちが望んで競技性を強くもたせようとし、活動していたのである。言い換えれば、メンバーによるやり取りのなかで生まれたチームの態度がKさんを遠ざけてしまったのだ。「車椅子バスケットボール」が、スポーツがそうしたのではなく、そのなかで実践する人々の行為が結果として、Kさんに対してディスアビリティを経験させるものとして立ち現れたのだ。

スポーツがある特定の人々を排除してしまうのは、これまで見てきたように、スポーツの実践がある特定の身体をインペアメントという障害として経験させたり、社会的な抑圧の経験として立ち現れたりすることによっている。では、そうした経験はどのようにして可能になるのかと言えば、心理的なものをもちださないとすれば、それは人々の相互行為によってというべきであろう。ただし、「相互行為」を特権化することは、「政治性」や「権力性」で説明しようとする形式と同じ過ちを犯すことになる。

「スポーツ」、「権力」、「政治性」は説明を行う道具ではなく、説明されるべきものである。むろん、「相互行為」もそれは変わらない。本書は、それらをあくまで相互行為として達成される結果として捉えようとしてきた。社会的な抑圧として現れてしまう、あるいはある特定の身体をまさに「障害」としてしまう、スポーツの相互行為におけるパフォーマティヴィティ（ある行為遂行が別のなにがしかを行っていること）を見過ごしてはならない。

私たちはあまりにもスポーツを客観視し、現象を説明するのに「スポーツ」という捉えどころのないものの性能に頼りきってきたことを反省する必要がある。

「障害」の捉え方はどのように

さて、本書が明らかにした車椅子バスケットボールにおける身体の意味と当事者の経験は、障害の捉え方に対して、次のような知見を提供することができる。現在の障害学においては、社会モデルに準拠しつつ、経験としての障害の問題、つまり障害と身体の関係をどう位置づけるかが課題となっている。

そうした批判に対して、インペアメントは身体を媒介として社会化され、ディスアビリティも身体を媒介にして個人化されるというアプローチが切り開かれ始めている。このような説明は、たしかに現象を説明する性能は高いように見えるが、そもそもインペアメントは身体的なものである。そうしたインペアメントが身体を通じて社会化されるとは、一体どのような事態を指し示しているのか。この点が明らかではない。この際、現象学的な方法論が用いられているが、インペアメントとディスアビリティを社会や個人と結び付けるものとして

「身体」を過剰に読み込みすぎている。

たとえば、後藤吉彦[1]は、J・バトラー[2]のパフォーマティヴィティの議論を援用しつつ「障害者／健常者」のカテゴリーの不安定化を目指しているが、その議論はいまだ抽象的なレベルにとどまっているのが現状である。

彼はまず、「障害者／健常者」のカテゴリーを不安定化することが必要だと述べているが、その方略は不明である。後藤は、正常な身体という規範への介入は「履歴書等の健康欄の記入や、風呂あがりの体重・体脂肪の測定など、数え切れぬほど多くの、自ら身体に介入する実践が想起されるだろう。障害者／健常者カテゴリー化は、まさに、ミクロな、介入される身体の上で行為によって実体化されるのだ」（後藤［二〇〇七］九二ページ）と述べている。だが、結果的には、「人をカテゴリー化する現行の規範を見つめなおすこと、ひいては、それを不安定化させる試みの重要性」（前掲書、九三ページ）を指摘するにとどまっている。

（1）（一九七七～）兵庫県生まれ。博士（学術）。現在、専修大学人間科学部講師。専門は身体の社会学、障害学。主な著書に『身体の社会学のブレークスルー——差異の政治から普遍性の政治へ』（生活書院、二〇〇七年）などがある。

（2）（Judith P. Butler, 1956～）カリフォルニア大学バークレー校教授。ヘーゲル研究でイェール大学から博士号を取得。専門はフェミニズム、クィア理論など。主な邦訳書に、『自分自身を説明すること——倫理的暴力の批判』（佐藤嘉幸・清水和子訳、月曜社、二〇〇八年）などがある。

障害学におけるインペアメントについての研究はさまざまに行われているわけだが、理論的な検討にとどまり、具体的な場面でインペアメントやディスアビリティがどのように経験され、意味づけられているかが述べられることはほとんどないと言ってよい。そこにこそ、スポーツ研究が、インペアメントとディスアビリティの経験の研究に対してもち得る強みがあるのではないだろうか。

本書では、インペアメントとディスアビリティは以下のように捉えられた。スポーツ実践において、ディスアビリティとしてもインペアメントとしても、「障害」は実践の遂行にともなう行為として経験される。それは、障害者スポーツを実践する当事者たちにとって、インペアメントとしての「障害」は個人的な本質としてあるわけでもなく、また社会的障壁としての「障害」も、いわば外在的な客観物として存在するものでもない。それらの「障害」は、スポーツにおけるその行為を遂行するという文脈において、経験されたり達成されたりするものである。

たとえば、車椅子バスケットボールの当事者にとって、クラス分けによる持ち点はこの競技への参加資格となる。このルールの範囲から外れる人々にとっては、「イスバス」というスポーツに参加しようとしたとき、スポーツ参加において「障害／障壁＝ディスアビリティ」という社会的な経験をするし、その身体は障害＝インペアメント（欠損）として立ち現れるのである。

スポーツから捉え直すことのできる「障害」は次のように言える。インペアメントにしても、ディスアビリティにしても、それらが意味を与えられ、経験されるのは、ある社会的行為に参加しようとしたときである。それらは、ほかの人々との相互行為を遂行するなかで特定の意味が与えられるのである。

Kさんの事例はそれも示している。彼にとって車椅子バスケットボールに参加するというその行為の遂行において、この競技に参加できないというディスアビリティを経験し、その同じ経験が彼の左手をまさに麻痺＝インペアメントとして焦点化させた。インペアメントとディスアビリティは概念的には区別可能であるし、論理的にはインペアメントの意味づけはディスアビリティの経験から事後的に与えられるが、主観的には同一に経験される。

おそらくこのことは、インペアメントとディスアビリティの文脈依存性を指摘したにすぎないと言われるかもしれない。結局、障害とはケースバイケースによるものだ、と。だが、具体的な場面から考えると、この両者を区別することは難しい。そのどちらの経験も、スポーツにおける相互行為として顕現するのだと言える。パフォーマティヴィティという言葉を使うならば、まさに障害の二つの側面は行為遂行的に一体のものとして現れるのである。

また、彼らの実践において、「健常者／障害者」というカテゴリーの枠組みは、決して固定的で実体的なものでもない。事実、彼らにとっては、「健常者／障害者」のカテゴリーは選択的に使用され、その内実を組み替えることが可能なものとして捉えられているのであった。スポーツから障害の意味を問い直すことの強みは、「障害」が現れる具体性から議論できるところにあるだろう。

　本書が目的とした車椅子バスケットボールの経験における身体の意味とは、以上のように捉えることができる。そして、以上のことを本書のタイトルに引きつけて言えば次のようになる。

　スポーツでは、「障害」の意味や経験は、ネガティブにもポジティブにもゲームやルールが実践される場において達成される。そうした達成は、ルールやゲームはその場かぎりのものであるから、同じような達成が継続することによって維持されている。スポーツにおいて「障害」とは、常に流動的であり、戦術が一新されたり、ルールが外部的理由によって変われば、以前の意味はすぐに変転してしまう。

　そうした、常に別のものに変わる可能性があるところで維持されている何物かが「障害」である。本書の「臨界点」とは、そうした危ういところで成立する、障害のポジティブさとネガティブさを表現するための語でもあった。

　実践者の身体は、車椅子バスケットボールを成立させるための必要不可欠な要因として意味づけられている。またそれは、参加者の協働的な達成として現実化されている。このことは、近代スポーツの「平等な身体」・「自然な身体」による競争という想定とは異なる事態である。

競技の構成に身体的な差異が組み込まれていることは、各人の身体が「平等」でも「自然」なものでもないということを明示している。しかしながら、その身体的な差異こそ、車椅子バスケットボールを構成し、その面白さを保障するものだった。よって、個人の「障害」やその「身体」は、これまで考えられてきたようなスポーツに参加する際の単なる困難や障壁ではない。この点が、これまでの障害や障害者スポーツの認識に対して変容を促す点である。障害者スポーツの「臨界点」は、こうした身体的な差異がもともと存在していることを許容できるか否かに位置している。

2 臨界点のその先に

本書の議論とその結論は、障害者スポーツに関しても一般化できる部分はあるだろう。この点について述べ、本書を締めくくりたい。

第1章で述べたように、これまでの障害者スポーツの研究はあまりにも、スポーツによる「ノーマライゼーション」の達成や、スポーツを行うことの「喜び」を主張することに偏ってきてはいなかっただろうか。同時に、これまでの障害者スポーツの議論においては、「障害」そのものの概念について非常に固定的なパースペクティブしかもち得ていなかった。

「アダプテッド・スポーツ」の概念にしても、障害者スポーツを近代スポーツのオルタナティブとして捉える視点にしても、「障害」の意味自体は「医学モデル」を基底としている。そこで「障害」は、スポーツに参加する際の困難や障壁としてしか捉えられていない。

　現在の障害者スポーツ研究において、その実践的・理論的な可能性を示し得ているのはアダプテッド・スポーツである。だが、「アダプテッド・フィジカル・アクティビティ」から出発し、わが国において独自の概念化が施されたアダプテッド・スポーツは、他者との競争や勝敗から遠く離れすぎてしまったように思える。むろん、アダプテッド・スポーツの概念に有効性がないと断じているわけではない。日本におけるアダプテッド・スポーツとは、単に「障害者用にルールを変えたスポーツ」になりすぎてしまったのだ。

　オスカー・ピストリウスのような人々に対してアダプテッド・スポーツの研究者は、競技性への志向を断念させるのだろうか。そんなことはないはずだが、今のところ、アダプテッド・スポーツの思想を取り入れながら、競技スポーツの文脈で語る言葉を私たちはもっていない。「障害者スポーツの臨界点」のその先、「障害者がするスポーツ」でも「障害者用にルールを変えたスポーツ」でもない障害者スポーツの可能性はどこにあるだろうか。

　すでに紹介したように、樫田らは障害者スポーツを「障害が無意味化するようなルールが作られているという意味」を込めて、「非障害者スポーツとしての障害者スポーツ」（三四ページ参照）を提案している。たしかに、樫田らが言うように「本当に重度の障害者を前にしたとき、無意味化が確実に機能しうるかという問題は残る」（樫田編［二〇〇〇］一九ページ）。だが、「重度者」の存在以外にもこの言葉ではこぼれ落ちてしまっているものがある。ここで、当事者の語りをもう一度参照してみたい。車椅子バスケットボールとツインバスケットボールの違いについて述べた千葉さんの語りである。

「違うと思う。車椅子バスケはスポーツだと思うよ。障害者つかなくても。だから健常者もやるんだと思う。健常者が頸損バスケ入ったらどうにもなんないでしょ」

さて、ここでの彼の言葉にはある重要な認識が含まれている。それは、彼らにとって、車椅子バスケットボールがスポーツであるのは競技性の高低ではなく、健常者とともに行えるスポーツだという点である。持ち点制が、「車椅子バスケットボール」という社会に参加するための要件であり、構成的ルールとしてインペアメントを持ち点と見なすことで「非障害化」を達成することについては何度も述べた。そのうえで、もう一度、彼らの言葉を見てみよう。

彼らにとって、車椅子バスケットは健常者も参加できる競技だから「スポーツ」なのであった。その健常者すら彼らは、クラス分けによる持ち点付与によって5.0（ないし4.5）のプレーヤーとして見なしていたことを思い出そう。クラス分けという構成的ルールが適用されるのは「障害者」だけに限定しなくてもよいのである。

樫田らの指摘では、非障害化されるのは障害者に限定されていた。だが、「何かができない人＝障害者がいる。というより、あらゆる人にどのような程度かできないこと＝障害dis-abilityがある」（立岩［一九九七］三二三ページ）という立岩の指摘を受ければ、非障害化されるのは健常者でも同じである。「非障害者スポーツとしての障害者スポーツ」の前半部は、「健常者／障害者」の秩序を超えて適用されるものと拡張する必要がある。

車椅子バスケットボールは、この競技の構成やそのゲームのなされ方が、身体の差異や車椅子といった用具の用いられ方によって規定されているという意味で「イスバス」なのだと論じた。障害者スポーツ自体もそのようなものとして概念化できる。つまり、「非障害者スポーツとしての障害者スポーツ」の後半部は、競技の構成自体が「身体的な差異」による制限や用具に規定されているものとして把握することができる。

障害者スポーツ、正確には「非障害者スポーツとしての障害者スポーツ」は、そのルールにおいて障害が無意味化されるように構成されている（樫田らの概念化）ということとともに、ゲームのレベルでは、競技の構成自体に「身体の差異」が組み込まれ、それが競技の成立にとって不可欠になっているようなスポーツとして再定位することができるだろう。

これが、本書の立場から言える「障害者スポーツ」である。観念的すぎるとか、意味を詰め込みすぎているとか、車椅子バスケットボールだけに言えることではないだろうか、という批判はあるだろう。だが、少なくとも、障害者スポーツの可能性を改めて定位することの基点にはなるのではないだろうか。

なぜ、後半部があのように概念化されなければならないのか？　スポーツの構成自体に「身体的な差異」が組み込まれていることによって、少なくとも、それを見る私たちは各選手の身体の差異へ注目するように促される。そういう意味では、「序章」で紹介したオスカー・ピストリウスの事例を障害者スポーツの文脈で捉えることはできない。できないというより、本書の立場から言えば、大きな進歩ではあるが、ピストリウスが参加しただけではまだ障害者スポーツになっていない、となる。あのレースのとき注目されたのはピストリウスの身体ばかりで、ほかのアスリートの身体への注目がないためである。

障害者スポーツとは、健常者も含んだ、私たちの身体のあり方に関心を向け、その差異を常に含み込み、身体の多様性を前提に行われるようなスポーツと捉えたい。そうした、ものを見るときのプラットフォームとなるあり方が、障害者スポーツの臨界点のその先にある。

本書の結論として示す「障害者スポーツ」は、現在、私たちが当たり前に想像する健常者中心のスポーツより劣ったもの、もしくは周縁にあるものなどではない。むしろ、種々のスポーツを包摂《ほうせつ》するより射程の広い考え方である。それは、現在のスポーツのオルタナティブや、まったく新しい身体運動文化を模索することを目指す試みではない。あくまでも、これまでのスポーツの延長線上に位置する、そんなスポーツが必要ではないだろうか。それが可能かどうかは今後の歩み次第だが、とにかく踏み出すことから始めたい。

あとがき

士郎正宗さんによる漫画作品とそれを原作にした一連のアニメ作品、『攻殻機動隊』をご存知だろうか。押井守さんが監督を務めた『攻殻機動隊 GHOST IN THE SHELL』は、海外で高い評価を受け、ウォシャウスキー兄弟の『マトリックス』にも影響を与えたと言われているので知っている人もいるだろう。ジャンル的にはいわゆるサイバーパンクSFで、身体の一部や全身をサイボーグ化（義体化と呼ばれる）したり、脳が外部世界とネットワークで接続（電脳化と呼ばれる）していたりする人々の活動を描いたものである。その世界では、ほとんどの人が、身体の少なくともどこかを義体化し、電脳化している。

そのTVアニメ版（『攻殻機動隊 STAND ALONE COMPLEX』）に、ある場面が描かれている。スパイ容疑のかけられた元アスリートが登場し、主人公の一人が彼の家を訪れるという場面だ。彼の部屋には多くのトロフィーや賞状、メダルが飾られていて、そのなかに銀メダルがある。そのメダルにはこう刻まれている。「Paralympic」と。この世界では義体化した人のほうが多く、そのことに対する忌避感は少ない。おそらく「人間の可能性」の追求は、パラリンピックで行われるものになっているのではないだろうか。

SFでの描写だし、極端だと言われるかもしれない。だが、私たちの想像力はこうした新たな「スポーツをする身体」も認め、称えることができるはずだ。『攻殻機動隊』の世界が訪れるかどうかはともかく、このような想像力は「障害者スポーツ」を劣ったものと見なさない。また、主流のものを改変しただけのものとも見なさない。SF的な想像力は、「スポーツ」という言葉を柔軟に捉えているのではないだろうか。本書も、そうした想像力に倣いたい。本書の意味での「障害者スポーツ」（と呼び続けるかはともかく）は、より広く深いスポーツへの思考を導いてくれるものだと思っている。

ロンドン・オリンピックの開催が間近に迫った七月四日、オスカー・ピストリウスは南アフリカのオリンピック代表選手に選出された。彼は、オリンピックの四〇〇メートルと一六〇〇メートルリレーに出場し、パラリンピックにも出場するという。ピストリウス個人にとって喜ばしいこの知らせは、障害者スポーツ全体にどのような影響を与えるだろうか。ピストリウスの偉業がこれまでのスポーツの「当たり前」に回収されてしまわないよう、障害者がスポーツをするということの社会的意味をますます考えなければならないだろう。

一九四八年のロンドン・オリンピックの開会式と同日にひっそりと行われた第一回ストーク・マンデビル競技会から六四年、障害者スポーツを取り巻く状況は大きく変わった。オスカー・ピストリウスはその象徴であるが、一部にすぎない。多くの当事者や関係者のかかわりがあってのことだ。そのなかには、本書で見てきたような「普通」の車椅子バスケットボールプレイヤーたちも含まれる。いやむしろ、彼らのような、スポーツが好きな多くの人々の実践が現在の状況を生み出したと言えるのではないだろうか。

そのような意味で、本書はそうした当事者の日々の実践からスポーツについて、「イスバス」について考えてきた。また、当事者の「障害」が、実践のなかでどのように意味づけられているのかを考えてきた。改めてその内容を振り返ることはやめておこう。

ただ、もし本書を手にとって車椅子バスケットボールや障害者スポーツに興味をもったらぜひ実際に見に行ってもらいたい。私たちが普段気付かないだけで、全国各地で本書に登場した彼らと同じように活動している人々がいる。そして、見に行ったら、「障害者が……」とか、「障害があるのに……」なんて考えず、彼らがどんなプレーをしているのか、上手か下手か、そんな点に注意して見てほしい。それがスポーツを見る楽しみというものだ。多くの人が障害者スポーツをそのように見るようになったら、本書の意義もより出てくるだろう。

このような形で、オスカー・ピストリウスを導きの糸にして進めてきた本書もひとまずの結論を得ることができた。本文でも言及しているように、車椅子バスケットボールという個別事例から障害者スポーツすべてに一般化することはできない。個別事例の検討はあくまで仮説を提示するものだ。だから、本書の結論は仮説である。さらに、私自身がこうあってほしいものでもある。もちろん、単に願望を込めたものではなく、これまでの研究の成果や具体的な実践から考えたものである。ただ、結論は私がこう考えたものであって、本書を読んだ方がそれをどのように捉え、評価するかはまた別の問題である。

ただ、障害者スポーツはこれまで議論の対象になったことはない。たぶん、これは言いすぎではない。本書がそのきっかけになればと願う。「まえがき」で書いたように、本書は、議論の基準点をつくるという目的も傍らに置いていた。また、今後、障害者スポーツについて考えるとき、とりあえず本書を読むことから始まるような、そんな本にしようという願望もあった。

筆者が車椅子バスケットボールというスポーツのことを知ったのは、大学に入学したころのことだったと思う。中学・高校とバスケットボール部に入っていた筆者は、この未知のスポーツに非常に興味をそそられた。そして、その興味はまだまだ尽きてはいない。考えなければならないこと、知りたいことは数多く残されている。「イスバス」や「障害者スポーツ」の世界が今後どうなっていくのか。いつだって、現実は先に行ってしまうから、それに遅れないように地に足をつけて、今までどおり、実践している人とともに考えていきたいと思っている。

本書は、二〇〇九年に筑波大学人間総合科学研究科に提出した学位論文「車椅子バスケットボールの経験における身体の意味」をもとにしています。とはいえ、今回の出版にあたって、ほぼすべての部分に加筆・修正を加えて再構成をしました。

当然のことですが、本書を執筆・出版するにあたってたくさんの方々にお世話になりました。最後に、そうした方々へ感謝の気持ちを記したいと思います。

まったく無名の私に出版という大きなチャンスを与えてくださった株式会社新評論の武市一幸さんには深く感謝をしています。読者が本書を読んで「障害者スポーツ」へ興味をもち、それぞれがそれぞれに「障害者スポーツ」について考えるような状況が生まれたとしたら、それはひとえに武市さんのおかげです。ありがとうございました。

大学院の指導教員だった清水諭先生には、修士課程から現在まで指導をしていただきました。ここまで来れたのは、常に叱咤激励をしていただいたおかげです。また、筑波大学スポーツ社会学研究室のみなさんにも感謝します。とくに、石坂友司さん、高尾将幸さん、稲葉佳奈子さんには大学院生時代からずっとお世話になりっぱなしです。

徳島大学の樫田美雄先生には博士論文執筆中から現在まで、私の研究を見守り、多くのご指摘をいただきました。ありがとうございます。そして、今後もよろしくお願いします。早稲田大学の友添秀則先生をはじめ研究室のみなさんにもお世話になりました。あのとき、みなさんの配慮のおかげで本書のもとになった論文を書くことができました。大学の同僚である井手口範男さんには、図表の作成などで大変お世話になりました。ありがとうございます。そして、今後もよろしくお願いします。貴重な写真を提供していただいた、宮本邦彦さん、日本車椅子バスケットボール連盟、日本車椅子ツインバスケットボール連盟のみなさん、ありがとうございました。両スポーツの発展に少しでも貢献できたら何よりです。また、練習風景や試合の様子を撮影させていただいた埼玉ライオンズのみなさんにもお世話になりました。選手権での優勝に向けて、今も厳しい練習を行っていることと思います。今後もお世話になると思いますが、よろしくお願いいたします。

そしてなによりも、本書での調査で知り合った、青木大さん、千葉昇さん、大滝典嗣さん、鈴木昭一さん、笹川剛さんをはじめ、あのときのチームのメンバー、関係者のみなさん、深く感謝しています。みなさんのご協力がなければ、本書はもとより、これまでの私の研究は成り立っていません。本当にありがとうございました。

最後に、両親や兄姉にも感謝を。とくに、両親には大学院に行くという選択を許してもらったのに、私がいったい何をやっているのかきちんと説明もせず心配ばかりかけてしまいました。これまで支えてくれたことに感謝しています。僕はこんなことをやってます。

そして、望へ。ありがとう、これからもよろしく。

二〇一二年　五月

渡　正

参考文献一覧

日本語文献

・阿部智恵子・樫田美雄・岡田光弘［二〇〇二］「資源としての障害パースペクティブの可能性――障害者スポーツ（水泳）選手へのインタビュー調査から」『年報筑波社会学』13巻、一七～五一ページ。
・蘭和真［二〇〇二］「東京パラリンピック大会と障害者スポーツ」『東海女子大学紀要』22巻、一三～二三ページ。
・石川准［一九九六］「アイデンティティの政治学」『岩波講座現代社会学第一五巻差別と共生の社会学』岩波書店。
・――［二〇〇〇］「ディスアビリティの政治学――障害者運動から障害学へ」『社会学評論』50巻4号、五八六～六〇一ページ。
・――［二〇〇二］「ディスアビリティの削減、インペアメントの変換」、石川准・倉本智明編著『障害学の主張』明石書店。
・石川准・倉本智明編著［二〇〇二］『障害学の主張』明石書店。
・石川准・長瀬修編著［一九九九］『障害学への招待――社会、文化、ディスアビリティ』明石書店。
・市野川容孝［二〇〇一］「『障害者』差別に関する断想――一介助者としての経験から」、坪井秀人編『偏見というまなざし――近代日本の感性』青弓社。
・市野川容孝編［二〇〇二］『生命倫理とは何か』平凡社。
・井手精一郎［一九九四］「身体障害者スポーツの現状と課題」『都市問題研究』46巻10号、五三～六六ページ。
・井上俊［一九九三］「スポーツ社会学の可能性」『スポーツ社会学研究』1巻、三五〜三九ページ。
・上野千鶴子編［二〇〇一］『構築主義とは何か』勁草書房。
・内田隆三［一九九九］「現代スポーツの社会性」、井上俊・亀山佳明編『スポーツ文化を学ぶ人のために』世界思想社。
・海老原修［二〇〇三］「ある身体と持つ身体――パラリンピック考：義足のモーリス・グリーン」、海老原修編著『現代スポーツ社会学序説』杏林書院、六五〜七二。
・R・M・エマーソン、R・I・フレッツ、L・L・ショウ／佐藤郁哉・好井裕明・山田富秋訳［一九九八］『方法としてのフィールドノート――現地取材から物語作成まで』新曜社。
・N・エリアス［一九九五］「社会学的問題としてのスポーツの発生」、N・エリアス、E・ダニング／大平章訳『スポーツと文明化――興奮の探求（叢書ウニベルシタス四九二）』法政大学出版局。
・大神訓章・浅井慶一［一九九九］「車椅子バスケットボール競技のゲーム分析」『山形大学紀要（教育科学）』12巻2号、一七七〜一九〇ページ。
・大澤真幸［二〇〇四］「サッカーと資本主義」『増補新版性愛と資本主義』青土社、二四九〜二八六ページ。
・大野道邦・油井清光・竹中克久編［二〇〇五］『身体の社会学――フロンティアと応用』世界思想社。
・岡田光弘［一九九六］「『制度』を研究するということ――インタビューと一一九番通話の終了部の会話分析」『現代社会理論研究』六：一六五〜一八〇ページ。
・――［二〇〇〇］「『障害』の構築――障害者スポーツの社会学（三）」第四八回関東社会学会報

告資料。
・奥田邦晴［二〇〇二］『障害者スポーツが有する福祉的意義とそれを支えるクラス分けシステムに関する研究』川崎医療福祉大学大学院医療福祉学研究科医療福祉学専攻博士（医療福祉学）論文。
・小野圭一［二〇〇四］「スポーツにおけるハンディキャップ設定研究」『教育実践総合センター研究紀要（奈良教育大学）』13巻、一四三〜一四九ページ。
・J・L・オースティン［一九八〇］坂本百大訳『言語と行為』大修館書店。
・――――［一九九一］「行為遂行的発言」坂本百大監訳『オースティン哲学論文集』勁草書房所収。
・樫田美雄［二〇〇〇］「『障害者スポーツ』の秩序Ⅱ――障害者スポーツの社会学（一）」第四八回関東社会学会報告資料。
・樫田美雄編［二〇〇〇］『障害者スポーツにおける相互行為分析――一九九九年度徳島大学総合科学部社会調査実習報告書』徳島大学総合科学部人間社会学科国際社会文化研究コース現代国際社会分野社会調査実習報告書刊行プロジェクト。
・金澤貴之［一九九八］「聾文化の社会的構成」『解放社会学研究』12巻、四三〜五六ページ。
・金澤貴之・樫田美雄・岡田光弘［二〇〇三］「障害者スポーツはなぜ『面白い』のか？ 聾者バレーボールにおけるコミュニケーションの編成」『群馬大学教育学部紀要人文・社会科学編』52巻、四四九〜四五九ページ。
・菊幸一［一九九三］『「近代プロスポーツ」の歴史社会学――日本プロ野球の成立を中心に』不昧堂出版。
・北島行徳［一九九九］「無敵のハンディキャップ――障害者が『プロレスラー』になった日」文芸春

秋。
・――［二〇〇〇］『ラブ&フリーク――ハンディキャップに心惹かれて』文藝春秋。
・北田暁大［二〇〇四］「引用学――リファーする／されることの社会学」、北田暁大『〈意味〉への抗い――メディエーションの文化政治学』せりか書房。
・北野与一［一九九六］『日本心身障害者体育史』不昧堂。
・日下裕弘［一九九六］『日本スポーツ文化の源流：成立期におけるわが国のスポーツ制度に関する研究――その形態および特性を中心に』不昧堂出版。
・草野勝彦［二〇〇四］「障害者スポーツ科学の社会的課題への貢献」『障害者スポーツ科学』2巻1号、三〜一三ページ。
・L・グットマン／市川宣恭監訳［一九八三］『身体障害者のスポーツ』医歯薬出版。
・倉本智明［一九九八］「障害者文化と障害者身体――盲文化を中心に」『解放社会学研究』12巻、一〜四二ページ。
・――［一九九九］「異形のパラドックス――青い芝・ドッグレッグス・劇団態変」、石川准・長瀬修編著『障害学への招待』明石書店。
・――［二〇〇〇］「障害学と文化の視点」、倉本智明・長瀬修編著『障害学を語る』エンパワメント研究所。
・――［二〇〇二］「身体というジレンマ――障害者問題の政治化はいかにして可能か」、好井裕明・山田富秋編著『実践のフィールドワーク』せりか書房。
・厚生省［一九六六］『更生の書』日本身体障害者団体連合会。

・後藤貴浩［二〇〇二］「障害者スポーツのカテゴリー化に関する研究――車椅子バスケットボールチームにおける実践を通して」『群馬大学教育学部紀要芸術・技術・体育・生活科学編』37巻、一七五〜一九四ページ。
・後藤吉彦［二〇〇五］「障害者／健常者カテゴリーの不安定化にむけて」『社会学評論』55巻4号、四〇〇〜四一七ページ。
・――――［二〇〇七］『身体の社会学のブレークスルー――差異の政治から普遍性の政治へ』生活書院。
・斉藤禎彦［一九九八］「オリンピックから見た日本の障害者スポーツ」『Sports medicine Quarterly』10巻2号、一一二〜一一七ページ。
・財団法人国際身体障害者スポーツ大会運営委員会［一九六五］『パラリンピック東京大会報告書』財団法人国際身体障害者スポーツ大会運営委員会。
・財団法人日本車椅子バスケットボール連盟競技・規則審判部編［二〇〇五］『車椅子バスケットボール競技規則』財団法人日本車椅子バスケットボール連盟。
・財団法人日本身体障害者スポーツ協会編［一九八五］『創立二〇年史』財団法人日本身体障害者スポーツ協会。
・――――［一九八八］『身体障害者スポーツ競技規則の解説』財団法人日本身体障害者スポーツ協会。
・財団法人日本身体障害者スポーツ協会［一九九〇］『身体障害者スポーツ競技規則の調査研究』財団法人日本身体障害者スポーツ協会。
・――――［一九九一］『身体障害者スポーツにおける障害クラス分けに関する調査研究報告書』財団

法人日本身体障害者スポーツ協会。
・佐藤俊樹［二〇一一］『叢書現代社会学五　社会学の方法――その歴史と構造』ミネルヴァ書房。
・佐藤久夫［一九九二］『障害構造論入門――ハンディキャップ克服のために』青木書店。
・佐藤久夫・小澤温［二〇〇六］『障害者福祉の世界第三版』有斐閣アルマ。
・佐藤充宏［一九九九］「障害者スポーツを共有する身体の風景」『徳島大学総合科学部人間科学研究』7巻、六七～七八ページ。
・J・R・サール／坂本百大・土屋俊訳［一九八六］『言語行為――言語哲学への試論』頸草書房。
・社団法人日本体育学会監修［二〇〇六］『最新スポーツ科学事典』平凡社
・芝田徳造［二〇〇三］「障害者スポーツの過去・現在・未来」『人権と部落問題』55巻11号、二二一～三一ページ。
・杉野昭博［一九九七］「『障害の文化』と『共生』の課題」、『岩波講座文化人類学第八巻：異文化の共存』岩波書店。
・――［二〇〇二］「インペアメントを語る契機――イギリス障害学理論の展開」、石川准・倉本智明編著『障害学の主張』明石書店。
・――［二〇〇七］『障害学――理論形成と射程』東京大学出版会。
・盛山和夫［一九九五］『制度論の構図』創文社。
・全国自立生活センター協議会編［二〇〇一］『自立生活運動と障害文化――当事者からの福祉論』現代書館。
・多木浩二［一九九五］『スポーツを考える』岩波書店。

・高橋明［二〇〇四］『障害者とスポーツ』岩波書店。
・高橋豪仁［一九九九］「身体障害者スポーツに関する一考察――ソーシャル・ロール・バロリゼーションの視点から」『奈良教育大学紀要』48巻1号、三七～四八ページ。
・高橋豪仁・藤田紀昭・黒須充［一九九八］「第三一回全国身体障害者スポーツ大会出場者のスポーツ活動に関する研究」『奈良教育大学紀要（人文・社会）』47巻1号、八九～一〇四ページ。
・武隈晃［二〇〇〇］「障害者スポーツとこれからのスポーツ振興の在り方」『スポーツと健康』32巻1号、三〇～三三ページ。
・多々納秀雄・小谷寛二・菊幸一［一九八七］「「制度としてのスポーツ」論の再検討――Loy, J. W. のスポーツ論をめぐって」『体育学研究』33巻1号、一～一三ページ。
・多々納秀雄［一九九七］『スポーツ社会学の理論と調査』不昧堂出版。
・立岩真也［一九九五］「はやく・ゆっくり――自立生活運動の生成と展開」、安積順子・岡原正幸・尾中文哉・立岩真也『増補改訂版　生の技法』藤原書店。
・――――［一九九七］『私的所有論』勁草書房。
・――――［一九九八］「一九七〇年」『現代思想』26巻2号、二一六～二三三ページ。
・――――［二〇〇〇］「『能力主義』という差別」『仏教』50巻、五五～六一ページ。
・――――［二〇〇二］「ノーマライゼーション」、市野川容孝編『生命倫理とは何か』平凡社。
・田中耕一郎［二〇〇五］『障害者運動と価値形成――日英の比較から』現代書館。
・B・S・ターナー［二〇〇五］「身体の社会学の過去そして未来――研究アジェンダの確立」、大野道邦・油井清光・竹中克久編『身体の社会学――フロンティアと応用』世界思想社、九三～一二三ページ。
・飛松好子［二〇〇一］「障害者スポーツにおけるクラス分け」『日本臨床スポーツ医学会誌』9巻2号、一八五～一八九ページ。
・――――［二〇〇三］「総論：障害者スポーツのクラス分け」『臨床スポーツ医学』20巻10号、一一一七～一一二六ページ。
・中川一彦［一九七六］『身体障害者とスポーツ』日本体育社。
・長瀬修［一九九九］「障害学に向けて」、石川准・長瀬修編著『障害学への招待――社会、文化、ディスアビリティ』明石書店。
・中村敏雄［一九九二］『スポーツルールの社会学』朝日新聞社。
・――――［二〇〇八］「『スポーツを変える』ためのルール研究」、清水諭編『中村俊雄著作集5――スポーツのルール学』創文企画。
・中村裕［一九六四］『身体障害者スポーツ』南江堂。
・西阪仰［一九九六］「エスノメソドロジーという技法」、栗田宣義編『メソッド／社会学』川島書店。
・――――［一九九七］『相互行為分析という視点――文化と心の社会学的記述』金子書房。
・――――［二〇〇一］『心と行為――エスノメソドロジーの視点』岩波書店。
・――――［二〇〇八］『分散する身体――エスノメソドロジー的相互行為分析の展開』勁草書房。
・西村高宏［二〇〇三］「障害と身体の社会学――障害学における〈身体〉の復権をめざして」『医療・生命と倫理・社会』二巻2号、一二一～一三五ページ。
・日本パラリンピアンズ協会［二〇〇八］「パラリンピック選手の競技意識調査」、http://prw.kyodonews.jp

/prwfile/release/M000190/20080820792/attach/20080820.pdf。
・日本リハビリテーション医学会スポーツ委員会編［一九九六］『障害者スポーツ』医学書院。
・日本車椅子バスケットボール連盟［二〇〇七］『車椅子バスケットボールの歴史写真ＣＤ』日本車椅子バスケットボール連盟。
・橋元良明［一九九五］「言語行為の構造」『他者・関係・コミュニケーション：岩波講座現代社会学第三巻』岩波書店。
・稗田正虎［一九八〇］「日本のＰＴの原点を振り返って――ＰＴ前史：学校発足前の胎動期」『臨床理学療法』７巻１号、一二～二〇ページ。
・深澤浩洋［一九九一］「スポーツ・ルールにおける自律性（autonomy）の根拠に関する研究――法理論的考察を通して」、『体育原理研究』22巻、一三～二〇ページ。
・――――［一九九五］「スポーツ・ルールに関する法理論の方法論的考察」、『体育原理研究』26巻、一～九ページ。
・藤田紀昭［一九九九］「スポーツと福祉社会――障害者スポーツをめぐって」、井上俊・亀山佳明編［一九九九］『スポーツ文化を学ぶ人のために』世界思想社、二八三～二九八ページ。
・――――［二〇〇二］「障害スポーツとメディア」、橋本純一編『現代メディアスポーツ論』世界思想社。
・――――［二〇〇四］「オルタナティブな存在としての障害者スポーツ」、飯田貴子・井谷恵子編著『スポーツ・ジェンダー学への招待』明石書店、二八一～二八九ページ。
・――――［二〇〇八］『障害者スポーツの世界――アダプテッド・スポーツとは何か』角川学芸出版。

・M・フーコー／渡辺守章訳［一九八六］『性の歴史Ⅰ　知への意思』新潮社。
・星加良司［二〇〇二］「『障害』の意味付けと障害者のアイデンティティ――『障害』の否定・肯定をめぐって」『ソシオロゴス』26巻、一〇五～一二〇ページ。
・――――［二〇〇三］「『障害の社会モデル』再考――ディスアビリティの解消という戦略の規範性について」『ソシオロゴス』27巻、五四～七〇ページ。
・ましこひでのり［一九九八］「障がい者文化の社会学的意味」『解放社会学研究』12巻、六～二九ページ。
・松下裕之ほか［一九九八］「医療機関における身体障害者スポーツへのかかわり」『理学療法ジャーナル』32巻6号、三九九～四〇四ページ。
・R・F・マーフィー／辻信一訳［一九九二］『ボディ・サイレント――病と障害の人類学』新宿書房。
・三上剛史［二〇〇五］「身体論への知識社会学的断章――『身体』という場所」、大野道邦・油井清光・竹中克久編『身体の社会学――フロンティアと応用』世界思想社、三三～五七ページ。
・溝口元［二〇〇五］「障害者スポーツ概念とその史的展開」『立正大学社会福祉研究所年報』7巻、五～二一ページ。
・満田つもる［一九九七］「障害者とスポーツの現状」『リハビリテーション』392巻4号、二六～二九ページ。
・村上直樹［二〇〇一］「制度・意味世界・言語」『人文論叢（三重大学）』18巻、一一五～一二七ページ。
・――――［二〇〇三］「制度体の理論」『人文論叢（三重大学）』20巻、一七三～一九一ページ。

・――［二〇〇四］「制度的相互行為の理論」『人文論叢（三重大学）』21巻、一六九～一八〇ページ。
・森壮也［一九九八］「ろう文化における身体性と文化――順序性と同時性」『現代思想』26巻7号、二二〇～二二六ページ。
・守能信次［二〇〇七］『スポーツルールの論理』大修館書店。
・矢吹知之［二〇〇三］「障害者スポーツの統合化をめぐる基礎的考察――第一回全国障害者スポーツ大会調査からの検討」『障害者スポーツ科学』1巻1号、七三～八一ページ。
・矢部京之助・草野勝彦・中田英雄編著［二〇〇四］『アダプテッド・スポーツの科学――障害者・高齢者のスポーツ実践のための理論』市村出版。
・山崎敬一［二〇〇四］『社会理論としてのエスノメソドロジー』ハーベスト社。
・山田富秋［一九九八］「『障害の文化』の論争点」『解放社会学研究』12巻、三～五ページ。
・――［二〇〇〇］『日常性批判――シュッツ・ガーフィンケル・フーコー』せりか書房。
・山田富秋・好井裕明著［一九九一］『排除と差別のエスノメソドロジー』新曜社。
・山田富秋・好井裕明編［一九九八］『エスノメソドロジーの想像力』せりか書房。
・山田富秋・好井裕明編著［一九九八］『エスノメソドロジーの想像力』せりか書房。
・八十川睦子［二〇〇一］「障害者スポーツ論の限界に関する一考察」『奈良女子大学スポーツ科学研究』3巻、三一～四〇ページ。
・好井裕明［一九九九］『批判的エスノメソドロジーの語り――差別の日常を読み解く』新曜社。
・――［二〇〇二］「障害者を嫌がり、嫌い、恐れるということ」、石川准・倉本智明編『障害学の主張』明石書店。
・依田珠江・安松幹展・石渡貴之［二〇一〇］「障害者スポーツにおける科学的サポートの可能性と課題――車椅子バスケットボールを対象として」、松田恵示・松尾哲也・安松幹展『福祉社会のアミューズメントとスポーツ――身体からのパースペクティブ』世界思想社。
・渡　正［二〇〇五］「『健常者／障害者』カテゴリーを揺るがすスポーツ実践」『スポーツ社会学研究』13巻、三九～五二ページ。
・――［二〇〇七a］「車椅子バスケットボールの『固有性』と『可能性』――構成的ルールとしてのクラス分けと『面白さ』」『スポーツ社会学研究』16巻、二五～三八ページ。
・――［二〇〇七b］「障害者スポーツにおける儀礼的関心の構築――一九七〇年代の「運動」とパラリンピックの表象」『千葉大学日本文化論叢』8巻、九三～一〇六ページ。
・――［二〇一〇］「パラリンピックの表象実践と儀礼的関心」、橋本純一編『スポーツ観戦学――熱狂のステージの構造と意味』世界思想社。

外国語文献

・Berger Peter, L.・Luckmann Thomas［1967］The Social Construction of Reality. New York: Doubleday.――山口節郎訳［二〇〇三］『（新版）現実の社会的構成――知識社会学論考』新曜社。
・Court of Arbitration for Sport, 2008, "ARBITRAL AWARD: CAS 2008/A/1480 Pistorius v/ IAAF,"（www.tas-cas.org/recent-decision）
・DePauw, K., P.・Sherrill, C.［1994］"Adapted Physical Activity: Present and Future," Physical Education

Review, 17(1)：6–13。
・Doll-Tepper, G.・DePauw, K.,P.［1996］“Theory and Practice of Adapted Physical Activity: Research Perspectives,” sport Science review, 5(1)：1–11.
・Giddens, A.,［1979］Central Problems in Social Theory: Action, Structure and Contradiction in Social Analysis, London: Macmillan. ——［一九八九］友枝敏雄・今田高俊・森重雄訳『社会理論の最前線』ハーベスト社。
・————［1984］The Constitution of Society, Cambridge: Polity Press.
・————［1993］New Rules of Sociological Method second edition, Cambridge: Polity. ——松尾精文・藤井達也・小幡正敏訳［二〇〇〇］『社会学の新しい方法規準［第二版］——理解社会学の共感的批判』而立書房
・Goffman, E.［1961］Encounters: two studies in the sociology of interaction, NewYork: The Bobbs-Merrill. ——［一九八五］佐藤毅・折橋徹彦訳『出会い——相互行為の社会学』誠信書房。
・————［1963］Behavior in Public Places: notes on the social organization of gatherings, NewYork: The Free Press of Clencoe. ——丸木恵祐・本名信行訳［一九八〇］『集まりの構造——新しい日常行動論を求めて』誠信書房
・Howe, D., P.・Jones, C.,［2006］“Classification of Disabled Athletes:（Dis）Empowering the Paralympic Practice Community,” Sociology of Sport Journal 23：29–46.
・Hughes, B. & Paterson, K.,［1997］“The Social Model of Disability and the Disappearing Body: towards a sociology of impairment,” Disability & Society 12(3)：325–40.

・IWBF［2010］“Official Player Classification Manual,”(http://www.iwbf.org/pdfs/2010ClassificationManualRev8.pdf).
・IWBF［2010］“Official Wheelchair Basketball Rules,”(http://iwbf.org/pdfs/2010_IWBF_Rule_Book_V3.pdf)
・Kew, F., C.［1992］“Game-Rules and Social Theory,” International Review for Sociology of Sport27(4),：293–308.
・Oliver, M.,［1990］The Politics of Disablement, Basingstoke: Macmillan. ――［二〇〇六］三島亜紀子ほか訳『障害の政治――イギリス障害学の原点』明石書店。
・Rawls, J.［1955］“Two concepts of rules,” Philosophical Review64：3–32. ――深田光徳訳［一九七九］「二つのルール概念」、田中成明編訳『公正としての正義』木鐸社、二八九～三三五ページ。
・Searle, J.R.［1995］The construction of social reality, New York: Free Press.
・Sherrill C., 1999, “Disability Sport and Classification Theory: A New Era,” Adapted Physical Activity Quarterly, 16：206–15.
・Shildrick, M. & Price, J.［1996］“Breaking the Boundaries of Broken Body,” Body & Society 2(4),：93–113.
・Shildrick, M.［2002］Embodying the Monster: Encounters with the Vulnerable Self, London: Sage.
・Tuurner, B.［1984］The Body and Society: Explorations in Social Theory, Oxford: Blackwell. ――小口信吉・藤田弘人・泉田渡・小口孝司訳［一九九九］『身体と文化――身体社会学試論』文化書房博文社。
・Vanlandewijck Y. C. & Chappel R. J.［1996］“Integration and Classification Issues in Competitive Sports

for Athletes With Disabilities," Sport Science Review, 5(1)：65–88.
・Vanlandewijck Y. C. & Evaggelinou C. et al.［2003］"Proportionality in Wheelchair Basketball Classification," Adapted Physical Activity Quarterly, 20：369–80.
・Vanlandewijck Y. C. & Spaepen A. J. & Lysens R. J.［1995］"Relationship Between the Level of Physical Impairment and Sports Performance in Elite Wheelchair Basketball Athletes," Adapted Physical Activity Quarterly, 12：139–50.
・WHO（World Health Organization）［1980］International Classification of Impairments, Disabilities, and Handicaps, WHO. ――厚生省大臣官房統計情報部編訳［一九八五］『WHO国際障害分類試案（仮訳）』財団法人厚生統計協会。
・WHO［2001］International Classification of Functioning, Disabilities and Health, WHO. ――障害者福祉研究会編［二〇〇二］『ICF国際生活機能分類――国際障害分類改定版』中央法規出版。

参考ＵＲＬ

・日本車椅子バスケットボール連盟ＷＥＢサイト、（http://www.jwbf.gr.jp/link/index.html）。
・International Paralympic Committee（IPC）ＷＥＢサイト、（http://www.paralympic.org）.
・国際陸上連盟ＷＥＢサイト、（http://www.iaaf.org/news/Kind=512/newsId=42896.html）.

平成24年度日本車椅子バスケットボール連盟大会予定

開催予定月日	行事名称	開催場所
1月28～29日	第18回近畿車椅子バスケットボール大会 （第40回記念日本選手権近畿地区予選会）（第23回日本選抜近畿地区予選会）	大阪市舞洲障害者スポーツセンター
2月16～18日	2012国際親善女子車椅子バスケットボール大阪大会	大阪市中央体育館
2月19日	ワールド杯争奪車椅子バスケットボール大会	名古屋市障害者スポーツセンター
3月3～4日	長谷川良信記念車椅子バスケットボール全国選抜大会	淑徳大学
3月4日	第39回東京都車椅子バスケットボール選手権大会	豊島区立豊島体育館
3月11日	わかくさ杯争奪第30回車椅子バスケットボール大会	奈良県心身障害者福祉センター
3月3～4日	第20回サン・アビリティーズ今治杯四国四県親善車椅子バスケットボール大会	サン・アビリティーズ今治
3月10～11日	第40回日本車椅子バスケットボール選手権大会予選会	パークアリナーナ小牧
3月24～25日	第14回あいの風車椅子バスケットボール競技大会	富山県魚津市テクノスポーツドーム（ありそドーム）
3月24～25日	第8回四国リーグファイナル	くろしおアリーナ
3月31～4月1日	2012甲信越車椅子バスケットボール強化交流大会	堀金総合体育館
4月1日	三澤杯争奪第23回東京カップ選手権大会	東大和市市民体育館
4月7～8日	第2回関東CUP車椅子バスケットボール	横浜ラポール
5月2～4日	内閣総理大臣杯争奪第40回記念日本車椅子バスケットボール選手権大会	東京体育館
5月21～28日	Paralympic World Cup	国際車椅子バスケットボール連盟
5月26～27日	第11回会長杯	札幌市西区体育館
5月26日	第12回全国障害者スポーツ大会　関東2次予選会	（未定）
6月2～3日	第12回全国障害者スポーツ大会北信越東海地区予選会（リハーサル大会）	岐阜メモリアルセンターふれ愛ドーム
6月3日	第12回全国障害者スポーツ大会近畿地区予選会	大阪市舞洲障害者スポーツセンター
6月5～6日	第12回全国障害者スポーツ大会東海北信越地区予選大会	（未定）
6月9～10日	第12回全国障害者スポーツ大会　車椅子バスケットボール競技　北海道・東北ブロック予選会	岩手県営体育館
6月16～17日	第19回あじさい杯女子車椅子バスケットボール大会	兵庫県立障害者スポーツ交流館
7月1日	女子関東CUP	東京都多摩障害者スポーツセンター
7月7～8日	D-NUGGETS CUP 2012s-全国ジュニア選抜車椅子バスケットボール大会	パークアリーナ小牧
7月21～22日	DMS CUP 第21回東日本車椅子バスケットボール選手権大会	長岡市総合体育館

7月28～29日	第38回のじぎく杯争奪車椅子バスケットボール選手権大会	兵庫県立障害者スポーツ交流館
8月5日	愛知県車椅子バスケットボール大会	名古屋市名東スポーツセンター
8月11～12日	2012車椅子バスケットボール親睦交流大会 in 長野	堀金総合体育館
8月19日	High 8 関東予選会	横浜ラポール
8月21日	2012東海北陸甲信越選抜車椅子バスケットボール競技大会	サンアップル
8月22～9月23日	第22回日本選抜車椅子バスケットボール選手権大会	高崎市浜川運動公園総合体育館
8月23～26日	第10回ジュニア育成講習会	乗鞍青少年交流の家
8月29～9月9日	ロンドン2012パラリンピック	ロンドンバスケットボールアリーナ
9月2日	第50回北海道障害者スポーツ大会	釧路町総合体育館
9月9日	第35回記念日本車椅子バスケットボール秋季大会	ひらつかアリーナ
9月22～23日	第23回日本選抜車椅子バスケットボール選手権大会	高崎市浜川運動公園総合体育館
9月29～30日	2012西日本車椅子バスケットボール交流大会	ふれあいスポーツ交流館
10月5～8日	2012 JANEX CAMP	乗鞍青少年交流の家
10月13～14日	北海道車椅子バスケットボール選手権大会	札幌市西区体育館
10月13～15日	第12回全国障害者スポーツ大会車椅子バスケットボール競技（ぎふ清流大会）	岐阜メモリアルセンターふれ愛ドーム
10月14日	近畿車椅子バスケットボール連盟全日本女子大会激励試合	大阪市舞洲障害者スポーツセンター
10月14日～	第41回日本車椅子バスケットボール選手権大会甲信越地区予選会	堀金総合体育館
10月21日	近畿車椅子バスケットボール連盟シニア大会激励試合	大阪市舞洲障害者スポーツセンター
10月22日	第12回全国障害者スポーツ大会	岐阜メモリアルセンターふれ愛ドーム
10月24～26日	北九州チャンピオンズカップ国際車椅子バスケットボール大会	北九州市立総合体育館
10月24～26日	全日本ブロック選抜車椅子バスケットボール選手権大会	北九州市立総合体育館
11月10～11日	第16回全国シニア選抜車椅子バスケットボール大会	グリーンアリーナ神戸
12月1～2日	第41回日本選手権大会関東予選会	（未定）
12月2日	第41回日本選手権四国ブロック予選会	高知県立障害者スポーツセンター
12月8～9日	第35回近畿車椅子バスケットボール選手権大会	兵庫県立障害者スポーツ交流館
12月16日	2012大阪車椅子バスケットボール連盟杯	大阪市舞洲障害者スポーツセンター
12月22～23日	High 8 大会	横浜ラポール
3月2～3日	第21回サン・アビリティーズ今治杯四国四県親善車椅子バスケットボール大会	サン・アビリティーズ今治
3月未定	第41回日本車椅子バスケットボール選手権大会予選会	パークアリーナ小牧

※日程及び会場は都合により変更になることがあります。ご来場の際は、事前に詳細について確認下さい。
出典：「第40回記念　日本車椅子バスケットボール選手権大会」のプログラム

著者紹介

渡　正（わたり・ただし）

1979年、北海道札幌市生まれ。

筑波大学大学院博士課程人間総合科学研究科単位取得退学後、早稲田大学スポーツ科学学術院助手を経て、現在、徳山大学経済学部准教授。博士（学術）。

専門は、スポーツ社会学、障害者スポーツ論。

共著書として、『スポーツ観戦学』（世界思想社、2010年）がある。

他の業績として、「スポーツは社会の機能システムたりうるか？」（徳山大学紀要第34号、2012年）、「車椅子バスケットボールの『固有性』と『可能性』」（スポーツ社会学研究第15巻、2007年）などがある。

障害者スポーツの臨界点
——車椅子バスケットボールの日常的実践から——　（検印廃止）

2012年7月31日　初版第1刷発行

著　者　渡　　正
発行者　武　市　一　幸

発行所　株式会社　新　評　論

〒169-0051
東京都新宿区西早稲田 3-16-28
http://www.shinhyoron.co.jp

電話　03(3202)7391
FAX　03(3202)5832
振替・00160-1-113487

印刷　フォレスト
製本　清水製本所
装幀　山田英春
写真　渡　正
（但し書きのあるものは除く）

落丁・乱丁はお取り替えします。

定価はカバーに表示してあります。

Printed in Japan
ISBN978-4-7948-0909-4

新評論　好評既刊

舛本直文

スポーツ映像のエピステーメー

文化解釈学の視点から

視聴者（オーディエンス）から批評者（クリティックス）へ――映画におけるスポーツのイメージ化を分析し、メディア・リテラシーの要諦を提示。

［四六上製　356頁　3360円　ISBN4-7948-0499-7］

ドクター・ファンタスティポ★嶋守さやか

しょうがいしゃ《せいしん》の皆サマの、ステキすぎる毎日

脱力★ファンタスティポ系　社会学シリーズ

沖縄・宮古島の美しい自然を背景に、障害をもつ人々の日常を見つめる「精神保健福祉士（PSW）」の仕事をつぶさに、いきいきと描く。

［四六並製　264頁　2100円　ISBN4-7948-0708-2］

赤﨑久美

ちづる　　*娘と私の「幸せ」な人生*

重度の知的障害を伴う自閉症の娘との日々を、愛情とユーモアのこもった温かい筆致でつづった感動の記録。兄・赤﨑正和氏監督の同題の映画も必見！

［四六並製　256頁　1890円　ISBN978-4-7948-0883-7］

L・リッレヴィーク 文／K・O・ストールヴィーク 写真／井上勢津 訳

わたしだって、できるもん！

ダウン症の少女クリスティーネと周囲の人々の関係性から見えてくる、「世界で最も暮らしやすい国」ノルウェーの共生の理想。オールカラー写真絵本。

［A5並製　156頁　1890円　ISBN978-4-7948-0788-5］

＊ 表示価格：消費税（5%）込定価